上海市重点图书

U0826369

中医药文献信息检索
（第 2 版）

主　　编　陆伟路

副 主 编　孙　玲　赵美娣　夏佩福

编写人员　殷桂香　周满英　陆伟路　罗晓兰
　　　　　朱继峰　孙　玲　梁国庆

上海浦江教育出版社
（原上海中医药大学出版社）

图书在版编目(CIP)数据

中医药文献信息检索/陆伟路主编. —2 版. —上海：
上海浦江教育出版社有限公司，2015. 8
ISBN 978 - 7 - 81121 - 406 - 2

Ⅰ. ①中…　Ⅱ. ①陆…　Ⅲ. ①中国医药学—情报检索
—中医学院—教材　Ⅳ. ①G252. 7

中国版本图书馆 CIP 数据核字(2015)第 171474 号

上海浦江教育出版社(原上海中医药大学出版社)出版
社址：上海海港大道 1550 号上海海事大学校内　邮政编码：201306
电话：(021)38284910/12(发行)　38284923(总编室)　38284910(传真)
E-mail：cbs@shmtu. edu. cn　URL：http://www. pujiangpress. cn
上海市印刷七厂有限公司印装　上海浦江教育出版社发行
幅面尺寸：185 mm×260 mm　印张：12. 5　字数：297 千字
2007 年 9 月第 1 版　　2015 年 8 月第 2 版　　2015 年 9 月第 2 次印刷
责任编辑：倪项根　　封面设计：孔庆虎　　责任校对：王　艳
定价：56. 00 元

序 Preface

我们在研究某一学术问题时，必须要查考相关资料。而这些资料分散在各处，隐藏于多门，探找不易，寻觅乏术。对此，以往学者每多借助于索引之学。早在 1923 年，胡适先生在北京大学《国学季刊》发表《发刊宣言》，当讲到资料整理利用时就指出："若想学问进步，增加速度，我们须想出法子来解放学者的精力，使他们的精力用在最经济的方面。"认为对材料进行"索引式的整理"，是解放学者精力的有效措施，因而他主张"把一切大部的书或不容易检查的书，一概编成索引，使人人能用古书"。此后索引之作纷纷问世，如叶圣陶先生名闻遐迩的《十三经索引》、顾颉刚先生的《尚书通检》，他如《论语》《孟子》《庄子》《荀子》《孝经》《方言》《论衡》等重要古籍，乃至敦煌遗书、宋元方志、清代碑传、《三国志》地名、六朝前文章的篇名与作者等，都编制成索引。

随着电脑的普及、网络的盛行，文字载体如雨后春笋般涌现，文献信息若恒河沙数般激增，"天量""海量"乃至于"爆炸"之类，成为人们挂在嘴边、书于笔端的常用语。面对此情此景，要实现胡适先生"解放学者的精力，使他们的精力用在最经济的方面"的愿望，从几乎无限的信息中简便快捷地寻找到所需要的资料，一书或多书的索引无异于杯水车薪，实在难以担此重任。职此之由，文献数据库等各种网络信息便应运而生。它具有多、全、准、快的优势，即检索途径多样，检索范围全面，检索内容准确，检索速度快捷。通过数据库检索相关文献，自然可以大省精力，倍增效率。《封神演义》中有高明、高觉两个神话人物。高明号称千里眼，眼观千里，能够洞察方圆千里之内的所有纤细事物；高觉号称顺风耳，耳听八方，能够分辨随风而来的各种微弱声响。对于学人来说，掌握信息检索的相关知识及其检索方法，犹如配上了千里眼，戴上了顺风耳，成为高超的明觉之士。这是做学问必须具备的基本功。

有鉴于此，上海中医药大学图书信息中心文献检索教研室陆伟路等老师与时俱进，对 7 年前出版的《中医药文献信息检索》重新进行了修订，在诸多重要内容上予以拓展与充实。其阐述中医药文献检索、计算机信息检索的基本概念和检索技能，详述中文生物医学文献数据库特色，指示利用网络资源的检索方法，尤其是对国外著名生物医学数据库的检索途径予以较多的引领，补充了网上免费开放资源内容，增添了循证医学的资源介绍。搜罗颇广，实用性较强，既有必要知识的传授，更多专门技术的讲解，基本囊括了医学信息检索与利用的主要知识点、范畴，以及与中医药相关检索工具的详尽介绍。为方便使用者复习与掌握，章节后设计了练习操作，力求通过该书的教学，使学员掌握并利用医学信息检索技术，在钻研医学理论、开展医疗实践的道路上如鱼得水，如虎添翼，以促进医学学术发展到更高的层次。

陆伟路研究员系图书信息专业出身，从事文献信息教学研究三十余年，主编和参编相关教材十余部。本教材参编者或毕业于中医文献专业，或取得信息专业硕士学位，皆是资深的教学研究人员。医学、文献、信息三者集成一体，熔为一炉，使该书的撰写质量有了可靠的保障。

是书实为学人，尤其是习医、业医者案头必备的医学信息检索用书。是乐为之序。

段逸山

2015 年 6 月

目录 Contents

第一章　总论 …… (1)

第一节　信息素养与相关概念 …… (1)

第二节　文献信息检索原理、途径、策略 …… (7)

第三节　检索语言和检索技术 …… (11)

第二章　中医古代文献检索 …… (24)

第一节　古代文献的范围和分类 …… (24)

第二节　查阅古代文献常用字典 …… (27)

第三节　中医书目检索 …… (35)

第三章　中文生物医学文献数据库 …… (44)

第一节　中国生物医学文献数据库 …… (44)

第二节　中国知识总库资源系统 …… (53)

第三节　VIP中文科技期刊数据库 …… (59)

第四节　万方数据资源系统 …… (64)

第四章　外文生物医学文献数据库 …… (69)

第一节　PubMed …… (69)

第二节　OVID …… (77)

第三节　Springer LINK …… (83)

第四节　SCI …… (88)

第五节　SciFinder …… (98)

第五章　特种文献信息检索 …………………………………… (106)
第一节　药物信息检索 …………………………………… (106)
第二节　专利信息检索 …………………………………… (114)
第三节　标准信息检索 …………………………………… (121)
第四节　会议信息检索 …………………………………… (128)

第六章　网络资源利用 …………………………………… (134)
第一节　网络搜索引擎 …………………………………… (134)
第二节　医学网站资源 …………………………………… (143)
第三节　网上免费开放获取资源 …………………………………… (153)

第七章　循证医学资源介绍 …………………………………… (163)
第一节　循证医学概述 …………………………………… (163)
第二节　循证医学证据 …………………………………… (164)
第三节　循证医学证据主要来源及检索 …………………………………… (168)

第八章　图书馆信息资源共享和利用 …………………………………… (183)
第一节　电子图书检索 …………………………………… (183)
第二节　馆际互借与远程文献传递 …………………………………… (185)

参考文献 …………………………………… (194)

第一章　总论

第一节　信息素养与相关概念

一、信息素养

在信息时代，面对浩瀚、动荡而又缺乏组织与控制的海量信息世界，人们普遍感到由信息超载而引发的困惑和茫然，过多未经整理、评价的信息，对选择、吸收、消化有价值的信息造成干扰，从而影响人们做出正确的决策。信息素质作为人所必备的基本素养，已成为大家的共识。

信息素养(Information literacy)，又称信息素质、信息教养、资讯素养等，最早于 1974 年由美国信息产业协会(AIIA)主席保罗·泽考斯基(Pual. Zurkowski)提出，并将之解释为"经培训后能够在工作中运用信息的人即认为具备了信息素养，他们掌握了利用大量的信息工具及主要信息源使问题得到解答的技术和技能"。到 1979 年，全美信息产业协会在此基础上更新了该定义，认为具备信息素养的人是那些"掌握了信息工具利用的知识与技能，并能够将之应用于解决实际问题的人"。这时，人们普遍把信息素养看作是运用计算机的能力。到了 20 世纪 80 年代，该概念得到进一步的扩展。信息素养的含义不断深化，领域也更加广泛。信息素养教育也首次在美国出现。1989 年，美国图书馆协会(ALA)认为："具有信息素养的人，是那些知道如何进行学习的人，他们已经为终身学习做好了准备。"同年，美国图书馆协会理事会把信息素养界定为 4 个方面：需要信息时具有确认信息、寻找信息、评价和有效使用所需要信息的能力。1992 年，美国图书馆协会给信息素养下了定义，"信息素养是个人判断何时需要信息并能够对信息进行检索、评价和有效利用的能力"，此定义得到人们的广泛认可和接受。目前，信息素养教育已在我国及世界上许多国家普遍开展，不少国家把信息素养教育作为一项重要战略来研究和实施。

一般认为信息素质包含 4 个要素：信息意识、信息知识、信息能力、信息道德。其中，信息意识是先导，信息知识是基础，信息能力是核心，信息道德是保证。信息意识，是人们对信息的捕捉、分析、判断和吸收的自觉程度，体现出人们对信息的敏感性和洞察力以及对信息的重视程度。信息知识，是有关信息的本质和特征、运动的规律、信息系统的构成和原则、信息技术、信息方法等方面的基本知识，具体包括信息伦理知识、信息组织、检索方法、信息系统的构成及工作原理、信息资源的形式及存取特征等。信息能力，是人们对信息确认、评价、加工、利用、交流的综合能力，是信息素养的核心，决定了人们对信息的应用程度。信息道德，是涉及信息开发、利用、传播等方面的伦理道德要求、准则及规约，是调节信息创造者、信息服务者、信息使用者之间相互关系的行为规范的总和。

2000 年，美国大学和研究型图书馆协会通过的《美国高等教育信息素养能力标准》为大学生制定了 5 大标准：①有信息素养的学生有能力决定所需信息的性质和范围；②有信息素养的学生可以有效地获得需要的信息；③有信息素养的学生评估信息和它的出处，然后把挑选的信息融合到他们的知识库和价值体系；④不管个人还是作为一个团体的成员，有信息素养的学生能够有效地利用信息来实现特定的目的；⑤有信息素养的学生熟悉许多与信息使用有关的经济、法律和社会问题，并能合理合法地获取信息。

二、信息、知识、情报、文献

（一）信息

1. 概念

我国国家标准《情报与文献工作词汇基本术语》（GB/T 4894—1985）中对信息的定义为："信息是物质存在的一种方式、形态或运动状态，是事物的一种普遍属性，一般指数据、消息中包含的意义，可以使消息中所描述事件的不定性减少。"最新《信息与文献术语》（GB/T 4894—2009）中对信息的概念定义为："信息是指被交流的知识，涉及事实、概念、对象、事件、观念、过程等""信息是指通信过程中为了增加知识用以代表信息的一般消息。"由此可以认为，信息的广义含义是：信息是事物发出的、人类感官可以直接感知的一切有意义的信号和消息，是客观事物的表征；狭义的含义是：信息是指文献资源或数据资源，包括任何媒体中的片段、文章、图书、情报、事实等。

2. 特征

信息有 10 个基本特征：①可量度　信息可采用某种度量单位进行度量，并进行信息编码，如现代计算机使用的二进制；②可识别　信息可采用直观识别、比较识别和间接识别等多种方式来把握；③可转换　信息可以从一种形态转换为另一种形态。如自然信息可转换为语言、文字和图像等形态，也可转换为电磁波信号和计算机代码；④可存储　信息可以存储，大脑就是一个天然信息存储器。人类发明的文字、摄影、录音、录像以及计算机存储器等都可以进行信息存储；⑤可处理　人脑就是最佳的信息处理器。人脑的思维功能可以进行决策、设计、研究、写作、改进、发明、创造等多种信息处理活动。计算机也具有信息处理功能；⑥可传递　信息的传递是与物质和能量的传递同时进行的。语言、表情、动作、报刊、书籍、广播、电视、电话等是人类常用的信息传递方式；⑦可再生　信息经过处理后，可以以其他形式再生。如自然信息经过人工处理后，可用语言或图形等方式再生成信息；输入计算机的各种数据文字等信息，可用显示、打印、绘图等方式再生成信息；⑧可压缩　信息可以进行压缩，可以用不同信息量来描述同一事物。人们常常用尽可能少的信息量描述一件事物的主要特征；⑨可利用　信息具有一定的实效性和可利用性；⑩可共享　信息具有扩散性，因此可共享。

（二）知识

知识是人们在认识和改造客观世界的实践中所获得的认识和经验的总和，是人类通过对信息的感知、获取、选择、处理、加工等思维过程，形成的对客观事物的本质和规律的认识。从信息论的角度出发，可以认为人类大脑中的产物是以信息为原料，以信息的获取为前提。知识是人类大脑中重新组合形成的系列化信息的集合。国家标准《信息与文献术语》(GB/T 4894—2009)将知识定义为“基于推理并经过证实的认识”。

知识的初级形态是经验知识,高级形态是系统科学理论。知识按获得方式可分为直接知识和间接知识;按内容可分为自然科学知识、社会科学知识和思维科学知识。哲学知识是关于自然、社会和思维知识的概括和总结。知识的总量在社会实践的世代延续中不断积累和发展。

(三) 情报

当人们为了解决某一个特定问题去寻找所需要的知识,那一部分具有使用价值的知识就是情报,是激活了、活化了的知识。国际标准的情报定义为“被传递的知识或事实”。因为情报来源于知识,在特定的时间里经过传递,能为用户所接受、利用,并经过使用产生效益,所以情报包含了 3 个基本属性:①知识性　情报来源于知识,经过加工并为用户所需要的特定知识或信息;②传递性　知识、信息要转化成为情报,必须经过传递,并为用户接受和利用;③效用性　启迪思维、增进见识、改变知识结构、提高认识能力,帮助人们改造世界。情报的最终目的在于利用。

(四) 文献

1. 概念

国家标准化管理委员会于 1983 年颁布的《文献著录总则》(GB/T 3792.1—83)中将文献一词定义为“文献是记录有知识的一切载体”。国家标准《信息与文献术语》(GB/T 4894—2009)将文献定义为“在存储、分类、利用和传递信息的过程中作为一个单位处理的记录信息或实物对象”。其中包含了文献的 4 个基本要素:记录知识的具体内容;记录知识的手段,如文字、图像、符号、声频、视频等;记录知识的载体,如纸张、光盘、录像带、计算机存储介质等;记录知识的表现形态,如图书、期刊、专利说明书、电子图书、电子杂志等。

所以,凡是以文字、图形、符号、音频、视频等手段记录下来,并保存在一定的物质形态载体上的结合体,都可以称为文献。

信息、知识、情报与文献之间的相互关系:知识是信息的一部分,而信息则是构成知识的原材料,这些原材料经过人脑接受、选择、处理之后才能组合成新的知识(即系统化了的信息),将这些认识结果记录在载体上,则形成了文献。情报是为了解决特定问题而需要的知识。

2. 类型

根据不同的划分标准,可将文献划分为不同的类型。

1) 按载体形式,常将文献划分为以下几种类型。

(1) 印刷型

以纸张为载体,以印刷技术、计算机打印复印等为记录手段而产生的文献,便于阅读,可广泛流传,但信息存储密度小,占用空间大。

(2) 书写型

以纸张为载体,以人工抄写而成,多见于手稿、原始记录、档案、病历等。中医文献中常见的抄本或稿本,也属于这一类型。

(3) 缩微型

以感光材料为载体,利用光学记录技术产生的文献,包括缩微胶卷、缩微平片等形式。

与印刷型文献相比，缩微型文献具有信息贮存量大、体积小、保存时间长等特点，但阅读必须借助于机器。缩微型文献常用于绝版书、珍本书、建筑图纸等。

(4) 视听型

指直接记录声音和图像的文献，如唱片、录音带、录像带、电影拷贝、教学视听资料等。此型文献记录知识的形式较为直观、生动。目前网络上的音频或视频等电子形式均可以归入这一类型。

(5) 电子型

通过编码和程序设计将文献原有语言形式转换为计算机可存取、阅读的数字化形式，即文献信息数字化，储存于磁盘、光盘等载体上，并借助于计算机和通信手段传播利用的一种新的文献类型。此型文献主要包括电子期刊、电子图书及各种类型的数据库等。

电子出版物的问世是信息时代的重要标志，它不仅改变了书刊传统的形态，还开辟了一种新的、效率更快的信息传播渠道。目前，电子型文献正以容量大、形式多、更新快、检索复制便捷等特点，成为越来越多的人接受和传播信息的主要途径。

2) 按出版形式，文献又可分为：

(1) 图书

图书是一种成熟定型的出版物，目前仍是出版物中品种最多、数量最大的一种，也是图书馆主要馆藏形式之一。图书的内容一般比其他出版物全面、系统、成熟。

(2) 期刊

期刊是指有固定的刊名、编辑出版单位、内容范围，定期或不定期的连续性出版物，以报道最新知识和研究成果为主。

(3) 特种文献

特种文献是指图书、期刊以外的，出版形式比较特殊的文献资料，又称“非书非刊资料”。主要包括以下几种：

(a) 政府出版物。政府出版物指各国政府部门及其专设机构出版的文件，包括行政性文件和科技文件。科技文件约占整个政府出版物的30%～40%，对了解一国的政策、经济、科技有一定的参考价值。

(b) 会议文献。学术会议是进行学术交流的一种重要方式和渠道。在世界范围和专业范围内，每年的学术会议非常频繁，产生的会议文献数以万计。会议文献基本上为最新的研究成果或阶段性成果，能获取许多有价值的信息和有益的启示。

(c) 专利文献。专利文献是指围绕专利制度而产生的一系列文献资料，包括专利说明书、专利公报和专利检索工具。这类文献的特点是技术内容广泛、新颖，内容详尽、可靠，是集技术、法律、经济、信息于一体的特殊类型的文献。

(d) 标准文献。标准文献是指对工业产品和工程建设的质量、规格及其检验方法等方面所作的技术规定，是从事生产、建设、贸易的一个共同技术依据。它有国际标准、专业标准、企业标准、药品标准等很多种类。

(e) 学位论文。学位论文是指在申请授予相应的学位评审时所用的学术论文，是学生研究性学习成果的体现，主要包括硕士论文和博士论文。

(f) 科技报告。科技报告是描述一项科技研究结果或进展情况的记录，或论述一项科技问题的现状和发展的文件。科技报告提供系统、翔实的研究信息，不以发表为目的，具有反映科技成果比一般期刊快、内容高度专门化为特点。

3）根据文献内容的加工深度，以及使用功能的不同，文献又可划分为零次文献、一次文献、二次文献和三次文献。

（1）零次文献

零次文献主要是指原始的，未经任何加工处理或者未正式出版的文献，比如口头交流、书信、设计草图、实验记录、手稿等。同时，在网络时代，个人博客、论坛、微博等都可归为零次信息。

（2）一次文献

一次文献是指著者以本人的工作经验和研究成果为基本素材写成的原始论文，包括专著、期刊论文、科技报告、学位论文等。

一次文献所记录的是作者的新见解、新理论、新方法、新发现或新发明，是科技工作中最主要的信息来源，但由于数量巨大、分散而无序，给查找和利用带来极大的不便。

（3）二次文献

二次文献是将大量分散无序的原始文献进行收集、分析、整理，依据其外部特征或内部特征，并按一定的规则加以编排，供检索一次文献时使用，包括目录、索引（题录）、文摘及各种数据库。因此，具有检索功能的二次文献形式，又被称为检索工具或检索系统。

随着网络的发展，网上各种主题指南、搜索引擎的检索功能实际上与二次文献一样。它们对采集到的网上信息进行加工整理，并提供网上信息检索和导航服务，为网络检索工具。

（4）三次文献

三次文献是在充分利用二次文献提供的文献线索的基础上，找到大量的一次文献，并将这些原始文献通过阅读、分析、归纳、概括，撰写而成的新的文献。如：综述、述评、进展、指南等文献，以及百科全书、年鉴、手册等参考工具书。

三次文献具有信息含量大、综合性强和参考价值大等特点，从而不需要大量阅读原始文献，就能比较全面地了解某一专题、某一领域的研究水平、动态等信息。

三、医学文献检索

随着人类社会的不断进步，科学技术不断发展，特别是进入 20 世纪以来，科学技术以前所未有的速度向前发展。科学研究呈现出整体化、综合化趋势，随着新的学科和各种研究成果的大量涌现，科技文献的数量也急剧增长，其中医学文献约占 1/5。随着科学技术发展和人类文明不断进步，医学领域的进步也是日新月异，表现在医学文献上主要有以下特点：

增长迅速，种类繁多：据资料报道，近 20 年的科技文献的数量相当于人类几千年文献的总和，并以每 5～10 年翻一番的速度递增。医学文献的产出数量也呈指数级增长，目前医学文献每天发表约 12 000 多篇。20 世纪初，医学期刊约有 1 600 种，目前医学期刊已达到 37 000多种。同时，医学文献的文种由过去用少数大语种发表为主，向多语种快速发展，美国的《医学索引》已收录文种 70 多种。文种的增加丰富了医学文献，但对文献的利用也造成了阻碍。

发表分散，老化加快：随着学科高速发展，知识内容彼此相融、交叉，出现了大量的医学分支学科、边缘学科，医学论文发表分散现象相当普遍。免疫学的文献就可能在肿瘤学、分子生物学、医学工程等多种杂志上发表。知识的更新加快也导致了文献的快速老化。据研究，90%左右的科技文献的使用寿命为5～7年，医学领域的特殊性使医学文献比一般科技文献老化更快，其“半衰期”一般为4～5年。

数字化获取及交流传播变化加快：与10年前相比，目前国内外生物医学全文数据库以及开放获取(OA)的各种资源，通过网络数字化载体，提供数以万计的电子期刊，用户可以更快捷地检索全文，直接获取原始文献。同时，网络的发展使医学领域最新成果快速传播，在线征询、学术交流、各种论坛、微信微博等形式，使信息传播瞬息之间达成。数字化的发展大大提高了医学信息的利用效率。

而中医文献除了具有一般医学文献的特点外，还具有本身明显的特点。最显著的是中医文献在2 000多年发展的历史长河中，历代经典文献相当丰富，数量庞大，又由于年代久远，名词术语与今天差别较大，知识系统复杂重叠，使检索利用古代中医文献较为困难。有效利用中医古籍文献必须熟悉经、史、子、集“四部分类”，古籍书目检索，以及善于利用字词典扫除古体字、通假字、异体字等等的阅读障碍。目前，有关中医古籍文献数据库研制的步伐也在加快，今后可通过数字化的检索工具，更加有效地挖掘中医经典文献的价值。

在今天这样的信息社会中，信息量用铺天盖地来形容也不为过。信息检索就是要在这些浩如烟海的文献信息中迅速、准确地查找到特定的知识信息。信息检索已成为科技人员必须具备的基本技能和素养。理由如下。

1. 有继承才能创新

科学技术的发展，具有连续性和继承性，科学技术的发明创新，需要依靠经验、材料和理论的不断积累。没有借鉴和交流就没有提高，没有积累和继承就没有发展。任何一种知识、一项学术成果或科学发明，都是直接或间接地参考了有关文献，在前人已取得的成果或研究进展的基础上进行新的探索的结果。信息检索是科学研究的重要环节。科技工作者在科学研究中，从选题、立项、试验、撰写研究报告、研究成果鉴定到申报奖项，每一环节都离不开信息检索。在检索、收集大量文献信息的基础上，分析、掌握有关领域的研究水平和动向，来寻找和获得科学创造的新起点。所以信息检索是科学创新的一个必不可少的手段。

2. 节省查找文献的时间

无论在计算机网络上，还是在图书馆，我们都面临着信息和文献的汪洋大海。仅生物医学文献，每年就有400余万篇之多。掌握文献检索与利用的基本知识，熟练使用检索工具和检索系统，就能用较少的时间迅速、准确地获取所需文献信息。忽视信息搜集与利用，将会导致重复劳动，造成人力、物力和财力巨大浪费。掌握正确的信息检索技术与方法，可以大大提高信息检索效率，为科研工作赢得大量宝贵时间，缩短科研周期，加速科研进程，创造出更多的高附加值的技术成果。

3. 减少语言障碍

全世界出版文献的文种可达数十种，除英、日、法、俄、德等文种对我国科研工作者来说相对较少有语言障碍外，其他许多语种文献既难以阅读也较少购买引进。而许多文献检索工具和数据库都能做到收集几十种文种的文献，以英文一个文种报道文献资料的信息，为检索者扫除了语言障碍，扩大了信息检索的范围。

第二节　文献信息检索原理、途径、策略

一、定义、原理与类型

1. 文献检索与信息检索

文献检索是收集、组织、存贮一定范围的知识信息，并可供用户按需查寻信息的过程。广义的文献检索包括存贮和检索两方面的过程和技术，称为“信息存贮和检索”(Information Storage and Retrieval)。狭义的文献检索从用户的角度来理解，仅指从已经存贮的具有检索功能的信息集合中查寻所需文献的过程。

信息是信息检索的对象，它包含广泛的内容，其中许多学术性、知识性信息被记录在文献之中。因此，可以认为信息比文献具有更广泛的概念内涵，信息检索包含文献检索，而文献检索是信息检索的一个重要部分。

2. 文献检索原理

文献检索包括文献的存贮和文献的检索两个过程。为了使巨量文献能有效利用，为了使用户在无序文献中准确、快速、全面地获取特定文献，需对分散的文献进行搜集整理、加工标引、组织存贮，建成具有各种类型、各种功能的检索工具。在存贮过程中，使用检索语言规范统一检索标识，使用户的检索提问与检索系统中的检索标识高度一致，以达到最佳的检索效果。

3. 检索工具类型

目前文献信息检索工具按不同的划分标准有许多种，概括起来主要有手工检索工具和计算机检索工具两种类型。

1) 手工检索

手工检索简称手检，是指利用各种印刷型检索工具，包括目录、索引(题录)、文摘等。通过手工翻阅的方式来获取所需的信息。手检首先必须了解所查文献有哪些相关检索工具，再熟悉这些检索工具的编排规则、标引原则、检索途径和方法，最终熟练运用，以获得所需文献。手检的优点是无需辅助设备，检索成本底，查找方便，检索方法简便。不足之处是检索速度慢，不能多元组配检索，效率较低。

2) 计算机检索

计算机检索简称机检，是利用计算机来储存和检索信息的方式。包括各种专题数据库检索和网络信息检索。机检首先必须具备计算机设备，相关数据库以及网络设备。能熟练运用计算机的各种功能，及相关的各种检索技术。随着信息科学与技术的发展，计算机的应用越来越普及，计算机网络信息已成为日常学习、工作、生活中不可缺少的重要信息资源。机检的优点是检索速度快，效率高，组配灵活方便，数据信息更新快，内容丰富多样，信息量大。

二、检索方法、途径与策略

（一）检索方法

文献检索方法即查找文献的方法，主要与检索的课题类别、性质、时间以及文献的类型有关。通用的检索方法大体可以分成以下几种。

1. 顺查法

顺查法是一种以课题的起始年代，按时间顺序由远而近查找文献的方法。这种方法能满足查全的需要，检出的文献能反映课题的全貌，但前期需了解课题提出的背景及大致发展历史，后期须对检索结果进行筛选。

2. 追溯法

追溯法又叫回溯法，是以课题相关文献末尾所附的参考文献为线索，进行逐一追踪查找的方法。在缺乏检索工具的情况下，不失为一种扩大信息源的方法，但缺点是检索效率低，检索不够全面，漏检较多。

3. 倒查法

倒查法是一由近而远查找文献的方法。这种方法主要用于检索最新科研成果，重点在近期文献，时限可长可短，以查到所需文献为限。此法的优点是节约时间成本，但也会造成漏检现象。

4. 抽查法

抽查法是一种根据学科文献的起伏变化规律，抽取学科发展高峰期的大量文献，以较少时间获取高质量、高数量的文献。使用这种方法需要以熟悉所查课题发展脉络为前提，才能取得较好效果。

5. 浏览法

浏览法通过浏览近期期刊、图书目录等获得文献线索，进而查找相关文献的方法。浏览法作为检索线索的一个突破口，主要作用在于查检最新文献，可作为文献检索的辅助方法灵活运用，有时可能会有意外收获。

（二）检索途径

检索途径是指根据文献信息的特征进行检索的途径。通过对文献特征的描述、标引和组织，构成了各种目录、索引、文摘等检索工具，这些检索工具为检索文献信息提供了多种途径。

1. 书名、篇名途径

利用书名、篇名途径查找文献，是一种最方便、快捷的途径。通常以文献书名、题名的字顺排列。检索方便、简洁，但必须有已知条件。

2. 著者途径

以文献著者（个人与团体著者、编者、译者、专利权人、专利申请人等）姓名和名称为检索途径进行查找的一种方法。通常以著者姓名与团体著者名称的字顺混和编排，个人作者均采用姓在前名在后排列。使用著者途径必须掌握这一规律。

3. 序号途径

以文献的各种代码、数字编制的检索标识查找文献。如专利号、化学物质登记号、技术标准的标准号、药品的审批号等。通常按代码字顺或数字的次序由小到大排列。

4. 分类途径

以文献主题内容所属的学科分类体系中的分类号或分类名为标识检索文献的途径。利用分类途径查找文献，必须了解分类法，我国高校和公共图书馆均采用《中国图书馆分类法》进行文献分类。目前常用的检索工具正文部分大多按分类排列，或者正文部分按主题概念排列，但辅有分类索引。

分类检索的特点是能完整体现学科体系，有利于通过族性检索，快速获得同一学科或同一专业的文献。还可以通过某一类目的上位类目和下位类目的浏览，灵活地选择扩大和缩小检索范围。分类途径虽有利于族性检索，却不利于特性检索。另外，从分类途径查找文献需了解一定的学科分类体系及其规则。

5. 主题词途径

指通过揭示文献内容的、经过规范化处理的主题词进行检索的途径。主题词表是标引人员和检索用户交流信息的共同依据。目前，与医学相关的主题词表有《汉语主题词表》《医学主题词表》《中医药主题词表》和《中国中医药学主题词表》。主题词表通过参照关系将主题词作规范化处理，使同义词、近义词、同族词、相关词等用标准主题词来表述，从而能有效地提高文献的查全率和查准率。词表还规定了副主题词与主题词的组配，用来限定主题词，使主题词的专指性更强。主题检索系统标引有一定深度，比较严密、完善，组配表达概念的能力较强，而且主题词比较接近自然语言，容易被人接受。主题词途径能满足特性检索，是一种高效率的检索途径。

6. 关键词途径

以直接从文献中抽取的具有实质意义的自由词作标识进行检索的途径。其重要特征是取词未经规范化处理，但能及时标引最新名词术语，编制、更新速度较快。由于同一概念可能用不同的关键词来表述，造成漏检较多，因而影响查准率、查全率。但关键词检索不受词表限制，简单方便。在选择关键词检索时，应多考虑多义词、同义词的关系，充分考虑用与概念相关的词进行检索，尽量减少漏检。

(三) 检索策略

文献信息检索策略有广义和狭义之分。

广义的检索策略包括分析检索课题的检索需求、选择检索工具、确定检索词和检索途径、构建检索式、上机检索，然后浏览结果查看是否符合检索需求。如果检索结果符合检索需求，则输出检索结果；若不符合检索需求，则需要继续调整检索式，再上机操作。如此反复，以得到满意的结果为准（见图 1-2-1）。

狭义的检索策略主要指确定检索词，并通过布尔逻辑运算符、截词符、限定检索等与检索词构成检索式。检索式的构成非常灵活，主要包括简单提问式和复合提问式。简单提问式可以是一个词，比如 Hepatitis B（检索乙型病毒性肝炎的文献），Liver Cancer in TI（检索题名字段中包含肝癌的文献），PY＝2011（检索 2011 年发表的文献）；复合提问式由多个检索词和检索方法组成，比如 Asthma and（Child * or Infant）（检索儿童或婴幼儿哮喘的文献）。

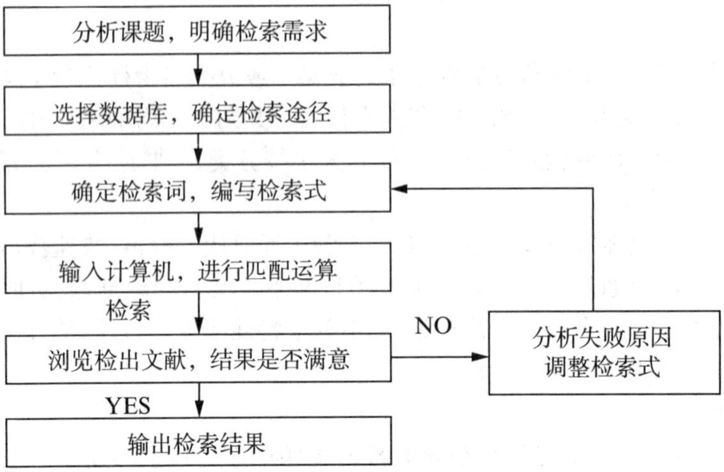

图 1-2-1　检索策略构建流程图

检索式还有一种常见的方式，即通过检索历史进行逻辑运算，比如：

＃1 Search "Renal Insufficiency/Surgery"[Major]

＃2 Search transplantation[Title/Abstract]

＃3 Search ＃1 AND ＃2

三、检索效果评价

检索效果是指检索过程的有效程度和质量。目前采用的最为普遍的检索效果量化指标有查全率、查准率、漏检率、误检率等，其中较为重要的指标是查全率和查准率。

查准率(Precision Ratio，简称为 *P*)，是指检出的相关文献数占检出文献总数的百分比。查准率反映检索准确性，其补数就是误检率。查准率高则误检率低。

查全率(Recall Ratio，简称为 *R*)，是指检出的相关文献数占系统中相关文献总数的百分比。查全率反映检索全面性，其补数就是漏检率。查全率高则漏检率低。

查全率和查准率可以用来衡量文献信息检索的检索效果，需要注意的是，查全率与查准率是一种互逆关系，在具体检索时要根据课题要求调整查全和查准的关系，使检索结果查全率和查准率达到最佳比例。

在信息检索系统中，每进行一次检索，就把系统中所有的文献分为 4 个部分

	相关的	不相关的	总计
检出的	a 命中的	b 误检的	a+b
未检出的	c 漏检的	d 应拒的	c+d
总计	a+c	b+d	a+b+c+d

其中：a 表示检出的相关文献，即合理的命中；b 表示检出的非相关文献，即误检；c 表示未检出的相关文献，即漏检；d 表示未检出的非相关文献，即合理的排除。a+b 表示检出的

全部文献;c+d 表示未检出的全部文献;a+c 表示与提问相关的全部文献;b+d 表示与提问不相关的全部文献;a+b+c+d 则表示检索系统中的所有文献。

那么,查准率和查全率的计算公式分别为:

查准率 $P=(a/a+b)\times100\%$

查全率 $R=(a/a+c)\times100\%$

第三节 检索语言和检索技术

一、检索语言概述

检索语言是文献检索中用来描述文献特征和表达情报提问内容的一种专门人工语言,是文献信息的标识系统。其作用是为文献标引者和文献检索者之间提供共同语言,以保证概念表达上的一致性,保证信息检索能尽量避免误检和漏检。

检索语言的种类很多,表达文献外部特征的检索语言比较简单,主要是题名(篇名)、著者姓名、引文、文献序号等。描述文献内容特征的检索语言主要有分类检索语言和主题描述语言等。

在检索工具中,对文献的特征用各种检索语言进行描述,可以得到各种不同的文献标识。将大量的文献标识按一定规则及次序排列起来,就产生了各种类型的索引(见表 1-3-1)。这些索引是用户检索文献最有效的入口和途径。

表 1-3-1 检索语言与索引类型

<table>
<tr><td rowspan="4">检索语言</td><td>文献特征</td><td>文献标识</td><td>索引类型</td></tr>
<tr><td rowspan="2">外表特征</td><td>文献名称</td><td>书名索引
刊名索引
篇名索引
引文索引</td></tr>
<tr><td>文献序号</td><td>专利号索引
化学物质登记号索引</td></tr>
<tr><td>内容特征</td><td>分类类目
主题语言
关键词</td><td>分类索引
主题词索引
关键词索引</td></tr>
</table>

二、分类检索语言及《中国图书馆分类法》

分类检索语言是以科学分类为基础,以文献内容的学科性质为对象,运用概念划分的方法,按照知识门类的逻辑次序,从上位类属概念到下位类属概念逐级区分到最小的类目,用层层展开的树状结构形式把类目系统排列起来,组成一个层累制等级号码体系。它直接体现知识分类的概念等级,以学科、专业集中文献,从知识分类角度揭示文献在内容上的区别和联系，提供以学科为出发点的检索途径。

在分类语言中，具有某种（或某些）共同属性的事物的集合称为类目，分类表由成千上万个表示特定学科或专业概念的类目组成，每个类目包括类名和类号，有的类目还有提示性的注释。类名是类目的名称，由词语表示。类号是类目的标记符号，由字母和数字组成。注释则是对类目的补充说明、规定，以及解释类目的含义、范围，或提示此类文献的分类方法。同一类目汇集了同一知识范畴的文献，不同层次的类目之间互为同级类目、上级类目或下级类目的关系，这样就组成了一个逻辑结构严密合理的体系分类检索系统。

国内外有各种体系分类法，我国也曾先后使用过不同的分类法。为使文献分类规范化、标准化，从 20 世纪 90 年代开始，我国统一采用《中国图书馆分类法》（简称《中图法》）进行文献分类和排列。目前《中图法》已出版第五版。

《中图法》的结构由基本大类、简表、详表和通用复分表等组成：

1. 基本大类

《中图法》共有 22 个基本大类（见表 1－3－2）：

表 1－3－2 《中图法》基本大类

A 马克思主义、列宁主义、毛泽东思想、邓小平理论	N 自然科学总论
B 哲学、宗教	O 数理科学和化学
C 社会科学总论	P 天文学、地球科学
D 政治、法律	Q 生物科学
E 军事	R 医药、卫生
F 经济	S 农业科学
G 文化、科学、教育、体育	T 工业技术
H 语言、文学	U 交通运输
I 文学	V 航空、航天
J 艺术	X 环境科学、安全科学
K 历史、地理	Z 综合性图书

2. 类目简表

类目简表是分类法中二级类目下进一步划分出来的三级类目，基本为独立科目。

如“R2 中国医学”下三级类目简表（见表 1－3－3）。

表 1－3－3 《中图法》中医三级类目

R21 中医预防、卫生学	R274 中医骨伤科学
R22 中医基础理论	R275 中医皮肤科学与性病学
R24 中医临床学	R276 中医五官科学
R25 中医内科学	R277 中医其他学科
R26 中医外科学	R278 中医急症学
R271 中医妇产科学	R28 中药学
R272 中医儿科学	R289 方剂学
R273 中医肿瘤科学	R29 中国少数民族医学

3. 详表

详表由各级类目组成，是分类表的主体，也是文献分类标引和分类检索的依据。它是简表内容和结构的扩展，类目的排列严格按概念之间逻辑隶属关系逐级展开，划分出更专指、更具体的类目。主要特点如下：

（1）整体上采用以类相聚的原则，因而反映的是一种文献的族性关系。

（2）类目之间呈倒树状的线性排列，排列的原则是从整体到部分，从大概念到小概念，从抽象到具体，从上位到下位，层层划分到最小类目。

（3）各类目之间表示的是并列、属分或相关关系。

（4）分类号采用字母和 0～9 十个数字相结合的混合号码。用一个字母表示一个大类，在字母后用数字表示这一大类下各级类目的划分。

4. 层累标记制

类目按学科概念之间的逻辑隶属关系往下逐级展开，划分出再细分、下位的类目。如“R241.25 舌诊”类目从上而下依次是：

R	医药卫生
R2	中国医学
R24	中医临床学
R241	中医诊断学
R241.2	四诊
R241.24	色诊
R241.25	舌诊
R241.26	腹诊
R241.29	其他

5. 复分表

复分是增强类目的细化程度，提高类目的专指度的分类措施。《中图法》的复分表有通用复分表和专类复分表两种。这些复分表的号码不能单独使用，只能加在主分类号后作为区分共性的标识。《中图法》的复分表有 8 个，即总论复分表、世界地区表、中国地区表、国际时代表、中国时代表、世界种族与民族表、中国民族表、通用时间、地点表。其中总论复分表中的描述图书的外部特征如教材、工具书等的复分号及其含义举例如下：

—43	教材	—61	名词术语、词典、百科全书(类书)
—44	习题、试题及题解	—62	手册、名录、指南、一览表、年表
—53	论文集	—64	表解、图解、图册、谱录、数据、公式、地图
—532	会议录	—65	条例、规程、标准
—6	参考工具书	—66	统计资料

例如：中医临床学的类号是 R24，中医临床学教材的类号应该标识为 R24-43。

专类复分表专供某些类目的进一步细分之用。如，专供 R-58（临床医学各类）的复分表如下：

01	预防、控制和卫生
02	病理学、病因学

03　　医学微生物学、医学免疫学
04　　诊断学
05　　治疗学
059.7　急症、急救处理
06　　并发症
07　　预后
08　　诊疗器械、用具
09　　康复

例如：高血压的分类号是R544.1，高血压预防的分类号应该标识为R544.101。

三、主题检索语言和主题词表

主题检索语言是建立在表达事物本质特征的概念基础上的，是表达文献主要概念的检索语言。

（一）主题检索语言的类型

1. 单元词语言

单元词语言是规范语言，它是一种最基本的、不能再进一步分割的单位词语言。单元词也称元词，它能独立表达某一概念。元词语言是后组语言，它将一些元词在检索执行时组合起来使用。比如"科技"和"文献"分别表达两个独立的概念，它们组合成"科技文献"则又形成一个复合概念。元词强调单元化词的组配，仅限字面组配。单元词表比较简单，简单的单元词表只有一个字顺表，较完备的单元词表则由一个字顺词表和一个分类词表组成。单元词字顺表包括全部单元词和大量非单元词，非单元词列在单元词条目下，或有参照指向。单元词检索具有灵活、自由的组配功能。

2. 标题词语言

标题词语言是以标题词作为文献内容标识和检索依据的一种主题语言。标题词是通过对文献的内容分析，从中找出具有实质意义，能表达文献内容特征，并经过规范化处理的词、词组或短语，通常由主标题词和副标题词组配而成。

例如：heart作为主标题词，和副标题词组配为heart disease；heart neoplasm等。

利用标题词检索语言编制的检索工具质量较好，组配固定，不易混乱，并通过"见"和"参见"扩大检索途径，查全率较高。美国《化学文摘》中的普通主题索引和化学物质索引是国外检索工具中使用标题语言的典型。但标题词法在检索上表现的是一种单线序列逐级查阅的方式，很少采用并列交叉概念的主题组配，对文献内容的表达有不少局限性，尤其是内容广泛、主题交叉较多的文献，标题词法适应性较差。

3. 关键词检索语言

关键词语言是从文献的标题、内容中，抽取能表达文献主题的、有实质意义的词汇作为标引文献内容特征的标识，是不受词表控制，未经规范化处理的自然语言。它主要是为适应计算机自动编制索引的需要，只要指令计算机排除不具有检索意义的非关键词，就可用计算机自动抽词标引。这些非关键词是指：①冠词、代词、连词、感叹词、介词、系动词和某些助动词、形容词；②某些缺乏检索意义的通用性名词，如设计、性质、研究进展、意义等。

关键词检索语言能适应计算机自动标引的需要，随着计算机及网络检索的发展，这种检索语言的应用将更为广泛，从而大大缩短检索工具编制的时间，便于用户检索最新信息。但由于自然语言中的多义词、同义词、近义词会造成标引的关键词不统一，所以查准率和查全率较低。

4. 叙词检索语言

叙词检索语言又称主题词检索语言。所谓叙词是指从文献内容中抽取出来的，能概括表达文献基本内容的名词或术语。叙词检索语言是在综合以往使用过的多种检索语言原理和方法基础上，适应计算机检索的特点而产生的，它用经过规范化处理的词语作标识，采用概念组配的方法。主题词检索语言组配表达概念能力强，标引深度大，比较严密、完善，规范化程度较高。医学文献普遍使用的《医学主题词表》(MeSH)就属于这一类型。

主题词检索语言的特点是：

1) 规范化

主题词接近自然语言，较易被人理解接受。但是，自然语言中的词汇普遍存在多义、同义、词义不清、同形异义、同义异形等现象，大大影响了文献标引的一致性。因此，必须对自然语词进行规范，使同一概念的事物只能用一个标准语词来表达，也称受控词汇，由主题词表来担当这样的规范处理。

2) 组配性

一篇文献往往会涉及多个主题。因此，对一篇文献的正确描述需要多个概念组配才能完成，这就是主题词与副主题词的组配。组配性是主题词的重要特性，受词表规则控制。副主题词组配使主题词检索比其他检索方法具有更强的专指性和灵活性，能有效扩大检索范围，并能及时反应新事物、新概念。

(二)《医学主题词表》

《医学主题词表》简称 MeSH 词表，是美国国立医学图书馆(NLM)1963 年编制的用于对生物医学文献进行标引和检索的权威性主题术语控制工具，MeSH 词表由字顺表和树状结构表两部分组成。2004 年开始，仅更新网络版 MeSH Browser，网址为 http://www.nlm.nih.gov/mesh/MBrowser.html(见图 1-3-1)。

1. MeSH 词表收词范围

MeSH 词表字顺表中的词分为 5 种类型，即主题词、款目词、类目词、副主题词和特征词。2011 年 MeSH 词表中共有主题词 26 142 个、款目词 177 000 个、副主题词 83 个。

(1) 主题词：也称叙词，是构成主题词表的主体，由生物医学领域的经过规范化的名词术语所构成，有独立检索意义。在字顺表的每一个主题词下均注以三种注释：树状结构号、历史注释和参考注释。

(2) 款目词：也称入口词，起到将自由词引见至主题词的作用。例如：肾衰竭见肾功能衰竭、昏睡见睡眠期等。其中“肾衰竭”和“昏睡”是入口词，“肾功能衰竭”和“睡眠期”是主题词。

(3) 类目词：是为保证分类表体系的完整性而设立的一类词汇，通常都是一些学科范围较大的词，它们不作为主题词使用。例如：新生儿疾病和畸形。

(4) 副主题词：副主题词对文献主题起限定作用，构成主题的一些通用性概念，本身无

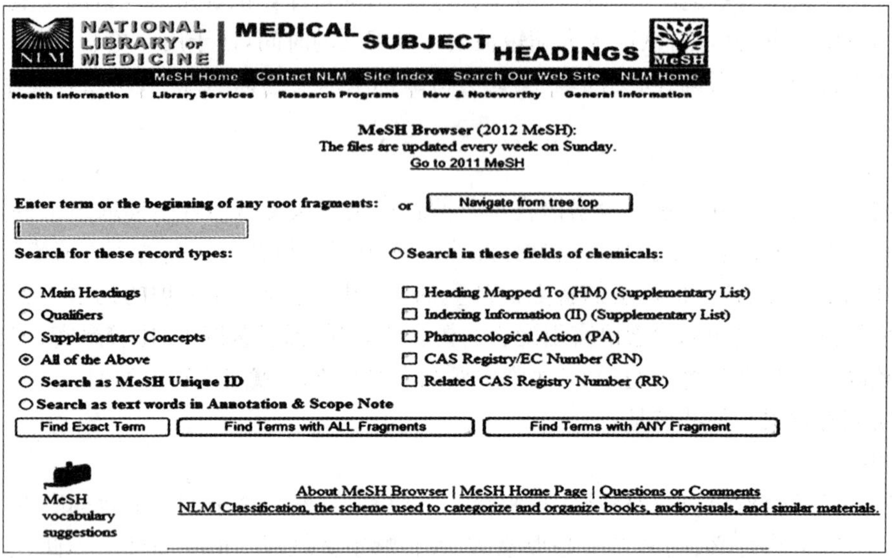

图 1-3-1　MeSH Browser 主页界面

独立检索意义。例如肾功能衰竭的中药治疗，中药治疗可作为副主题词，对主题词肾功能衰竭起限定作用。在 MeSH 中提供了 83 个副主题词，这些副主题词按英文字母顺序排列，同时给予每个词词义的解释，还限定各个副主题词允许组配的主题词范围，以及副主题词的等级范围。

（5）特征词：特征词用于表达文献中的某些特征，其作用在于检索时对文献集合中有某种特征的文献进行限定或排除。特征词的种类包括：

A. 对象特征词：指文献研究的对象。包括种属（动物）、性别、年龄、是否妊娠状态、病例报告等。例如：新生儿、人类、动物、妊娠、儿童，学龄前、女（雌）性、病例报告等。

B. 时间特征词：包括年代、时代、朝代等方面。例如：清、南北朝、民国、中世纪、19 世纪等。

C. 位置特征词：包括国家、地区等方面。例如：北京、英国、加州等。

D. 文献类型特征词：包括临床文献、教材、历史传记、专题讨论、综述、读者来信等。

2. MeSH Browser 主题词注释表（字顺表）

主题词注释表（也称字顺表）显示该主题词及其注释、参照系统与树状结构号，表达该主题词的历史变迁、主题词的族性类别，揭示主题词之间的语义关系，可供用户选择主题词。如输入“traditional Chinese medicine”时可获得该主题词相关信息如下（见表 1-3-4）。

表 1-3-4　主题词注释

MeSH Heading①	Medicine, Chinese Traditional
Tree Number②	E02.190.488.585.520
Tree Number	I01.076.201.450.654.558.520

(续表)

Annotation③	is not medicine in China (=MEDICINE+CHINA); Manual 32. 13; medicinal plants in Chinese med: consider DRUGS, CHINESE HERBAL; index differentiation of signs & symptoms (bianzheng shizhi) under MEDICINE, CHINESE TRADITIONAL (IM) + DIAGNOSIS, DIFFERENTIAL (IM); Oriental taking of pulses= PULSE+ appropriate acupuncture or Oriental medicine terms; DF: MED CHINESE TRADITIONAL
Scope Note④	A system of traditional medicine which is based on the beliefs and practices of the Chinese culture
Entry Term⑤	Chinese Medicine, Traditional
Entry Term	Chinese Traditional Medicine
Entry Term	Chung I Hsueh
Entry Term	Traditional Chinese Medicine
Entry Term	Traditional Medicine, Chinese
Entry Term	Zhong Yi Xue
See Also⑥	Acupuncture Therapy
See Also	Drugs, Chinese Herbal
See Also	Medicine, Tibetan Traditional
See Also	Yang Deficiency
See Also	Yin Deficiency
Allowable Qualifiers⑦	AEEC HI IS MT PX ST TD UT
Entry Version⑧	MED CHINESE TRADITIONAL
Online Note⑨	to search MEDICINE, CHINESE & CHINESE MEDICINE use MEDICINE, CHINESE TRADITIONAL 1975-83 & MEDICINE, ORIENTAL TRADITIONAL 1967-74
History Note⑩	88(84); was see under MEDICINE, ORIENTAL TRADITIONAL 1984-87; was MEDICINE, CHINESE see under MEDICINE, ORIENTAL 1981-83; was CHINESE MEDICINE see under MEDICINE, ORIENTAL 1967-80
Date of Entry⑪	19990101
Unique ID⑫	D008516

注：①主题词；②树状结构号；③主题词含义注释；④概念范围；⑤款目词；⑥相关主题词参照；⑦组配注释（该主题词可以组配的副主题词缩写）；⑧版本情况（多为缩写形式）；⑨联机检索注释；⑩历史注释（历史变化）；⑪收入 MeSH 主题词表时间；⑫主题词 ID 号。

3. 参照系统

印刷版 MeSH 有用代参照、相关参照、属分参照。网络版 MeSH Browser 常见 Entry Term、See Also 和 Consider Also 参照。Entry Term 揭示该主题词的款目词;See Also 是提示该主题词的相关主题词,选择这些词可以提高检全率;Consider Also 常用在解剖类主题词,比如主题词"Liver",其 Consider Also terms at HEPAT—,表示以 HEPAT 开头的这类词与 Liver 有关。

4. 树状结构表

树状结构表(Tree Structures)是从学科分类角度对所有主题词进行编排而成的等级制分类表。

1) 结构

为了显示主题词的学科体系,词表将 MeSH 字顺表中的所有主题词(包括类目词)按学科属性从分类角度进行划分,编制了树状结构表(也称范畴表)。共分出 16 个大类,再细分出 118 个二级子类目,各子类目下又层层划分,逐级展开,最多可达 11 级。有的主题词可能同属于两个或多个子类目,这种主题词后同时列出了多个树状结构号,并分别排在其所归属的类目中,其一级类目和著录格式如下(见图 1-3-2、图 1-3-3)。

1. ⊞ Anatomy [A]
2. ⊞ Organisms [B]
3. ⊞ Diseases [C]
4. ⊞ Chemicals and Drugs [D]
5. ⊞ Analytical, Diagnostic and Therapeutic Techniques and Equipment [E]
6. ⊞ Psychiatry and Psychology [F]
7. ⊞ Phenomena and Processes [G]
8. ⊞ Disciplines and Occupations [H]
9. ⊞ Anthropology, Education, Sociology and Social Phenomena [I]
10. ⊞ Technology, Industry, Agriculture [J]
11. ⊞ Humanities [K]
12. ⊞ Information Science [L]
13. ⊞ Named Groups [M]
14. ⊞ Health Care [N]
15. ⊞ Publication Characteristics [V]
16. ⊞ Geographicals [Z]

图 1-3-2 树状结构表一级类目

Neoplasms [C04]

Neoplasms by Site [C04.588]

Abdominal Neoplasms [C04.588.033]+

Anal Gland Neoplasms [C04.588.083]

Bone Neoplasms [C04.588.149]+

▶Breast Neoplasms [C04.588.180]

Breast Neoplasms,Male [C04.588.180.260]

Carcinoma,Ductal,Breast [C04.588.180.390]

Hereditary Breast and Ovarian Cancer Syndrome [C04.588.180.483]

Inflammatory Breast Neoplasms [C04.588.180.576]

图 1-3-3 树状结构表著录格式

2）作用

（1）用树状结构号确定主题词在分类表中的位置，是字顺表和范畴表相互联系的桥梁和媒介，是副主题词组配范围的依据。

（2）树状结构号是选择专指词（下位词）的依据，便于缩小检索范围、提高查准率。同时，又是选择上位词的依据，便于扩展检索、提高查全率。

（3）通过树状结构号可以了解某主题词的学科属性及该词与其他词的隶属关系，加深对所查文献医学分类的了解。例如：重链病 C15.604.515.435，依据其分类号，可以找到该病的上位类是淋巴组织增生性疾病 C15.604.515，再上位类是淋巴疾病 C15.601，故由此可以确定重链病属于淋巴疾病的范围。

5. 使用 MeSH 词表的注意事项

（1）注意主题词的增补和修改，每年 MeSH 词表都有主题词变更情况说明。

（2）选准主题词，主题词越专指越好。如：Vitamins A，不用 Vitamins。

（3）注意参照系统，它可以帮助你选准主题词，扩大检索面。

（4）主题词倒置，有的词找不到，应试试倒置的形式。为了将医学概念相近的词集中在一起，MeSH 词表常采用倒置形式，即把主题词中的中心词放在最前面，其他修饰词放在中心词之后。如：Shock，Cardiogenic（心源性休克）。

（三）《中国中医药学主题词表》

《中国中医药学主题词表》由中国中医研究院中医药信息研究所为促进中医药学词语标准化，更好地标引中医、中药学文献，满足中医、中药特有的文献特点，在借鉴 MeSH 词表的基础上编制出的。1987 年《中医药学主题词表》首次面世；1996 年研究人员在大量词频统计及用户意见反馈的基础上，对《中医药学主题词表》进行了增补修订，推出第 2 版并更名为《中国中医药学主题词表》，以印刷版和电子版两种形式出版；2007 年又修订出版了第 3 版《中国中医药学主题词表》。新版《中国中医药学主题词表》在保持原词表的体系结构及与 MeSH 兼容外，融会了近年来中医药词语标准化和规范化研究成果，调整了部分树形结构的设置，对主题词重新注释和定义，增补了新词，删除了个别低频词。2007 年版《中国中医药学主题词表》共收录主题词 8 307 条，入口词约 5 598 条，类目词 161 个，副主题词 93 个，另有出版类型表、医学家姓名附表、索引表等。

其特色主要表现在：

1. 主表

与 MeSH 结构基本相同，主表包括主题词、款目词、类目词和副主题词 4 种类型。全部主题词及入口词按汉语拼音顺序排列。主题词款目结构包括：汉语拼音、主题词名称、主题词英译名、树形结构号、注释及参照项。

主题词款目著录格式如下：

汉语拼音	gan jing
主题词名称	肝经
主题词英译名	Liver Meridian
树形结构号	TA17.015.005.010.030.005.005
	TA17.015.005.010.030.025.005
	TA17.015.005.010.035.010.005
标引注释	属厥阴经及足三阴经
定义	十二经脉之一；起于足大趾爪甲后……（下略）
历史注释	1995(1998)；1987～1994 为足厥阴肝经或肝经
检索注释	1995 年前用足厥阴肝经或肝经检索
参照项	C　穴位，肝经
代参照项	D　足厥阴肝经
	D　足厥阴经

2. 树形结构表

又称范畴表，将主题词按学科门类划分，分列于 15 个类目 68 个子类，各类目之下列出隶属于该类目的主题词，按属分类关系逐级展开，呈树状结构，每个主题词均有双字母数字号码以显示主题词的级别。分类体系仿 MeSH 分类，为突出中医特点，将主表中的主题词根据学科仅在其前冠以 T(Traditional Chinese Medical)组成双字母。如 TA，表明收录的是中医方面的解剖学名词，TC 表明收录的是中医疾病名词。

树形结构表著录格式如下：

[中医病证]	[TC]
第一级症状体征和证候	TC23＋
第二级证候	TC23.005＋
第三级气血津液证候	TC23.005.040＋
第四级津液病	TC23.005.040.005＋
第五级津液内停	TC23.005.040.005.020＋
第六级痰饮	TC23.005.040.005.020.015＋
第七级痰证	TC23.005.040.005.020.015.005＋
第八级痰湿	TC23.005.040.005.020.015.005.065＋
第九级痰湿中阻	TC23.005.040.005.020.015.005.065.015

3. 副主题词

收录了 93 个副主题词，其中 83 个为 MeSH 副主题词，另有中医药副主题词 10 个：中医药疗法、中西医结合疗法、针灸疗法、穴位疗法、针灸效应、按摩疗法、气功疗法、气功效应、中医病机、生产和制备。

4. 附表

收录有针灸穴位名称主题词,包括国际标准针灸穴位名称主题词字顺表和国际标准化针灸穴位名称范畴表两部分。

5. 索引表

提供了三种主题词索引表,包括汉语拼音索引、汉字笔画索引和英(拉丁)与汉对照索引,对照索引分中医主题词英汉对照索引和中草药及药用植物拉丁名称索引两部分。

四、检索技术

检索技术主要指计算机检索中使用的技术,依赖于信息在计算机中的存储方式以及提问表达的方法。目前的计算机技术还不能有效地处理直接运用自然语言表达的提问。因此,常用布尔逻辑式、截词符、字段限定等来表示检索提问,并构成检索式。

(一) 布尔逻辑检索

布尔逻辑检索是计算机检索常用的技术,其通过布尔逻辑算符把简单概念的检索词连接组配成为一个具有复杂概念的检索式,用以表达用户的检索要求。布尔逻辑算符有"与(AND)""或(OR)""非(NOT)"三种,其逻辑运算优级为 NOT 最高,AND 其次,OR 最低,如要改变运算顺序需要用"()"来表示。需要注意的是,在部分检索系统中三种逻辑运算符的优先级相同。

1. 逻辑"与"

逻辑"与"运算符常为"AND"或"*",其构成的表达式形式为"A AND B"或"A*B"。逻辑"与"表达式"A AND B"表示文献中同时包含检索词 A 和检索词 B 的文献才能被命中(见图 1-3-4)。

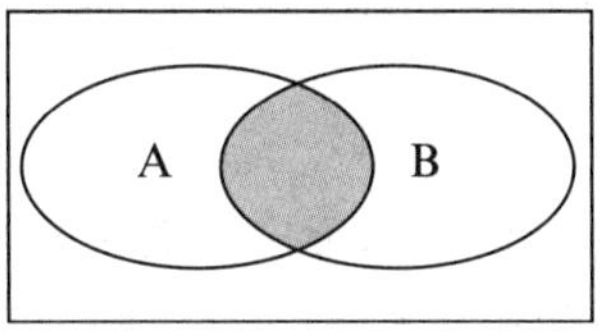

图 1-3-4 逻辑"与"

2. 逻辑"或"

逻辑"或"运算符常为"OR"或"+",其构成的表达式形式为"A OR B"或"A+B"。逻辑"或"表达式"A OR B"表示包含检索词 A 的文献或者包含检索词 B 的文献或者同时包含检索词 A 和 B 的文献都会被命中(见图 1-3-5)。

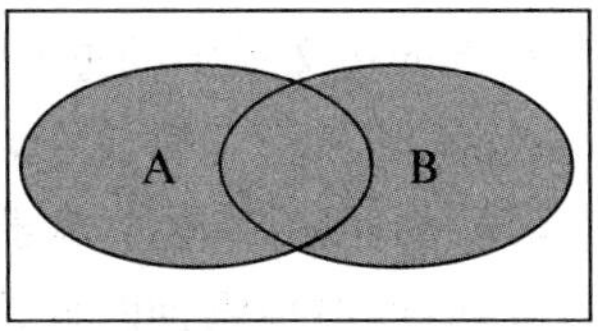

图 1-3-5 逻辑"或"

3. 逻辑“非”

逻辑“非”运算符常为“NOT”或“－”，其构成的表达式形式为“A NOT B”或“A－B”。逻辑“非”表达式“A NOT B”表示包含检索词 A 同时不包含检索词 B 的文献才能被命中（见图 1－3－6）。

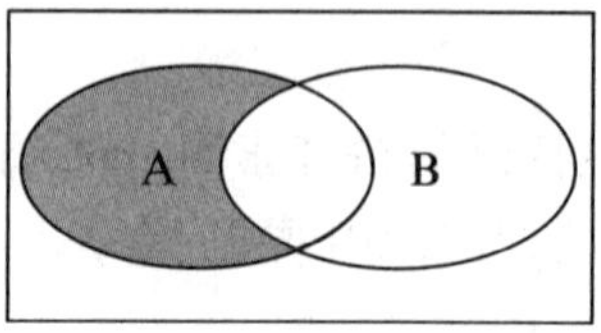

图 1－3－6　逻辑“非”

（二）截词检索

截词检索是指使用截词符在检索词的适当位置截断进行检索的方法，常用于西文检索系统中，对于提高查全率、预防漏检有较明显的效果。截词的方法有前截词、中截词和后截词三种，其中后两种截词方法较为常用。此外，按截词字符数目来分，有有限截词和无限截词两种。有限截词即一个截词符只代表一个字符；无限截词即一个截词符可代表多个字符。不同的检索系统所使用的截词符不同，常用的有＃、?、$、* 等。

（三）同义词检索

同义词检索是指检索系统自动按照用户输入的检索词及该词的同义词进行检索的方法。同义词检索不需用户提供检索词的相关同义词，由检索系统集成配置。也有通过同义词词表由用户自主选择相关同义词实现这一检索功能。

（四）位置检索

位置检索又称临近检索，是运用位置算符来表达检索词之间的位置关系进行检索的技术方法。位置算符主要有同句、同字段、相邻等，其构建方法及表达方式依检索系统不同而不同。

（五）限定字段检索

限定字段检索是指用户在检索过程中，限定检索词在检索系统数据库记录中特定字段进行的检索，即为达成某种检索效果限定检索入口。如“TI＝针灸”，检索词针灸限定在题名字段检索。常用的检索字段有十几个，不同的计算机检索系统提供的检索字段不同。

（六）主题词检索

主题词检索即主题词表检索，指用表达文献主题的规范化的词或词组进行检索，即用规范主题词代替自然语言作为检索词进行的检索。主题词检索必须了解和掌握主题词词表。利用主题词检索对于提高检索的查准率和查全率都具有显著效果。

（七）加权检索

加权检索是检索系统根据每个检索词在文献中的重要程度赋予一定的数值或权重设置的检索技术。选择加权检索功能，系统除了命中含有检索词的文献，还会根据检索词在文献中的重要程度命中核心概念文献，用来精确检索，缩小检索范围，从而提高查准率。不同检索系统的加权方式有不同的定义与规则，如对检索词的权值，有通过检索者给定检索词的数值来表示，有通过标引者对文献主题标引主要概念来体现，有根据检索词在记录中出现的频次来表示。

（八）聚类检索

聚类检索是指系统自动实现关联密切文献的检索，具有族性检索和特性检索的功能。通过一定的聚类方法，系统计算出文献与文献之间的相似度，并把相似度较高的文献集中在一起，形成一个个相似相关的文献群，并实现一次检出的功效。有些数据库系统的智能检索也可归入此类检索功能。另外，根据不同聚类水平的要求，系统形成不同聚类层次的类目体系。在这样的类目体系中，主题相近、内容相关的文献聚合一起，以实现聚类检索的功能，如检索系统中的相似文献的检索，引用文献的检索等。

（九）词组精确检索

又称短语检索，一般用在输入的检索词是二个或二个以上单词或字组成的词组(需作为一个整体概念进行整体检索)。此时需要将词组用引号表示作精确检索，否则系统会默认对输入的多个单词或字进行拆分检索。

（十）默认检索

又称缺省检索、隐含检索，一般限定在数据库系统预先设定的检索范围内。

（十一）扩展检索

扩展检索主要见于有主题词或分类检索途径的数据库，其功能主要是：如选择“不扩展”，表示仅对单个主题词或副主题词进行查找；选择“扩展全部树”，表示对输入的主题词或类目以及它的所有下位词或下位类目进行扩展检索，可以扩大检索范围。

（十二）二次检索

是指在前一次的检索结果基础上，增加检索条件，进一步缩小检索范围。比如增加检索词、限定时间范围、限定来源期刊等，来提高查准率。

（十三）模糊检索

允许被检索信息与检索提问之间存在一定的差异，与检索词相关或相似的词都会被命中，可以扩大检索范围。

（十四）精确检索

表示检索范围仅限于输入的检索词，与检索词完全匹配才会被命中，用于精准检索，可以缩小检索范围。

思考题

1. 什么是文献的外表特征和内容特征，它们分别有哪些检索语言标识？
2. 请解释主题词和关键词，并指出它们的不同。
3. MeSH 字顺表有哪五类词？分别解释这些词的功能。
4. 主要用于计算机检索的检索技术有哪些？

（陆伟路）

第二章　中医古代文献检索

第一节　古代文献的范围和分类

中华民族拥有数千年的文明史，我们的先人不断发明创造，积累了不可胜数的人文和自然知识。灿烂丰富的文化硕果，通过各种方式记录并保存下来，形成了浩如烟海的古代文献。中医药古文献在这知识海洋中的数量极为庞大。从汉代烽燧竹简到古敦煌卷轴，再到马王堆帛书等考古发现，不断充实着这一宝库。如此浩瀚的古代文献资料为研究古代文献提供了条件，给后人带来诸多的启发。充分利用古代文献资源，就需要了解古代文献的一些基本知识。

一、古代文献的范围

以时间节点来作为古代文献的截止时限，学界主要有以下四种划分观点：其一，以 1840 年鸦片战争爆发作为分割点，中国社会形态开始发生巨变；其二，以 1911 年辛亥革命为界，新民主主义国家建立；其三，以 1919 年“五四”运动作为划分点，白话文运动兴起；其四，以 1873 年在汉口创刊《昭文日报》为分割点，此事件为近代铅字印刷之始。四种时间节点的划分都有一定的道理，都有重要的历史意义。以某一时间节点区分古代文献的范畴还是存在一定的争议的，为了研究上的方便，现在的学者普遍倾向以辛亥革命为界。

文献是一切记录有知识的载体，所以那些记有文字的甲骨，刻有铭文的青铜器，摩崖石刻，有文字的玉器、简牍、缣帛、卷册以及各种版式的古代书籍等，都属于古代文献范畴，而不仅仅局限于印刷术发明后的古代书籍。东汉蔡伦发明了造纸术，唐代雕版印刷开始盛行，印刷书籍逐渐流行，这大大丰富了文献资源，使书籍成为古代文献中数量最为庞大的资源。而古代文献检索的主要对象是古代印刷出版的书籍，所以除非特别指定，这里所说的古代文献即指古代书籍。

二、古代文献的分类

古代文献的分类多种多样，有多少种划分的标准和依据，就有多少种分类。一般而言，多根据时间、载体和内容的不同进行划分。

根据时间划分，依据朝代的更替，可分为清、明、元、宋、金、辽、唐代文献等。

根据载体划分，可以分为甲骨、金石、简牍、缣帛、纸质文献等。在殷商时代，人们在祭祀、狩猎、农耕等活动时，会使用甲骨进行占卜。将占卜后的卜辞用文字记录在甲骨上，形成了甲骨文。秦汉之前还有人将一些文字镌刻于青铜器和玉石上，称为金石。后来发展为在竹片、木片、绢帛上记录文字，就是简牍和绢帛。一直到造纸术和印刷术发明之后，才形成了大量的纸质文献。

根据内容划分是对于文献检索具有重要意义的分类方式，而历史上我国古代对于文献的分类也颇具特色，在不同历史阶段形成了不尽相同的分类体系。古代文献的分类方法对于古代文献的整理保存具有重要意义。

我国古代文献分类法的起源可以追溯到殷商时代。现代考古研究发现，在河南安阳小屯殷墟出土的甲骨，就进行了分坑存储，这可以被认为是分类意识的萌芽。而在《周礼·春官·宗伯》也记载有官吏保管不同种类图书的分工，如"大史掌建邦之六典""小史掌邦国之志""内史掌书王命"等，这可以看作是对古代文献的初步分类。直到西汉时期，汉王朝对于图书进行了大规模的整理工作，先后由刘向、刘歆父子领衔，编制产生了系统完备的六部分类法。此后又产生了不同时期的分类方法，如魏晋时形成的四分法，南北朝时的七分法，南宋郑樵的十二分法，文渊阁书目的二十分法等。事实上此后出现的分类法，都离不开刘向、刘歆父子的影响。而魏晋时形成的四分法，经过历代改善，最终成为中国古代最主要的图书分类体系。

历史上较有影响的分类方法主要有以下几种。

（一）六分法

西汉自开国起经历了三次大范围的征书活动，至汉成帝时，国家藏书大为增加。但是，国家典藏制度不够完善，致使图书散乱损毁。于是汉成帝成立专门机构进行图书典藏与整理，并命刘向等人整理国家藏书。经过繁复的校勘工作，给出规范的书名，然后写定图书的正本。刘向在每本写定图书的后面都撰写有一篇叙录，用来揭示图书内容及相关重要信息。刘向的校书工作，奠定了目录学的基础。

刘歆在其父刘向的叙录基础上，将图书进行分类，吸收了大部分的叙录内容，编成《七略》。一般认为《七略》之首《辑略》不是单独一类，梁阮孝绪《七录序》有"其一篇即六篇之总最，故以《辑略》为名"。"总最"即六类的总序和总目，可见《七略》实际当为六分法。后来班固在撰写《汉书·艺文志》时，将《辑略》中各序有选择地分散载入六略中。

《七略》将图书分成六大类，称为略，每略下分若干种，每种下分若干家，共分成 6 略 38 种 603 家 13 219 卷，为我国最早的图书分类法，原书已经亡佚，但在《汉书·艺文志》中保留了六略的分类体系，具体分为：

1. 六艺略

下分易、书、诗、礼、乐、春秋、论语、孝经、小学，共 9 种，收录儒家经典著作。

2. 诸子略

下分儒、道、阴阳、法、名、墨、纵横、杂、农、小说，共 10 种，收录诸子百家的著作。

3. 诗赋略

下分屈原赋之属、陆贾赋之属、孙卿赋之属、杂赋、歌诗，共 5 种，收录诗赋等文学著作。

4. 兵书略

下分兵权谋、兵形势、兵阴阳、兵技巧，共 4 种，收录军事著作。

5. 术数略

下分天文、历谱、五行、蓍龟、杂占、形法，共 6 种，收录古代天文地理占卜等自然、应用科学著作。

6. 方技略

下分医经、经方、房中、神仙，共 4 种，记述医药卫生、养生保健一类著作。

《七略》的六分法拥有较严密的系统性，成为一个完整的分类体系。它是我国第一部系统完整的图书分类方法，创立了图书目录六分体系。其中一些分类思想，对后世的图书分类产生了深远的影响，被后世学者多加借鉴。

(二) 四分法

1. 四部分类法的创立

魏晋时期，出现了我国古代图书分类法的主导——四分法。绵延1 000多年的四分法自诞生后，被各朝各代沿用，经历代目录学家的不断修正补充，成为古代图书最重要的分类法，开创了图书分类四分法之先河。具体分类方法如下：

甲部：纪六艺及小学。

乙部：纪古诸子家、近世诸子家、兵书、兵家、数术。

丙部：纪史记、旧事、皇览簿、杂事。

丁部：纪诗赋、图赞、汲冢书。

2. 四部分类法的逐步完善

魏晋时期战乱不断，经过惠怀之乱后，图书已经受到严重破坏。时至东晋初，政府令李充负责收集并整理国家藏书。李充依照《晋中经簿》编成了《晋元帝四部书目》，著录图书仅3 014卷。他沿用了荀勖等人的分类方法，但将史部排列于四部分类的经部之后，即甲部纪经书、乙部纪史书、丙部纪子书、丁部纪诗赋文集。这种分类方法进一步提高了史书的地位，也符合中国古代封建王朝的治学重点，这种次序从此被固定下来，使四部分类法得到改进。

唐魏征、李延寿等编撰《隋书·经籍志》时，也沿用了荀勖的四部分类法，但是用经、史、子、集的名称代替了甲、乙、丙、丁这四种代号。这种命名方法直接突出了分类内容，被后世学者沿用，四部的名称从此确定下来。

然而，《隋书·经籍志》的分类法不能称为彻底的四分法，因为其沿用了《晋中经簿》的附录形式，将佛、道二类图书单列，实际可称六分法。到后晋时，刘昫等撰修《旧唐书·经籍志》，将佛、道二家并入子部，从此几乎所有的古代图书都可在四部中找到归属，四部分类法最终被正式确立下来。

3. 四部分类法的巅峰之作

清代乾隆年间，纪昀等在撰修《四库全书》的同时，编制了《四库全书总目》。其采用的四部分类法，参考了历代各种图书分类目录，建立了一套完整的四部分类体系，拥有层次清晰的类目，部下分类，类下分属。这种分类体系被后人高度评价。这种详尽完善的分类体系切合古籍的图书特点，即使在建国后仍被用于古籍的分类。《四库全书总目》的修订最终完善了四部分类法，成为集四部分类法之大成的巅峰之作。

(三) 其他分类法

在历史上还出现过其他一些分类方法。在古代图书分类中有一定影响的分类法主要是七分法，代表作有《七志》和《七录》。

1.《七志》

《七志》为南朝刘宋的驸马王俭所作，这是一部私家目录。其对图书的四部分类法有自己的见解，在主持撰修《宋元徽元年四部书目》的同时，编写完成了《七志》。它在分类法上基本沿用了《七略》的六分法，增加“图谱志”一类，又附道、佛二部，实际可称为九分法。在分类方面，王俭刻意沿用《七略》分类体系，改变魏晋以来的四分法，重新将四分法改为七分法。具体分类见下：

(1) 经典志：纪六艺、小学、史记、杂传。

(2) 诸子志：纪古今诸子。

(3) 文翰志：纪诗赋文集。

(4) 军书志：纪兵书。

(5) 阴阳志：纪阴阳、图纬。

(6) 术艺志：纪方技。

(7) 图谱志：纪地域及图谱书。

附：道录：纪道经。

　　佛录：纪佛经。

《七志》相较于《七略》增加了图谱志和佛道两部。图谱志的设立，是王俭独有的改进，反映当时图谱类书籍的繁荣和学者对此的重视。同时道佛二经的收录，表明此时期重视道佛的事实，从而保留了大量道佛图书资料。

2.《七录》

《七录》为梁朝阮孝绪撰，这是一部纯私撰目录。阮孝绪创立了自己的“七分法”，其分类体系参考了《七略》和《七志》，同时吸收了四部分类法的优点。

《七录》原书已经亡佚，但其总序、目录和古今书最等被收录在唐释道宣的《广弘明集》中，所以才得以流传下来。其分类体系为：

(1) 经典录：易、书、诗、礼、乐、春秋、论语、孝经、小学。

(2) 纪传录：国史、注历、旧事、职官、仪典、法制、伪史、杂传、鬼神、土地、谱状、簿录。

(3) 子兵录：儒、道、阴阳、法、名、墨、纵横、杂、农、小说、兵。

(4) 文集录：楚辞、别集、总集、杂文。

(5) 术技录：天文、谶纬、历算、五行、卜巫、杂占、形法、医经、经方、杂艺。

(6) 佛法录：戒律、禅定、智慧、疑似、论记。

(7) 仙道录：经戒、服饵、房中、符图。

以上共7大类55部。

《七录》是一部对后世影响较大的目录。《七录》首次将史书单独立类，称为纪传录；将术数和方技重新并为一大类；用文集代替诗赋类名称，是集部名称的来源。《七录》大部分的二级类目，都被唐朝撰修《隋书·经籍志》时沿用，此后图书分类法趋于稳定。

第二节　查阅古代文献常用字典

一、古汉语字词典概述

由于中国文字的特点，及古汉语字词流传的多变性，导致形、音、义三者关系复杂。历经数代的增减、修改和发展，汉语的字词数量庞大。汉字在形体、读音、含义方面存在着极其复杂的现象(多音字、多义字、古今字、通假字、异体字、俗体字、避讳字、繁简字等)，给我们阅读古代文献带来很多困难。古文中的多义、通假、异体、俗体等现象多种多样，误解曲解也在所难免。中医药古代文献的情况更是复杂多变，还有许多中医药的专用字词，研读起来更加困难。为了能够准确无误地理解古籍内容，真实感知古书作者的意图，必须掌握各种古汉语字词典的使用方法。

一般说来，字典主要汇集单字，注明其字形、读音、意义和用法；词典主要解释词语的概念、意义和用法，又称辞典。在古代，字与词的概念基本上没有区分，所以也不分字典和词典，而将讲文字形音义的著作一律称作“字书”。“字典”一词直至清代《康熙字典》才开始采用，近代又出现了“词典”。现代的字词典大多同时收录并解释字、词，故二者只是一个概念的区分，各有侧重而已。

二、古汉语注音法介绍

1. 直音法

即用一个字(一般为常用字)直接给另一个字注音的方法。注音字和被注音字两者关系应当为声韵调皆同的同音字。注音常用方法有:“某读若某”“某读如某”“某音某”“读与某同”等，如“堨读若谒”“肇，音兆”等。这是一种历史悠久的注音方式，优点是一般用常用字给疑难、生僻字注音，简单易读，无需掌握一定技巧。但是缺点也非常明显：第一，有些字缺少同音字，注音时发生困难或者一些字循环互注；第二，会出现用生僻字来给通用字注音的情况；第三，古今音差别大时，不能读准字音。

2. 反切法

即用两个汉字为另一个汉字注音，前一个字取声母，后一个字取韵母和声调，将两者拼合起来，就是被注字的读音。这种方法简称为“反”或“切”，后世称为“反切法”。注音方法有:“某，某某切”“某，某某反”。如“堵，当古切”“胀，智漾反”。这其实是拼音注音法的萌芽，起源于东汉，一直沿用至清末。反切法比起直音法有很大的进步，避免了直音法的一些缺点，但仍然是以字注字，缺点有：第一，反切注字选字不规范，会出现拼不准的情况；第二，仍不能避免用生僻字来注音的现象；第三，用来注音的反切注字只要有一个古今音不同，就会发生注音不准确的现象。

虽然古汉语字词典的注音方法不是完善的注音方法，缺点明显，应用起来有许多不便。但是由于古代字词典的特点，了解和掌握这些方法，对查用古代汉语字词典及古代工具书具有重要意义。

三、常用排检法介绍

到了近现代，各种排序法层出不穷，大大方便了字词典的检索。民国时期，商务印书馆的王云五发明了四角号码，用以排列汉字，这在近代汉语字词典中是一种应用较多的检字法。新中国建立后普通话汉语拼音方案的推行，又使汉语拼音排序法被广泛使用，现在编辑出版的古汉语字词典大多会附上音序索引，方便检字。字词典所附检字法多样，可以大大方便读者查字。常用排检法主要包括以下 5 种。

(一) 部首排检法

这是字词典最常用的一种编排方法，大多数的字词典都采用这种方法排列，如《说文解字》《康熙字典》《中华大字典》和旧《辞源》等。部首排检法历史悠久，自东汉许慎起一直沿用至今。

汉字可分为独体字和合体字。独体字称"文"，合体字称"字"。有些独体字本身就是一个部首，如"一""人""乙""力""口"等。还有些不能列为部首的独体字，则将其中某一笔作为部首，如"上""丁"都属"一"部。在汉字中合体字占绝大多数，可根据偏旁情况，进行归类，确立部首。如"银、铜、锯、鉴"属"金"部，"疾、痒、疱、疹"属"疒"部，"砸、磐、硬、磨"属"石"部。

使用部首排检法，需要注意以下几点：

1. 分析字形结构，确定部首，数清笔画

部首位置一般在字的上、下、左、右、外，有些则特殊一些，不能确定者可借助难检字表。

2. 熟悉部首的变体

有些字在作部首时，形体会发生变化。如"刂"同"刀"，"氵、氺"同水，"忄"同"心"，"阝"在左同"阜"，"阝"在右同"邑"，"月"同"肉"，"艹"同"艸"等，需熟练掌握。

3. 有些字本身就是部首，就不要拆开使用

如"页、麻、鼓、虎、音、香、黑"等。

总之，由于古代汉语字词典的部首划分，多出于古义、本义，现在的人理解上有一定困难。加上各个编撰者出发点的不同，造成检字困难。历史上《说文解字》分 540 部首，康熙字典分为 214 部首，其他工具书尚有其他分法。要熟练掌握部首法，离不开多查多练，唯有如此，才能迅速地从部首找到所需的字词。

(二) 四角号码排检法

这是由王云五先生在 1923 年首创的一种排检法，在《王云五大辞典》中首次使用，在民国时期和建国初期被各种工具书广泛使用。1977 年《辞海》修订本修改了四角号码法，故有新、旧四角号码之分。

四角号码是根据汉字方块结构的特点拟定的。它把汉字笔形分为 10 类，用"0～9"十个数字表示。按照汉字左上、右上、左下、右下四角顺序依次取对应笔形代号。如果四角号码相同的字较多时，以右下角上方最贴近而露锋芒的一笔作附角，附角号码写在四角号码的右下角，也依数字大小排列。这样每个字根据四角确定下个四位数的号码(可带附角)，称四角号码，将这些号码按数字大小顺序排列，就可以对汉字进行便捷的查检。

使用四角号码法必须熟记 10 种笔形代号，10 种笔形为"头、横、垂、点、叉、插、方、角、八、小"，依次分别对应"0～9"十个数字。有人为这些笔形和代号编写了口诀，对于牢记四角号码十分有帮助。口诀为："横 1 垂 2、3 点捺，叉 4 插 5 方框 6，7 角 8 八 9 是小，点下有横变0 头。"

此外，由于汉字字形复杂多变，有些字四角不标准，不易查检。需要注意的一些特殊规则也较多，学习起来不易掌握，初学者很容易取错号。所以要掌握四角号码同样需要多查多练，如此方可迅速地检字。

(三) 笔画笔形排检法

笔画笔形排检法是按每个字笔画的多少及起笔笔形来编排和查检的一种排检法，是笔

画法和笔形法的结合。首先把笔画数相同的字编排在一起，笔画相同的则按起笔笔形归类。笔画上按笔画多少排序，笔形上按一定的笔形顺序排列。一般起笔笔形有两种分法，多数分五笔："一丨丿丶乛"，也有分四笔："一丨丿丶"。笔形的顺序也有所不同，一般按"一丨丿丶乛"为顺序排列，也有按"丶一丨丿乛"为顺序排列的。《中医大辞典》《中药大辞典》都是用按第一种笔形顺序排列的笔画笔形排检法。

笔画笔形法规则简单，容易掌握，检索起来不难。但由于汉字形体结构、书写顺序的复杂性，导致其也有明显的缺点。其一，有些字笔画不易确定，如"考"为六画，"凹"为五画等；其二，起笔习惯不同时，不易确定笔顺；其三，笔画笔形相同的字都很多，堆砌一处不易检索。所以使用笔画笔形排检法的工具书，一般都会辅以部首等方法进一步排列，并可能列有不同排检方法的索引。

（四）汉语拼音排检法

1958 年 2 月 11 日，第一届全国人民代表大会通过了汉语拼音方案，汉语拼音排检法就在此方案基础上诞生。汉语拼音方案将汉字读音分成 21 个声母、35 个韵母。拼音字母由 26 个字母组成，其中"V"只用于拼写外来语、少数民族语言和方言，汉字普通话是不用的。韵母"i""u"，如果前面没有声母的情况下，就用"y""w"补作声母。这样实际可用于排检法的字母只有 23 个，其排列顺序同英文字母排列顺序，即 A、B、C、D、E、F、G、H、J、K、L、M、N、O、P、Q、R、S、T、W、X、Y、Z。对拼音字母排序时，先按第一个字母排序，第一个相同的再按第二字母排序，以下类推。字音相同的则按照阴平、阳平、上声、去声、轻声的声调顺序排列。

按照汉语拼音排检法查检汉字，只要熟记 26 个字母的顺序，即可迅捷地找出所需汉字。因此，汉语拼音排检法成为后来编排字词典的主要手段。这种检字法比起字形来要科学合理，最大的优点就是十分便捷，不必使用检字表就可以直接到字典正文查字。但是如果查字时不知汉字的读音，尤其是查古汉字时，读音大多不知道，这时这种方法就失去作用。此时需要借助部首等其他检字法，帮助补充拼音法的不足。所以大部分按音序排列的字词典，在书中都附有按字形检字的索引及检字表。

（五）韵部排检法

这是一种古代汉语工具书常用的排列方法之一。所谓"韵部"就是指古代的韵母。古代工具书在排列时，一般先将所收词目的第一字或末一字，按照所属韵部汇集在一起，再依"平、上、去、入"四声，分类排列。古代韵部划分各不相同，隋代陆法言的《切韵》已佚，据今人考订分为 193 部。宋代陈彭年等编《广韵》，是现存最早的韵书，将韵部分为 206 部。宋代丁度等编纂《礼部韵略》，将《广韵》206 部并为 107 韵。金人王文郁的《平水新刊礼部韵略》又将 107 韵删去一个韵部，变为 106 韵，即平水韵。明初的《洪武正韵》又改为 76 部。其中 106 韵（平水韵）最为通行，《佩文韵府》《经籍纂诂》等即采用平水韵。

韵书的编排体例较为复杂，需要通晓古韵知识，对于大多数人来说十分不便。但现在出版的古韵书都附有相关索引，大大方便使用。如果没有相关索引，就需要借助《康熙字典》《中华大字典》或《辞源》等字典，先查出所属韵部，再去查检韵书。

三、古汉语字词典介绍

古汉语书籍中有大量的字词，现在的人理解起来有很大困难。为了解决古汉语字词中的疑惑，就需要掌握一定数量的古汉语字词典使用方法。在这里，重点介绍一些查阅古汉语书籍时常用的字词典。

(一)《说文解字》

东汉许慎著。因秦时的焚书政策，大量经文被毁，对于古文字的解释也出现混乱，许慎因此用 21 年时间撰写了《说文解字》。原书共 15 卷(正文 14 卷，叙目 1 卷)，共收文(即古代篆书正体字)9 353 个，重文(即古代篆书异体字)1 163 个。《说文解字》收录的主要是秦以前的篆字，许慎从汉字的字形出发，用"六书"来分析解释汉字。六书即象形、会意、转注、指事、假借、形声。许慎据此将汉字拆分出 540 个部首，从而开创了汉字部首排列的先河。对于部首的编排顺序，主要是按照字形和字义的关系，即"据形系联，以类相从"，将形义相近的字排列在一起。这种排列方法复杂，排列时标准多，所以没有一定的规律，不易检字。

《说文解字》在注释上一般是先解释字义，然后再用"从某某声"的结构来分析字形结构，有时也会注音，一般用"读若某"的结构。如"倦，罷也，从人卷聲"。有时在解释字义时会引用经典，如"惴，憂懼也，从心耑聲，《詩》曰：惴惴其慄。"《说文解字》主要解释字的本义，这对于研究早期古代文献很有帮助。由于年代久远，释义极为简略，现代人阅读起来有相当的难度。我们在使用它时，可以参考后世学者的专著，如清代"说文四大家"的代表作，即段玉裁的《说文解字注》、王筠的《说文句读》、桂馥的《说文解字义证》、朱骏声的《说文通训定声》。当代"说文"注本有张舜徽先生的《说文解字约注》，集合前代先贤智慧，利用了当代甲骨、金石研究的最新成果，为"说文"研究的最新突破。

(二)《经籍籑诂》

清阮元、臧镛堂等撰。阮元任浙江学政时，组织人力编撰，以求汇集古书旧注。后聘臧镛堂为总编，整理修订条目。成书于嘉庆三年，后又编辑补遗部分，附于每分卷的最后。该书是我国古书训诂学的集大成之作，汇集了《尔雅》《方言》《说文解字》《释名》《广雅》《小尔雅》《字林》《一切经音义》等训诂书的注释和旧注，可以弥补《康熙字典》在古文、古义注释方面的不足。书前所附凡例，包括了训诂内容、范围及术语，对训诂学的研究有一定意义。全书按《佩文韵府》106 韵分卷，只对字义进行注释，不进行注音，释义先列本义，次列引申义，十分重视从字音上进行训诂。因为使用韵部编排，查检十分不便。1982 年中华书局据清琅环仙馆刻本影印的版本，对书中一些错误进行校订，并在书前附有另行编撰的"经籍籑诂目录索引(附同字异体)"，即所收字的笔画索引，从而方便读者使用此书。

(三)《康熙字典》

清张玉书、陈廷敬、王景曾等撰。《康熙字典》是清政府组织编撰的，召集了当时著名的文字学家，历时 6 年完成。字典以明梅膺祚《字汇》和张自烈《正字通》两书为基础，共分 214 部首。全书分成 12 集，分别用地支顺序命名，每集又分上、中、下 3 卷。正文单字先按部首分类，部首排列顺序以笔画多少为依据，笔画相同时则按照字义、形体相近的进行归类编排。收录单字按除去部首的笔画多少排列，笔画数在正文中用带圈的数字标示，笔画相同时同样按照字义、形体相近的原则进行归类编排。书版顶端有对应字的篆文，古体字在字头下列出，前有"古文"二字。如果有别体、俗体等字，则在注释后一一列出。对于字的解释，先注音，后释义。注音时反切法与直音法兼用，字后罗列有各古韵书和字典的注音。解释字义时，一般先解释字的本义，再空一格，用"又"字引出引申义和假借义。

全书正文前有“部首目录”“序”“凡例”“总目”“检字”“辨似”“等韵”，正文后有“补遗”“备考”及王引之的“字典考证”。其中“检字”在查找难检字时很有帮助；“辨似”可以用来区分笔画相近的不同汉字；“等韵”是一种音韵学分支，可以用来分析字的读音。“补遗”“备考”“字典考证”都是字典很好的补充，对于深入研究古文字有很大帮助。

使用《康熙字典》查字时，要注意部首设置与现代字词典部首设置的不同。首先分析汉字部首时应当多从字的本义出发，其次要注意简体与繁体的差别，第三要熟悉部首在使用中的演变过程。总之，要熟悉 214 部首，没有捷径，唯有多查多练，掌握足够多的古代汉字知识，才能更快更好地应用。

现在出版的《康熙字典》一般都附有四角号码索引，单字按四角号码顺序排列，在字后列有字在图书中的对应页码。这给现在的人使用这部字典带来极大的方便，可以使不懂古代文字的人也能快速找到所需的汉字。

《康熙字典》编撰时参与人手众多，故错误较多。道光时王引之等对其进行校勘并重新刊印，附王引之撰“字典考证”，修改了原书 2 588 条错误。上海古籍出版社 1996 年的版本，还附有日本人渡部温的“康熙字典考异正误”，考异正误约 5 000 条。《康熙字典》具有极高的学术价值，体现出清代文字学研究的较高水平，其中不仅有丰富的引证，还有学者详细考证的成果。在今天，仍然是研究古代文献的重要字典。

（四）《中文大辞典》

《中文大辞典》编辑委员会编，台北中国文化学院和中国文化研究所出版。全书共 40 册，第 1—38 册为正文，最后两册为索引。全书共收单字 49 888 个，词汇 371 331 条，总计 5 千万余言。《中文大辞典》的编撰，注重中国文字的源流，对于字的形、音、义变迁十分重视。单字的选录从甲骨文起，收录历代金文、篆体、隶书、楷体和历代名家书法字体等，对于字体演变过程有一定启示作用。收字来源主要依据《康熙字典》，参考其他历代辞书、文献等。字音先注本义之反切，次列平水韵的韵目，后用拉丁字母与注音字母注音。字义依照本义、引申义、假借义的顺序排列，各标明来源出处。单字的排列，按《康熙字典》214 个部首分类排列。部首相同的字，先分笔画多少，再按字形起笔的点、横、直、撇（永字笔法）为序排列。词汇收录来源于经史子集、历代文献、类书、辞典等，内容包括成语、术语、格言、叠字、诗词歌曲、人名、地名、职官名、年号、书名、动植物名、名物制度等 12 个方面。词汇的解说广征博引，出典、引例均详细标明出处，包括书名、篇名、卷次等内容。还收录有古代各种图录中文物、史迹、舆图、动植物等图表。词汇编排以第二字笔画多少顺序进行排列，第二字笔画相同则按照永字笔形顺序排列。

辞典每个分册均有该册对应的索引表，分部首和笔画索引。该辞典索引体系不够简洁，检索不太便利。第 39 册为部首检字表，实际为每册前部首索引表的汇总。书前有“部首笔画索引表”和“部首索引表”，指明各部首所在册数。还有“索引部首册次便查表”，用来指明每册部首检字表在该索引中的页数。最后是索引正文，依次汇总各册索引。第 40 册为笔画检字索引，书前附有“部首笔画索引表”，同 39 册。还附有“索引笔画画次便查表”，指明相应画数在该索引中起迄页码。最后是对所有收录单字按笔画编排的索引，同笔画单字按册数顺序依次排列。查检此辞典时，只要利用“部首笔画索引表”知道该部首所在册数，直接就可取用该册进行检字。因部首不明而查不到时，再用第 40 册笔画索引，或直接使用第 40 册笔画总索引。

(五)《汉语大字典》

《汉语大字典》编委会编，徐中舒主编，是一部专门解释汉字形、音、义的大型语文工具书。组织了川、鄂两省共300多位专家学者进行编撰，历时10年编成。1984年初稿完成后，从1985年起分册陆续出版。全书以历代辞书为依据，汇辑资料用著作达3 657种，共8卷，收录汉字54 678个。

全书汉字按部首编排，使用与《汉语大词典》共同商订的200个部首。单字条目的组成，一般包括字头、解形、注音、释义、引证五项。字头为楷书字体，其后收录古代具有代表性的字体，包括甲骨文、金文、小篆和隶书等形体，按时代顺序编排。其后跟解形部分，为汉字形体演变的简要说明。注音时先尽可能用拼音进行注音，其后收录中古音，以《广韵》《集韵》为依据，再标出上古音的韵部。字义上不仅注意收录常用义，还对冷僻义项逐一收录。义项根据本义、引申义、通假义的顺序进行排列。

该字典每卷正文前都有部首表、部首检字表。第8册为附录和总笔画检字表。还附有"上古音字表""中古音字表""通假字表""异体字表""历代部分字书收字情况表""简化字总表""现代汉语常用字表""汉语拼音方案""普通话异读词审音表""国际音标表"10个附录。缩印本书末还有"汉语大字典主要引用书目表"。

该字典为适应不同读者需求，版本众多。除第一版8卷本外，尚有缩印本、简编本、原本三卷本、简编三卷本、四卷本、普及本。其中四卷本使用了原8卷本底版，仅对明显错误处进行了修改，于2000年出版。

《汉语大字典》古今兼收，注重汉字形、音、义的密切结合，历史地、正确地反映了汉字形、音、义的源流变化情况，为汉语研究者必备的实用工具书。

(六)《汉语大词典》

《汉语大词典》编辑委员会编，罗竹风主编。初稿时就有400余人参加编写，历时10余年的修改，于1986年出版第一卷。全书12卷，另有《附录·索引》1卷。全书共收词目37万条，共计5 000余万字。字典编辑方针为"古今兼收，源流并重"，仅收录一般汉语词语，解释词语力求科学性、知识性、稳定性三原则。该词典是以部首归类编排的，部首以《康熙字典》的214部首为基础，改进删减为200个部首。在取部首时，摒弃了《康熙字典》取部首时从字义出发的原则，从而大大方便了字词的查检。词典单字先按部首排列，部首相同则按笔画数多少排列，笔画数相同则按"一丨丿丶乙"的顺序排列。全书"以字带词"，词目排列时按第二字的笔画数排列，并在词条左上角标有笔画数，便于检索。

该字典的《附录·索引》卷，是使用《汉语大词典》的检索工具。卷中附录包括四种工具表，分别为"度量衡测算简表""历代帝王纪年干支纪年公元纪年对照表""两晋南北朝时期的十六国政权简表""五代时期的十国政权简表"。该词典的历史纪年对照表，虽不如《辞海》所附纪年表详尽，但较为简洁明了，查找方便。词典所附索引分"单字笔画索引"和"单字汉语拼音索引"。在每个单字后，标有该单字所在卷数及页数，如"劉⑩740"表示"劉"字在第10卷740页。

(七)《辞源》(修订本)

广东、广西、湖南、河南《辞源》修订组、商务印书馆编辑部编。《辞源》始编于1908年(清光绪三十四年)，民国时出版，称旧《辞源》。1958年起组织专家学者对其进行修订。根据与《辞海》《现代汉语词典》分工的原则，《辞源》修订本定位于阅读古籍的常用工具书和古典文史研究工作者的参考书。词典主要收录古汉语词汇及相关的古代专有名词，删去了旧《辞源》中的与现代科技有关的专业名词，一般收录第一次鸦片战争(1840年)前的词语。修订本初版共4册，收取单字12 890个，词汇84 134个，共计97 024条，解说共计约1 200万字。

全书采用繁体字编排，仍按《康熙字典》的214个部首归类排列，部首和单字都以笔画多少顺序排列，单字笔画数相同的按起笔笔形排列。本书的笔形顺序为“丶一丨丿”。用以字带词的方式，引出词条。词条先按字数多少排列，再按第二字笔画数排列，最后按第二字起笔笔形排列。注释上，先释义后引书证。对于单字的注音，先用拼音字母和注音字母，再引广韵的反切。

每册正文前都附有该册的“部首目录”及“难检字表”。全书正文后有“《辞源》修订本四角号码索引”和“《辞源》修订本单字汉语拼音索引”，索引标出页码的圆点后数字为单字所属当页栏数。另附“繁简字对照表”“新旧字形对照表”“历代建元表”。

(八)《辞海》

《辞海》编辑委员会编，夏征农、陈至立主编。旧版《辞海》初版于1936年，是一本兼有字典、语文词典和百科性质的综合性辞典。1958年起对《辞海》进行修订，经历多次增补修订，有6个主要版本，最新2009年版本为第6版。《辞海》为适应不同读者，第6版又分缩印、普及、彩图和典藏等多种套装版本，正文内容基本相同。现以第6版彩图本为例进行说明。彩图本全书共5册，前4册为正文，第5册为附录和索引。《辞海》收词主要考虑知识性，其次是稳定性，范围包括成语、典故、人物、著作、历史事件、古今地名、团体组织以及各学科名词术语，适用一般读者的查用。第6版在第5版的基础上，篇幅略有增加，词条内容修订超过三分之一，主要新增了改革开放以来新时代的最新词汇。全书共收录单字字头17 914个，附繁体字、异体字4 400余个，词条127 200余条，图片16 000余幅。

《辞海》索引途径丰富，查检十分方便。正文前有“汉语拼音音节表”，可以通过拼音直接在正文查找词条。应用第5册中的索引，查检更加快捷。索引分为部首、笔画、四角号码、词目外文四种，使用者可按需查词。其中词目外文索引，又分为拉丁字母和斯拉夫字母两种，方便读者查检外文相关词条。

《辞海》附录丰富，包括“中国历史纪年表”“中华人民共和国行政区划简表”“天文数据表”“国际原子量表”“全球地质年代表”“中国地震烈度表”等10余个表，满足读者各方面的查检需求。这里介绍一下《辞海》附录中方诗铭所编“中国历史纪年表”。

中国古代纪年方法主要是帝王年号纪年法和干支纪年法，又有王位纪年、星岁纪年、黄帝纪年、生肖纪年等多种。如果要知道中国纪年对应的公元纪年，就需要借助年表等工具。“中国历史纪年表”就是其中的一种。该表起于公元前841年西周共和元年，到1949年中华人民共和国成立为止。按年代先后分成十二诸侯、战国、秦、汉、三国……清、民国，共15个纪年表。另附夏、商、周三代世系表、辛亥革命期间所用黄帝纪年对照表和韵目代日表(韵目代日：以某一韵字作为某一日的代号，一般用于电报)。该表左起第一栏为公元纪年，第二栏为干支纪年，第三栏一般为王朝，以下罗列重要的封建割据、少数民族政权，以及农民起义和战争。自公元1年起，在第三栏左侧加注公历12月31日对应的阴历月日。帝王及年号名后圆圈内数字为即位或覆灭、建号或改号所属阴历月份。凡是对年号等有异说及干支改动等，皆以“*”号标出，加以说明。该表脉络清晰，又标有王朝建立和覆灭等重要史实的阴历月份，确实是一种方便实用的年表工具。

查找相应的历史纪年还有许多相关的年表，如万国鼎编《中国历史纪年表》、荣孟源编《中国历史纪年》、李佩钧编《中国历史中西历对照年表》等工具。其他对中医年代有意义的回、日、韩历等换算查考，请阅读相关文史工具书，在此不一一举例。

第三节　中医书目检索

一、目录学概述

目是指篇目，即一书篇章或卷次的名称，将诸多篇章和书名汇集编排起来就叫做目；录是指叙录，又称书录、序录，是对目的说明和编次，即逐一介绍某书或某篇的内容提要、学术源流等。目录是目和录的合称，即著录一批相关的文献，按一定的方式编排，用来揭示文献内容的工具。

我国目录学史源远流长，在先秦时期就出现了目录学的萌芽。而目录的真正起源要归功于汉代的刘向、刘歆父子。刘向校书经过精挑版本、校勘文字、书写定本三步，再为每一书编撰一篇叙录，从而揭示图书内容，供皇帝御览。刘向的叙录开创了目录学上评介图书的叙录体体例。这种体例为后世高度评价，成为评介图书和指导阅读的重要工具，是中国目录学史上的开山鼻祖。

刘向死后，其子刘歆继续主持校书编书工作。在其父叙录的的基础上，撰成了我国第一部综合性的图书分类目录——《七略》，这也是我国历史上第一部官修目录，开创了历代帝王整理图书的传统。早在1 900年以前，我国就存在这样一部组织严密、分类详细，并有高度使用价值的系统目录，在全世界范围内亦有重要贡献。欧洲第一个系统完备的正式分类表直到1545年才由格斯纳首创。

二、目录的结构和类型

（一）目录的结构

我国古代编撰目录虽然无一定格式，但也形成了一套基本稳定的目录结构，根据不同的需要和作者的出发点又各有区别。为了更好地使用这些目录，需要了解一些目录结构的基本知识。一般而言，一部完整的目录主要由前言、目次、正文、辅助资料等部分组成。

1. 前言

前言用来简明扼要地说明目录编制的目的、性质、用途、特点、收录范围、编排方式、使用方法等，其目的是为了让使用者了解和使用目录。它的称谓很多，又叫序言、引言、例言、编例、凡例、说明、叙记等。前言的重要性是不言而喻的，好的前言可以指引读者更好地利用书目。目录的优点和特色，一般都能在前言中体现。对于读者来说，仔细阅读前言，可以事半功倍地正确引导使用目录，发挥目录指示读书和寻找线索的作用。

2. 目次

目录书上的目次指的是单纯地将目录中的章节题目列举排列下来，相当于普通图书的“目录”部分，可以反映目录的大纲结构。目次的编排，有利于使用者利用目录，快速查检。

3. 正文

正文是一部书目的主体，由著录项和内容提要项两大部分组成。

目录的著录项主要有书名、篇卷、版本、真伪、存佚、著者等。著录的内容虽有一定规律，但各种目录都不尽相同，有些目录仅著录其中几项，如书名、篇卷、著者等要素。

目录的提要又称解题、叙录、书录等，主要用来介绍图书文献中的相关内容，包括校勘情况、作者简介、图书内容、评估价值等。中国古代目录治学有着优良的传统，从西汉刘向起就对提要的写作十分重视。其子刘歆的《七略》正是在此基础上完成的，可见提要对于目录的重要性，是目录价值的重要体现。

根据提要的取材内容和撰写特点不同，可将提要分为叙录体、传录体、辑录体 3 种类型。

(1) 叙录体提要是西汉刘向创立的，他在整理图书时，为所校的图书撰写出叙录，目的是撮其旨意，上呈御览。叙录体提要的内容一般包含 3 个部分：记录校勘的情况、介绍著者生平、揭示图书内容。叙录体提要既阐述图书内容，又叙述作者著书之意，校勘情况对于了解版本情况具有一定的价值，它是提要中最为完备的一种体例。《四库全书总目》就是一部完备的叙录体目录。

(2) 传录体提要是一种简略的提要，只是在书名后对作者立一小传，对于图书的内容只是简要介绍。这种形式由于过于简单，不够完备，影响有限。具有代表性有王俭的《七志》。

(3) 辑录体提要主要是广泛辑录与一书相关的资料，用以揭示图书内容和评介图书的一种体例。辑录体始创自马端临的《文献通考·经籍考》，其特点是取材极其广泛，材料来源覆盖各种官修目录、史志目录和私家目录，以及其他传记、序跋、笔记、语录、文集等，只要是与此书有关的资料都尽可能地汇集在一起。这种提要对文献学有较大影响，有利于图书的考证。诸多特种目录都参考这种方式。如日本丹波元胤的《医籍考》就是这种体例。

正文中还有一类小序，是附于每个小类前的序言。小序之称是相对于全书的总序而言，指的是每大类(部)和其下所属每小类前的序言。小序也是书目中的重要组成部分，有些学者认为篇目、叙录、小序是目录的三要素。只有撰写优质的小序，才能理清每一类图书的源流发展和学术变迁。

4. 辅助资料

这是附录在书目正文之后的各种资料。一般有索引、年表等，主要是为了便于读者检索。

(二) 目录的类型

目录类型的划分有很多的角度，可以按撰者、用途、结构等划分。

1. 根据撰者性质分

根据纂修目录的编撰者身份来区分，目录可以划分成官修目录、史志目录和私家目录。

官修目录是由政府组织人员调查国家藏书后，修撰的国家藏书目录。我国自西汉刘向开始，几乎每个朝代都编有国家藏书目录。

史志目录是指史籍中含有的目录。我国古代史学家为了反映当时文化学术的内容，会记录当时的图书收藏情况，称为“志”。史志目录开始于东汉班固，他将《七略》删减后列入《汉书》，称为《汉书·艺文志》，创史书目录之先河。史志目录又分为正史目录、国史目录、专史目录。二十四史中，原有《艺文志》者共有 6 部，分别为《汉书·艺文志》《隋书·经籍志》《旧唐书·经籍志》《新唐书·艺文志》《宋史·艺文志》《明史·艺文志》。国史艺文志现存明焦闳在万历年间编修的《国史·艺文志》，此书不分存佚，通记古今。专史目录主要有七家，分别是宋郑樵《通志·艺文略》、元马端临《文献通考·经籍考》、清嵇璜等《续通志·艺文略》、清嵇康等《清朝通志·艺文略》、清乾隆十二年敕编《续文献通考·经籍考》与《清朝文献通考·经籍考》、清刘锦藻《清朝续文献通考·经籍考》。

私家目录是随着私人藏书的兴盛发展而来的。宋之后，随着印刷术的广泛应用，书籍大量出现，私人藏书家也逐渐增多，私家编撰目录也日渐盛行。私家藏书的出现补充了国家藏书的不足，丰富了藏书品种。著名的私人藏书目录如宋代晁公武《郡斋读书志》、陈振孙《直斋书录解题》、尤袤《遂初堂书目》，清代钱曾《读书敏求记》、钱谦益《绛云楼书目》、范钦《天一阁书目》以及孙星衍的《孙氏祠堂书目》等。

2. 根据著录方式分

根据目录著录的详略程度不同，目录又分单纯目录和提要目录两种。

单纯目录：只载书名、卷册数、作者和成书年代或刊行情况等简要信息。绝大部分的史志目录、地方志目录都属这一类，《医藏书目》《全国中医联合目录》《上海中医学院中医图书目录》等中医专科目录也属此类目录。

提要目录：即带有提要的目录，除著录单纯目录的一般著录内容外，还要撰写提要，即简要介绍作者生平、学术源流、内容评价、校勘考证等情况，凡是与该书相关的内容都可能著录。《郡斋读书志》《直斋书录解题》《四库全书总目提要》《中国医籍考》等皆属此类目录，这种目录对治学研究价值更大。

三、常用目录举要

（一）单纯性目录

1.《医藏书目》

明殷仲春编撰，它是现存最早的医学专业书目，也是现存最早对中医书籍进行细分类目的医学专业书目。全书套用佛教术语将医学书籍分为 20 函（类），每函前都有简明的小序，共收录明代以前医学书籍 449 部。著录方式简明，仅有书名、卷数及作者。本书可以用来查找明代以前的主要医籍，有助于考察古代医学书籍的发展和版本流传情况。

2.《医学薪传》

清凌奂编撰，收录古今医书近 300 种。全书将医籍分为 12 大类，著录方式简明，仅有书名、卷数及作者。本书的编撰目的是提供习医者获取医籍的门径，收录的都是研习医学的重要医籍。每大类后都撰有简明扼要的小结，主要指明各类医籍研读的要点和功用。

3.《中国中医古籍总目》

薛清录主编，2007 年上海辞书出版社出版。

1958 年，为填补大型中医古籍目录的空白，方便中医文献研究者查找中医古籍资源，中国中医研究院(现更名为中国中医科学院)和北京图书馆联合主编了《中医图书联合目录》，并于1961年由北京图书馆出版，此为国家大型中医古籍专科目录修订的开端。限于当时条件，共收录全国59家图书馆及2家私人藏书室的中医图书，共著录图书7 661种。

上世纪70年代末，中国中医研究院在《中医图书联合目录》的基础上，对收录单位进行了大范围的扩充，重新修订整理，于1991年出版，更名为《全国中医图书联合目录》。本次整理，优化了分类体系，增加了实用性附录，收录图书馆增至113家，收录1949年以前的中医图书达12 124种。由于收录的扩充，几乎涵盖了全国主要图书馆的中医藏书，此书遂成为中医文史研究的重要工具书。

《中医图书联合目录》出版10多年后，在两次编撰联合目录的基础上，重新调查核实整理，于2007年出版了《中国中医古籍总目》。收录单位主要为国家图书馆、省市图书馆、综合性大学图书馆、医学院校图书馆、科学研究系统图书馆、博物馆等，总数达到150个。收录图书重点为1911年以前出版的中文中医药古籍和民族医药古籍，同时还收录1949年以前民国时期出版的中医药书籍。《总目》共收录中医图书13 455种。目录正文前有凡例、收藏馆代号表、类表，正文后附有中国台湾“中央图书馆”等6家图书馆的中医药古籍目录，最后为书名及作者索引。正文条文按分类编年方法进行排序，分类依据为中医学科内容，共分为12大类，大类之下按情况细分二三级子类。著录项目为总序号、书名、卷数、成书年代、著者、版本及馆藏代码。

著录格式举例：

02510　本草发明六卷　1578

(明)皇甫嵩(灵石山人)编

1. 明万历六年戊寅(1578)刻本　541

2. 明刻本　139(存卷一至四)　731

3. 据日本江户初期抄本复制本　139

首行先列数字“02510”为序号，每种图书有唯一序号。首行行末为成书年代。每一种版本后面所跟数字为馆藏代码，可查正文前“收藏馆代号表”获知馆藏情况。

目录索引分为书名和作者索引，各有音序和笔画两种索引，方便查阅者检索。需要注意的是，索引中列出的数字不是页码，而是书名序号。

《中国中医古籍总目》是当今查找现存中医古籍最重要的联合目录，为中医文献研究人员必备工具书。通过查找目录，可以获取各书现存版本情况，得知图书馆藏分布情况，以便研究者索书。

4.《上海中医学院中医图书目录》

上海中医学院图书馆编。为了让读者充分利用馆藏中医图书资源，上海中医学院图书馆编辑了本书。目录收编图书截至1976年6月底，主要收录馆藏中医图书，包括中西医结合和与中医相关的一般书籍，还收录部分国外中医书，共达9 034种。全书分为21个大类，类下分若干子目，在子目下著录图书，有些子目还会有二级子目。著录图书按成书年代先后排列，同书异名者，以不同品种收编排列。凡在中医图书联合目录中已经收编的，在书名右下角加列在该目录中的顺序号。每一条目著录内容为：总顺序号、书名、卷(册)数、年代、著者、版本，后附馆内索书号(前面冠以“中”字)。需要注意的是，书中著录的馆内索书号已经废弃不用，现行索书号按中图法重新编排。书后附有“类目表”“四角号码书名索引”“笔画书名索引”“著者索引”“外国人名（附单位）索引”“本国单位索引”，索引详尽，故检索图书十分方便。利用此书时应当注意馆内藏书的变化，并参考该馆现在的书目数据库检索系统。

5.《中国丛书综录》

上海图书馆编，是一部综合性古籍丛书目录。全书收录了我国41家大型图书馆馆藏，收录古典文献丛书2 797种，共计收录子目书名70 000余条。其中很多图书被多种丛书收录，剔除重复后总计38 891种。全书分为三册，分别介绍如下：

第一册包括“总目分类目录”“全国主要图书馆收藏情况表”“丛书书名索引”“丛书字头笔画索引”四大部分。“总目分类目录”分为二编。汇编：著录综合性丛书，其下分五类；类编：著录专门性丛书，按四部分类法编排。著录内容包括书名、作者、版本、子目。“全国主要图书馆收藏情况表”记录了图书在41家图书馆中的收藏情况，表中用“○”表示完整未缺、用“×”表示残缺。“丛书书名索引”按书名字头四角号码顺序编排，字头相同的按第二字的前两个四角号码编排。书名后所录数字，前者为“总目分类目录”著录项所在页码，后者为“全国主要图书馆收藏情况表”中丛书序号。“丛书字头笔画索引”可以从笔画途径查找其书名首字所属的四角号码。2007年上海世纪出版股份有限公司、上海古籍出版社出版了重印本，在第一册增加了由上海图书馆编撰的《丛书编撰者索引》，为检索提供了新的途径。

第二册以第一册所收2 797种丛书的子目编成。以子目为单位标题，使用四部分类法编排，部下分类，类下分属，属下分若干种。每条子目著录内容为：书名、卷数、著者、其所属丛书及版本。

子目著录条文举例：

黃石公三略三卷

　　（漢）黃石公撰

　　　　武經七書（景宋鈔本、明刊本、清刊本）

　　　　四庫全書·子部兵家類

　　　　續古逸叢書

　　　　重刻武經七書

　　　　叢書集成初編·社會科學類

　太公三略三卷

　　　　杜藕山房叢書

　黃石公三略二卷

　　　　武學經傳三種

需要注意的是：“《太公三略》三卷、《黄石公三略》二卷”条文首字缩进，表明与“《黄石公三略》三卷”是同一种书，只是书名不同或者卷数不同。

第三册为第二册子目索引，主要分“子目书名索引”“子目著者索引”，皆按四角号码顺序排列，字头相同的以第二字的前两个四角号码排列。前附“索引字头笔画检字”和“索引字头拼音检字”，可从笔画和拼音途径查找字头所属四角号码。

《中国丛书综录》收罗完备，收录丛书数量创历史之最；著录详尽，总目和子目互参，可以充分反应丛书和子目之间复杂的版本关系；查检便捷，拥有丰富的索引途径。这些特点使其成为一部影响巨大的丛书目录，成为文史研究者的重要工具书。

（二）提要性目录

1.《四库全书总目》

《四库全书总目》又称《四库全书总目提要》，由清纪昀等编。

清乾隆三十七年正月，乾隆皇帝下诏在全国范围内征书，将所征图书进行校定并编写提要，提要主要论述图书内容、源流、考订及评价等，最后汇集编成《四库全书总目》。对于未能收录《四库全书》的图书提要，以存目形式编排在各类之后。《四库全书总目》初稿完成于乾隆四十七年，经过修改补充，于乾隆五十四年编写完成，交由武英殿刊行。

《四库全书总目》原书共二百卷，按四部分类法编排。书前有凡例，部前有大序，类前有小序，书后有提要。《四库全书总目》按四部分类法分成 44 类，子目 67 个，共著录图书10 700 种，171 003 卷，收书规模为清以前古籍书目之首。并撰有部前大序 4 篇，类前小序 44 篇，序和提要对于读书治学有很大帮助。

《四库全书总目》是古典目录学的集大成之作，影响深远。其价值主要体现在分类、提要及数量上。在分类上，使用的四部分类法，在前人基础上经过修改完善，使得类目清晰，便于查检图书；在提要上，经过当时各学者详加考证，十分有利于研究古籍文献；在数量上，此书为当时著录图书之首，保留了大量图书文献信息。成书以后，此书成为阅读古籍的必备工具书。

1965 年中华书局出版的版本，书后附有“书名索引”“著者姓名索引”，都按四角号码顺序排列。还有“索引字头笔画检字”，可从笔画查找字头所属四角号码，方便不熟悉四角号码的检索者。

2.《中国医籍考》

《中国医籍考》由日本丹波元胤撰，原名为《医籍考》。丹波元胤 23 岁即成名医，任医学馆监事，著书丰富。《医籍考》始编于其父丹波元简，其父亡故后，由丹波元胤继续撰写，成书于清道光六年(1826 年)。

《医籍考》全书 80 卷，收录范围为上迄秦汉，下至清道光初年的古代医书，存佚通录，将近 2 600 种。丹波元胤广泛收集各种有关的医书资料，只要与医学有关的图书，都进行收录。全书将医学书籍分成 9 个大类：医经、本草、食治、脏象、诊法、明堂经脉、方论、史传、运气。著录体例为：书名、卷数、存佚、提要。提要中将其所收集的有关资料一一罗列，一般按年代先后排序。

《医籍考》著录医书数量众多，收集资料十分详尽，花费了作者大量的心力。陈垣先生曾评价此书：“道光之前中国医籍搜罗殆遍，为医学史一巨著，中国人未之先也。”它是研究中国古代医学文献的重要工具书，具有十分重要的参考价值。

1956 年人民卫生出版社将其单行铅印出版，改名为《中国医籍考》，书后增编“书名索引”和“人名索引”，皆以首字笔划顺序排列，大大方便了使用者检索图书。

3.《四部总录医药编》

《四部总录医药编》，由丁福保、周云青编。

《四部总录》是一部综合性书目，是丁福保编写的一部大型提要目录，经史子集四部图书皆收录。1955 年商务印书馆抽出《四部总录》中的子部医家类，取名《四部总录医药编》，单独予以出版。

该书分上、中、下三册。收录标准有三：一为基本医籍，二为有书评提要，三为有现存版本，对于无提要、亡佚的不予收录。收书范围自秦汉至清代，内容涉及医经、本草、方书、临证各科图书，共收录 1 500 余种。

全书第一二册为书目正文，著录图书共分为 8 个大类，分别为：经脉、专科、杂病、药学、方剂、医案、养生、杂录。同类书按年代先后排列，以书名为独立单位著录。著录顺序为：书名项、版本项、著者项、提要项。全书第三册为附录和索引。收录了“现存医学书目总目”“现存医学丛书总目”“中国医学大辞典著录医学书目”3 种附录。索引按首字四角号码顺序编排，首字号码相同则按第二字的前两个四角号码排列。为便于检索单字，本书特别编制了“单字笔画检查表”和“笔画检字”，附于索引前，“笔画单字笔画检查表”规定了所有部首的顺序，“笔画检字”是按笔画顺序编排的，同笔画的单字就是按“笔画单字笔画检查表”的部首顺序进行排序，从而使编排有序，有利检索。

《四部总录医药编》收录自南宋晁公武《郡斋读书志》起，至 1929 年以前出版的各种目录，几乎所有的医学书籍序跋都被收录其中，遗漏很少。因而其资料翔实，提要内容丰富。该目录是学习中医的入门指导书，翔实的提要对于指明读书路径很有价值。

4.《宋以前医籍考》

《宋以前医籍考》是日本人冈西为人编撰。冈西为人曾在伪满政府时期任教于南满医学院。在华期间，他参考阅览了各种医籍、书目、史书、地方志、类书等历代文献资料，撰成了此书。归国时，其将书稿留在弟子魏如恕处。1958 年，人民卫生出版社刊行该书。

该书著录了我国宋(金)以前的古医籍共 1 860 余种，存佚通记。全书医学书籍分成 23 类，因著录内容不多，故不分小类。23 类目分别为：内经、运气、难经、脉经、五脏、针灸、女科、幼科、外科、口齿、眼科、养生、月令、按摩导引、房中、祝由、兽医、医史医制、仲景方论、医经、经方、本草、食经。每著录一书，在条目后著录出典、考证、序跋、版本四项。该书为辑录体体例，辑引历代各种有关资料，详细注明出处。书后附有“参考书志书目”，引用书籍共计 400 余种。该书书后附有“书名索引”和“人名索引”，皆按笔画数顺序排列。

《宋以前医籍考》资料收集广泛，内容丰富，有些书籍还收录有各版本篇章目录对照表。每条目分成出典、考证、序跋、版本四项，内容按年代排序，脉络十分清晰。阅读该书可以全面了解宋以前医籍的流传情况，对于书籍的出处、卷数、作者、内容、存佚、版本、价值等情况，将有清晰的认识，确实是一本重要的常用医学书目。

5.《中国分省医籍考》

《中国分省医籍考》为郭霭春主编，分上、下两册。该书全部资料取材自地方志，共查阅全国(除台港澳外)各省 3 000 余种地方志。收录了截止于清末的中医古籍 8 000 余种，存佚俱收。全书按省份分成 29 个部分，其中补编江苏省、浙江省二部。省份下根据各省情况分成若干类，一般分为医经(附运气)、诊法、伤寒(附金匮、温病)、本草、针灸、方论、医案医话、养生等约十类。各省分法据文献情况，分类不尽相同，有些省还分有法医、兽医、医史、其他、杂录等类目。因方论类图书较多，又按临床各科分成内、外、妇、儿等若干类。每一类下著录的图书按作者及成书年代的前后排序。每省著录完图书之后，附有“参考书目”，列有作者引用和未引用的地方志。全书最后还附有“书名索引”和“人名索引”，皆按首字笔画顺序排列，便于检索。

该书目由于取材于全国各地的地方志，收录内容可以补充其他书目的不足。每一省前编撰有前言，简要论述该省医史、名医、著作等历史源流，可为研究者提供一些线索。

6.《中国医籍通考》

《中国医籍通考》为裘沛然、严世芸等编撰，是一部大型中医专科目录。

全书共分四卷，收录清以前的古医籍 9 000 余种，存佚通记。该书所著录图书共分为 19 大类，分别为：医经、伤寒、金匮、藏象、诊法、本草、运气、养生、温病、针灸、推拿、方论、医案医话、丛书全书、史传、书目、法医、房中祝由、补编。该书主要著录图书书名、著者、卷数、存佚、提要、现存版本 6 项。仅对重要医籍撰写提要，其余仅著录基本项。全书出版后一年，配合出版索引一册。索引分“书名索引”和“作者索引”两种，都按首字笔画顺序排列，同笔画的按首笔笔形顺序(一丨丿丶乛)排列，首字相同的则按第二字笔画笔形排列。索引前配有“书名笔画索引检索表”和“作者笔画索引检索表”，用来对索引首字的检字。

《中国医籍通考》是一部内容宏富、著录众多的医学专科书目，是迄今为止规模最大的中医专科书目。

实习题

一、请标明下列字的四角号码。

剌(　　)	奎(　　)	靓(　　)	柒(　　)	芹(　　)	浊(　　)
佳(　　)	坐(　　)	囟(　　)	拈(　　)	胬(　　)	啜(　　)
鲵(　　)	荻(　　)	涔(　　)	瓣(　　)	颤(　　)	枥(　　)

二、请标明下列字在《康熙字典》和《辞源(修订本)》中的部首。

亦(　　)	莫(　　)	责(　　)	召(　　)	及(　　)	行(　　)
征(　　)	完(　　)	主(　　)	寇(　　)	取(　　)	信(　　)
臭(　　)	慕(　　)	采(　　)	向(　　)	祝(　　)	杳(　　)

三、请通过使用以下字词典解释加点的字词。

《辞源》

1. 独以应策多门，操觚只手，一言一字，偷隙毫端。
2. 此先人手泽而未竟之志也，予小子何敢让焉，乃益加搜摭。

《辞海》

1. 然负才未遇，赍志长逝。
2. 幼而折肱于读书易礼之场，壮而蒿目于世态炎凉之变。

《康熙字典》

1. 读书十年，不出户庭，博学，无所弗覌。
2. 不能裒先世之遗，其幸而存者亦千百之什一耳。

四、请使用"中国历史纪年表"查考。
1. 公元1356年12月31日对应的阴历月日，当年对应的各主要政权和农民起义年号为何。
2. 楚考烈王十七年对应的公元纪年、干支纪年、秦王纪年。
3. 唐肃宗(李亨)于公元何年即位，即位日所属阴历月份为何，在位期间各年号名称。

五、使用《中国中医古籍总目》查检。
1.《伤寒点点金书》《证治针经》的顺序号、作者、成书年代、最早版本及收藏此版本的图书馆名。
2. 方慎庵、胡慎柔二位医家各收录有哪些著作。

六、使用《上海中医学院中医图书目录》查检。
1.《类证活人书》《银海指南》的顺序号、作者、成书年代及馆内最早版本。
2. 王清任、崔奎宪(朝鲜)二位医家各收录有哪些著作?

七、使用《四库全书总目》查检。
1.《折肱漫录》的作者是谁? 全书分哪几门? 其论有何特点?
2. 王好古、张璐二位医家各收录有哪些著作?

八、使用《中国医籍考》查检。
1.《周府袖珍方》的作者是谁? 全书共多少卷、多少门? 载方多少首? 缘何名曰"袖珍"?
2.《伤寒舌鉴》的作者是谁? 书中列伤寒观舌之法哪几种? 有舌图多少幅?

九、使用《四部总录医药编》查检。
1.《急救良方》的作者是谁? 是书专为何者而设? 有何特点?
2.《内科摘要》的作者是谁? 全书多少卷、多少门? 有何特色?

十、使用《中国分省医籍考》查检。
1.《汤液本草》的作者是谁? 书中用药主要征引哪二家?
2.《四诊记》的作者是谁? 试述其简历。

十一、使用《中国丛书综录》查检。
1. 查明《褚氏遗书》一卷、《伤寒明理论》三卷的作者、所属丛书，并从其所属丛书中任选一种，标明丛书的辑者及图书馆收藏情况。
2. 查明(清)尤乘、(元)王好古所著的图书，并从其所著图书中任选一种，查出该图书所属丛书及其辑者和该丛书图书馆收藏情况。

(朱继峰)

第三章　中文生物医学文献数据库

第一节　中国生物医学文献数据库

一、SinoMed 概述

中国生物医学文献服务系统（SinoMed）是由中国医学科学院医学信息研究所开发研制，集检索、免费获取、个性化定题服务、全文传递服务于一体的生物医学中外文整合文献服务系统，包括中国生物医学文献数据库（CBM）、西文生物医学文献数据库（WBM）、北京协和医学院博硕学位论文库等子库。

（1）中国生物医学文献数据库（CBM）首版发行于 1994 年 9 月，收录 1978 以来 1 600 余种中国生物医学期刊，以及汇编、会议论文的文献题录 530 余万篇，年增文献 40 余万篇，每月更新。全部题录均按照美国国立医学图书馆的《医学主题词表》和中国中医科学院中医药信息研究所《中国中医药学主题词表》进行主题标引，按照《中国图书馆分类法・医学专业分类表》进行分类标引，实现规范化加工处理，收录内容涵盖预防医学、卫生学、内科学、基础医学、药学、中国医学、外科学、临床医学等。

（2）中国医学科普文献数据库收录 2000 年以来国内出版的医学科普期刊近百种，文献总量 8 万余篇，重点凸显养生保健、心理健康、生殖健康、运动健身、医学美容、婚姻家庭、食品营养等与医学健康有关的内容。每月更新。

（3）北京协和医学院博硕学位论文库收录 1981 年以来协和医学院培养的博士、硕士研究生学位论文，学科范围涉及医学、药学各专业领域及其他相关专业。每季更新。

（4）西文生物医学文献数据库收录目前世界各国出版的重要生物医学期刊文献题录 1 800余万篇，其中馆藏期刊 4 800 余种，免费期刊 2 400 余种；年代跨度大，部分期刊可回溯至创刊年，展示了协和医学院图书馆悠久丰厚的历史馆藏。年增文献 60 余万篇，每月更新。

（5）日文生物医学文献数据库收录 1995 年以来日本出版的日文重要生物医学学术期刊 90 余种，部分期刊有少量回溯。每月更新。

（6）俄文生物医学文献数据库收录 1995 年以来俄国出版的俄文重要生物医学学术期刊 30 余种，部分期刊有少量回溯。每月更新。

（7）英文会议文摘数据库收录 2000 年以来世界各主要学（协）会、出版机构出版的 60 余种生物医学学术会议文献，部分文献有少量回溯。每月更新。

（8）英文文集汇编文摘数据库收录馆藏生物医学文集、汇编，以及能够从中析出单篇文献的各种参考工具书等 240 余种（册）。报道内容以最新出版的文献为主，部分文献可回溯至2000年。每月更新。

SinoMed检索系统中的各个子库使用统一风格和功能的检索平台，检索规则和检索技巧相通。SinoMed全部题录均进行主题标引和分类标引等规范化加工处理，提供智能检索、多内容限定检索、主题词表辅助检索、主题与副主题扩展检索、分类表辅助检索、定题检索、作者机构限定、多知识点链接检索、检出结果统计分析等功能，新增功能还包括基金检索、引文检索等实用功能，检索过程高效，检索结果更细化。

二、SinoMed检索方法

（一）检索规则

1. SinoMed主要字段

其包括常用字段、全部字段、中文标题、英文标题、摘要、关键词、主题词、特征词、分类号、人名主题、作者、第一作者、参考文献、作者单位、国省市名、刊名、出版年、期、基金、研究生姓名、授予学位、授予学位单位、导师、第一导师、研究专业等。

其中常用字段由中文标题、摘要、关键词、主题词四个检索项组成。关键词、主题词、作者、分类号、刊名等字段可进行精确检索。

2. 布尔逻辑组配检索

其允许使用AND（逻辑与）、OR（逻辑或）、NOT（逻辑非）三种逻辑运算符，运算优先级为NOT＞AND＞OR，可使用括号改变运算顺序。

3. 截词检索

其又称“通配符检索”。SinoMed系统支持两种通配符检索，分别为单字通配符（?）和任意通配符（%）。

（1）单字通配符（?）：替代一个字符。如：输入“血？动力”，可检索出含有以下字符串的文献：血液动力、血流动力等。

（2）任意通配符（%）：替代任意个字符。如：输入“肝炎%疫苗”，可检索出含有以下字符串的文献：肝炎疫苗、肝炎病毒基因疫苗、肝炎减毒活疫苗、肝炎灭活疫苗等。

4. 精确检索与模糊检索

精确检索，表示检索词与命中检索字符串完全相同，适用于关键词、主题词、特征词、分类号、作者、第一作者、刊名字段。

模糊检索，亦称包含检索，即输入的检索词包含在命中文献的检索字符串中。例：检索作者为“张明”的文献，在不勾选“精确检索”的情况下可检出作者为“张明”“刘张明”“张明丽”等文献。SinoMed系统默认进行模糊检索。

5. 短语检索

检索词含有特殊符号“－”“（”时，或需将检索词作完整概念检索，必须用英文半角双引号标识检索词，如"1,25－$(OH)_2D_3$"（1,25－二羟基维生素D_3）、“可的松”。

6. 智能检索

中国生物医学文献数据库（CBM）和西文生物医学文献数据库（WBM）支持智能检索功能，能够自动实现检索词对应同义词、检索词对应主题词及该主题词所含下位词的同步检索。

如：在中国生物医学文献库(CBM)的“常用字段”输入“中风”，执行智能检索，系统自动检出“中文标题”“摘要”“关键词”“主题词”等字段中含“中风”“卒中”和“脑血管意外”等相关文献。

7. 限定检索

为了减少二次检索操作，提高检索效率，可限定文献的年代、文献类型、研究对象、性别等条件(见图 3-1-1)：

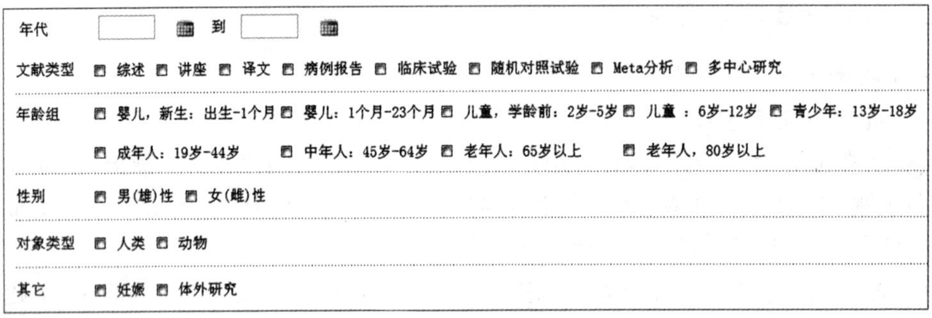

图 3-1-1　CBM 数据库限定检索界面

8. 检索历史

检索历史记录每次检索的步骤，包括序号、检索表达式、检出文献量、时间及推送服务按钮。通过检索历史可以清晰地显示操作过的检索步骤，并调用之前的检索结果，还可对检索式执行“逻辑与”“逻辑或”“逻辑非”运算。

系统最多能保存 200 条检索表达式，检索策略可以保存到“我的空间”和 RSS 订阅。

(二) SinoMed 检索途径

SinoMed 提供单库检索和跨库检索两种方式。下面以中国生物医学文献数据库(CBM)为例对 SinoMed 单库检索进行介绍。

在 CBM 提供的 9 个检索途径中，每一个途径检索功能和检索侧重点各有不同。

1. 快速检索

快速检索是 CBM 数据库的缺省检索方式，适合初学者使用的一种检索途径。优点是方便快捷，不需要进行字段限定，在全部字段执行智能检索，用户使用起来难度较低，缺点是检索结果数量较多，检准率差。快速检索界面不提供“限定检索”和“年代”限定选项，需要在检索结果界面操作限定。

快速检索步骤：

(1) 在检索框中输入检索词，多个检索词用逻辑运算符连接，空格默认为“逻辑与”。

(2) 单击“检索”按钮，得到初步检索结果。

(3) 在检索结果界面，还可设定时间、选择限定检索、检索历史等。

2. 高级检索

高级检索采用构建检索式的方式进行检索。

构建表达式：每次只能构建一个检索词的表达式，不支持逻辑运算符“AND”“OR”和“NOT”构建包含多个检索词的表达式。构建表达式时，输入的字符串系统自动用英文双引号包围，视作一个整体概念。如："肺肿瘤"[常用字段]。

中国生物医学文献数据库(CBM)高级检索界面与 PubMed 数据库 Advanced Search 界面类似，检索操作步骤相同。具体检索步骤如下：

(1) 选择字段，如"关键词"。

(2) 在检索框中输入检索词，选择关键词、主题词、特征词、分类号、作者、第一作者、刊名等字段，还可选择是否"精确检索"，如果不勾选此选项，则默认为"模糊检索"。

(3) 选择逻辑运算符(AND、OR、NOT)。

(4) 单击"发送到检索框"按钮，由此就能够将构建的检索表达式显示在上方的检索框中。

(5) 单击"年代"字样后的方框，在下拉菜单中选择需要限定的年份。从下方的"限定检索"表单中的"文献类型""年龄组""性别""对象类型""其他"几个选项中选择所需的限定条件。

(6) 如果有多个检索词，则重复上述步骤，直至所有检索词均加载完成。最后点击"检索"按钮，得到检索结果。

检索示例

检索 2003—2013 年针刺对海洛因依赖的干预作用方面的文献。

1. 分析

时间限定条件：2003—2013 年；

检索词：使用"针刺""海洛因依赖"或者"海洛因成瘾"(由于默认进行"智能检索"，两个同义词只需任选其一)，还可选用"针刺戒毒"，将两次检索结果在检索历史中进行"逻辑或"运算，得到最终结果。

检索技巧提示：①本检索题中，"海洛因依赖"或"海洛因成瘾"是医学领域中的专有名词，在检索中不能拆分。②字段选择。在检索时注意根据检索课题的需要，选择恰当的检索字段，并根据检索结果及时调整字段。③检索策略调整。CBM 数据库检索中经常需要使用多种检索途径、多个字段检索和检索历史逻辑运算来完成一个检索课题，在检索过程中要根据检索需求及时调整。

2. 检索步骤

(1) 从下拉菜单中选择"常用字段"，在检索框中输入"针刺"，注意检索框后的"智能检索"功能选项是否勾选。根据题意选择使用默认的逻辑运算 AND，然后单击"发送到检索框"，检索框中出现如下形式的检索式："针刺"[常用字段：智能]。

(2) 从下拉菜单中选择"常用字段"，在检索框中输入"海洛因依赖"，根据题意仍选择逻辑运算符下拉菜单中的 AND，然后单击"发送到检索框"，检索框中出现如下形式的检索式：("海洛因依赖"[常用字段：智能])AND"针刺"[常用字段：智能](见图 3-1-2)。

(3) 从"年代"下拉菜单中选择时间 2003—2013，然后单击"检索"按钮(见图 3-1-2)。

(4) 按照以上步骤再检索"针灸戒毒"，得到检索式 2：("针刺"[常用字段：智能]AND"戒毒"[常用字段：智能])AND2003—2013[日期]及相关检索结果。

(5) 单击"检索历史"，进入到检索历史界面，选中刚才进行检索的两条检索历史记录，"检索式 1"和"检索式 2"，根据题意选择检索历史列表上方的"OR"按钮，页面上方检索框中出现检索式："#2 OR #1"，单击"检索"按钮，得到最终检索结果(见图 3-1-3)。

图 3－1－2　CBM 数据库高级检索界面

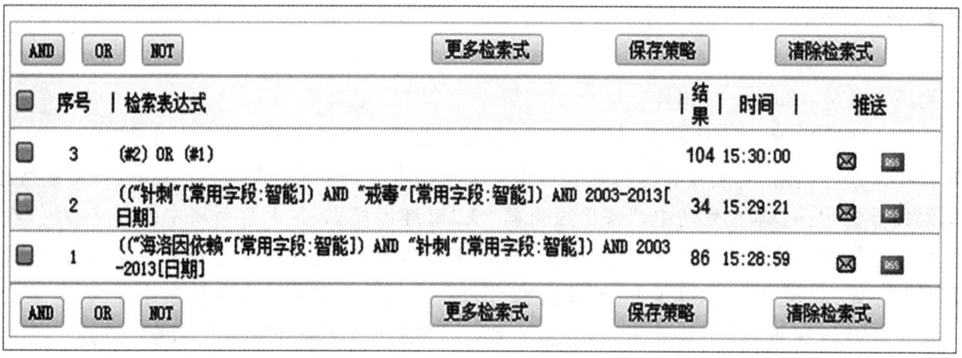

图 3－1－3　CBM 数据库——检索历史界面

3. 主题检索

CBM 数据库采用美国国立医学图书馆《医学主题词表》和《中国中医药学主题词表》进行主题标引。主题检索途径通过主题词标引，使同一概念检索词在词表中进行规范，检索专指性更强，有利于提高查全率和查准率。

主题检索途径可用所选检索词查找对应规范主题词，通过列表浏览主题词注释信息和树形结构，确定切题的主题词。通过选择合适的副主题词、设置是否加权、是否扩展，可使检索结果更符合检索需求。

主题词"加权"表示该主题词揭示了文章论述的主要内容。选择加权检索表示仅对加星号" * "主题词（主要概念主题词）检索，非加权检索表示对加星号主题词和非加星号主题词（非主要概念主题词）均进行检索。加权检索比不加权检索的结果相关度更高，结果数量更少。

扩展检索指对当前主题词及其所有下位主题词进行扩展检索，检出结果相对较多；非扩展检索则仅限于当前主题词的检索。

主题检索支持多个主题词同时检索，可使用逻辑运算符“AND”“OR”和“NOT”进行组配。

主题检索步骤：

(1) 在中/英文主题词检索入口键入检索词，点“查找”按钮，显示主题词轮排表。

(2) 浏览、确认欲检索的主题词，可选择更泛指的上位词或更专指的下位词。确认主题词后，点击选中的主题词，选择是否加权，是否扩展。

(3) 从“副主题词表”中添加一个或多个相关副主题词进行组配，并选择是否扩展，点“发送到检索框”按钮。

(4) 点击“主题检索”即可完成检索。如需要限定时间和使用其他限定条件，则需要在检索结果界面设置。选择好限定条件之后，单击检索式，便可得到最终检索结果。

检索示例

检索2004—2014年中药治疗乳腺癌的文献。

1. 分析

时间限定条件：2004—2014年；

主要检索词：中药；乳腺癌（主题词：乳腺肿瘤）

2. 检索步骤

(1) 从下拉菜单中选择“中文主题词”，在检索框中输入“乳腺癌”，单击“查找”按钮，即可进入主题词轮排索引表，查看与输入词相关的主题词。列表中可查看款目词、主题词及两者之间的相关参照、命中文献数（见图3-1-4）。

(2) 从主题词轮排索引表中选择所需主题词，单击主题词“乳腺肿瘤”进入副主题词组配页面，从副主题词列表中选择所需的副主题词“中药疗法”，将其添加到右侧检索框。设置对主题词进行“加权”检索、副主题词扩展检索（见图3-1-5）。然后单击“发送到检索框”，执行检索。

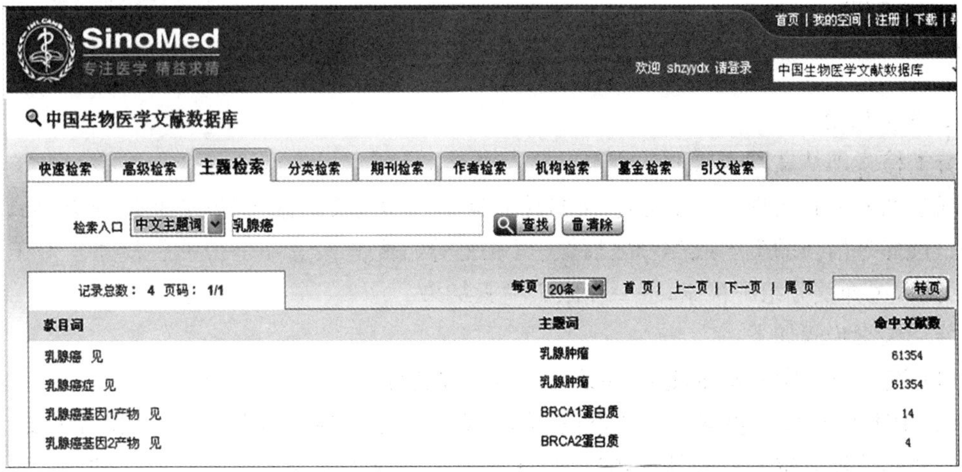

图3-1-4　CBM数据库主题检索——主题词轮排索引界面

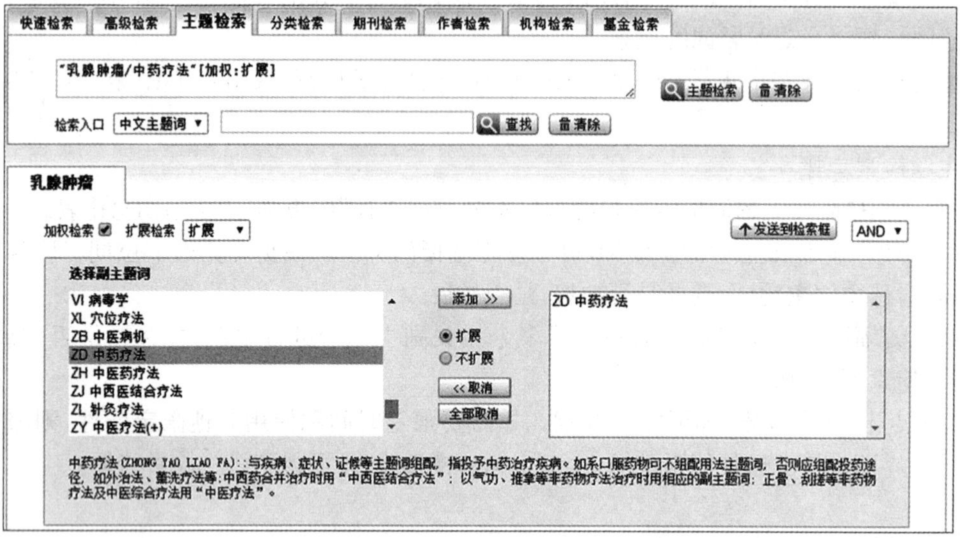

图 3-1-5　CBM 数据库主题检索——副主题词组配界面

(3) 在检索结果界面从"年代"下拉菜单中选择时间 2004—2014,进行时间限定,然后单击上方的检索式(检索条件),得到最终检索结果(见图 3-1-6)。

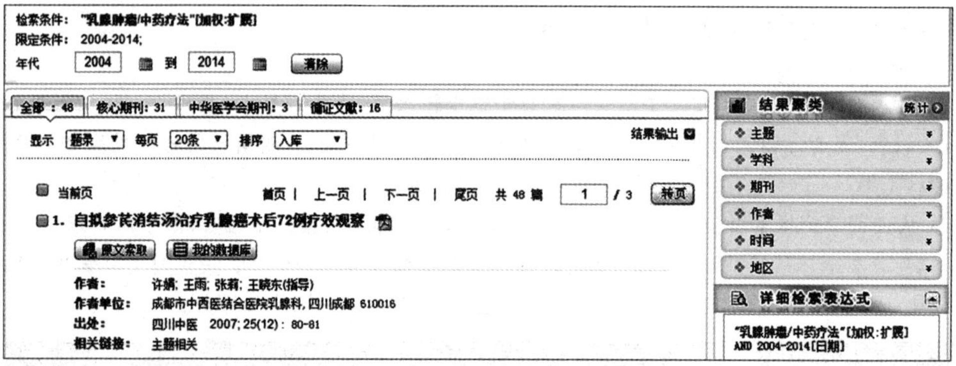

图 3-1-6　CBM 数据库主题检索结果界面

4. 分类检索

分类检索即从文献所属的学科范畴进行检索,有利于提高族性查全查准率。分类检索可以通过两种方式实现:①在类名、类号输入框输入学科类名或类号;②通过分类导航逐级展开。选择好恰当的类名或类号之后,还可在复分组配界面选择是否扩展检索。对于可复分的类目,选择复分组配检索,进一步限定检索结果。

分类检索步骤如下:

(1) 进入分类检索界面,选择检索入口类名或类号。

(2) 在检索框输入检索词,点"查找"按钮,系统显示所属分类名、分类号和命中文献数。单击选中的分类名进入复分号选择界面,在此界面选择扩展或不扩展类号。"扩展"类号表示对该类号及其下位类号进行查找,"不扩展"类号,表示仅对该类号检索。

(3) 复分组配检索。从“选择复分号”窗口中选恰当的复分号，添加到右侧(可选择一个或多个复分号)，完成复分号与主类号组配，点“发送到检索框”按钮，单击“分类检索”按钮得到检索结果。

通过分类导航实现分类检索的步骤如下：

(1) 依据分类树逐级展开，直至浏览到所需要的类目；

(2) 根据需要，选择是否扩展检索。对于可复分的类号，选择复分组配检索，最后点击“分类检索”按钮进行文献查找。

5. 期刊检索

期刊检索一般包括两个方面：①查找目标期刊：通过检索入口处选择刊名、出版地、出版单位、期刊主题词或者 ISSN 直接查找期刊，也可通过“期刊分类导航”或“首字母导航”逐级查找浏览期刊。②查找期刊文献：可以直接指定年卷期进行浏览，也可输入需检索的内容后，在指定的年卷期中查找浏览具体文献。

如果刚刚涉及某个新的学科领域，或者想查看该数据库收录某个学科领域的全部期刊，可以通过“期刊主题词”检索或“分类导航”来获取涵盖或涉及该学科领域的所有期刊信息。

6. 作者检索

作者检索是以已知“作者”和“第一作者”为检索对象，专门针对作者进行检索的途径。其特色是支持第一作者检索与分析评价，内容包括重名作者筛选、作者机构选择和选定作者的文献分析。

7. 机构检索

机构检索可以了解指定机构及第一机构论文发表情况和被引用情况，还可以帮助区分和识别机构的不同二级学院和附属医院等发表论文的情况。

可通过输入机构名称和分类导航查找所需机构。机构名支持单字通配符(?)和任意通配符(%)检索，通配符的位置可以置首、置中或置尾。如：“北？大学”“解放军%医院”“%人民医院。”

如在检索框中输入“上海中医药大学”，单击检索按钮之后，可得到与“上海中医药大学”模糊匹配的多个地址，帮助用户识别和区分不同的二级部门和附属医院的科研成果。单击地址后的“命中文献数”，可以查看相关机构发表的文献。点击“第一机构命中文献数”则可查看该机构作为第一作者机构的发文情况。

机构检索提供针对某个机构的文献进行年出版文献数、年被引频次、主要学科领域、主要合作机构、机构主要作者等指标的分析结果。

8. 基金检索

基金检索可帮助用户查找特定基金项目成果发表文献的情况。

可通过输入基金名称或者基金项目(“项目名称”或“项目编号”)直接查找基金，也可通过分类导航逐级查找浏览。基金分类导航分为国家级、高等院校、研究所、医院、军队、省级地方政府等，可以全面查找各级各类基金项目。

9. 引文检索

引文检索支持从被引文献题名、主题、作者/第一作者、出处、机构/第一机构、资助基金等途径查找引文，检索特定文献在专业领域的引用情况。在引文检索结果界面还能对检索结果作进一步的限定，包括限定被引频次、被引年代、引文发表年代等。

引文检索中有两个特殊字段，其中“常用字段”由被引文献题名、被引文献出处和被引文献主题 3 个检索项组成，“被引文献主题”由被引文献题名、关键词和主题词 3 个检索项组成。

10. 跨库检索

SinoMed 服务系统支持对多个数据库同时进行检索，即跨库检索。执行跨库检索时，根据需要可以选择 1 个或多个数据库。跨库检索提供快速检索、高级检索、主题检索和分类检索 4 种检索途径。跨库检索的检索规则和技巧与单库检索基本相同。

（三）检索结果管理

1. 检索结果显示。

CBM 对检索结果自动进行聚类，分为全部文献、核心期刊文献、中华医学会期刊文献、循证文献等。排序选项包括入库时间、年代（出版时间）、作者、期刊、相关度，并提供题录、文摘、详细三种显示方式。题录格式简单列出了标题、作者、作者单位、出处、相关链接；文摘格式在题录格式基础上增加了关键词、主题词、摘要等项目；详细格式在文摘格式基础上增加了分类号、英文标题、ISSN、国内代码、特征词等项目，更加完整详细。

2. 检索结果聚类分析。

检索结果的分析是 CBM 的一个特色功能，主要从主题、学科、期刊、作者、时间、地区几个角度对文献进行聚类分析。

3. 检索结果输出。

支持“打印”“保存”和“E-mail”三种检索结果输出方式。单次“打印”“保存”的最大记录数为 500 条，单次“E-mail”发送的最大记录数为 50 条。可对全部检索结果记录进行显示浏览或输出，也可只对感兴趣的记录进行显示浏览或输出。

4. 原文获取

CBM 通过和重庆维普资讯有限公司合作，获取全文下载链接。用户在 CBM 检索到结果之后，直接单击标题后的 PDF 图标，下载全文。如没有全文下载链接，则可以通过“原文索取”功能获取全文文献。

三、SinoMed 特点

SinoMed 与国外著名医学数据库 PubMed 在功能、检索途径和检索策略方面，都有相似和共通之处。具体表现在注重数据的深度加工和规范化处理，根据美国国立医学图书馆《医学主题词表》、中国中医科学院中医药信息研究所《中国中医药学主题词表》，以及《中国图书馆分类法·医学专业分类表》对收录文献进行主题标引和分类标引，使文献内容揭示更加专深、全面、准确。

SinoMed 提供多种检索途径，检索途径不断更新，其中主题词途径在国内中文数据库中较为独特和专业，检索效果较好。SinoMed 提供的检索途径使用方便，有智能检索、限定检索、检出结果统计聚类分析等特色，检索过程更快、更高效，检索结果更细化、更精确。SinoMed 免费原文直接获取方便，不能免费获取的原文可通过文献传递等服务获取，为用户提供经济、便捷的全文获取途径。

实习题

1. 检索儿童孤独症遗传学研究的文献。
2. 通过分类检索途径查找肺肿瘤诊断的文献。
3. 检索近10年胸腔积液病因学的文献。
4. 检索2003年以来发表在《上海中医药大学学报》上有关肝纤维化的文献。
5. 检索上海中医药大学段逸山教授作为第一作者发表的文章被引用的情况。
6. 检索针灸对阿尔茨海默病干预作用的文献。
7. 检索儿童哮喘遗传病因的文献。
8. 检索逍遥散治疗乳腺疾病的相关临床试验和随机对照试验文献。
9. 检索与脑卒中预防有关的国家自然科学基金项目文献。
10. 检索P53基因在原发性肝癌中的研究进展相关文献。

第二节　中国知识总库资源系统

一、CNKI概述

中国知识总库资源系统是中国知识基础设施工程(China National Knowledge Infrastructure，CNKI)数字出版平台上的核心资源，CNKI数据库也被称为“中国知网”，由清华大学、清华同方发起，始建于1999年6月。

数据库产品包括图书、期刊、专利标准、报纸、引文、年鉴、学位论文、会议论文等，内容覆盖自然科学、工程技术、农业、哲学、医学、人文社会科学等各个领域。常用的数据库包括中国学术期刊网络出版总库、中国博士学位论文全文数据库、中国优秀硕士学位论文全文数据库、中国重要会议论文全文数据库等。

本节着重介绍中国学术期刊网络出版总库，并以该总库为例，介绍CNKI数据库的检索途径和检索方法。

中国学术期刊网络出版总库是连续动态更新的中文学术期刊全文数据库，以学术、技术、政策指导、高等科普及教育类期刊为主，内容覆盖自然科学、工程技术、农业、哲学、医学、人文社会科学等各个领域。收录国内学术期刊7 973种，全文文献总量4 100多万篇。

CNKI数据库共分10大专辑：基础科学、工程科技Ⅰ、工程科技Ⅱ、农业科技、医药卫生科技、哲学与人文科学、社会科学Ⅰ、社会科学Ⅱ、信息科技、经济与管理科学。10大专辑下分168个专题，可检索1915年以来出版的期刊，部分期刊回溯至创刊。

二、CNKI 检索方法

(一) CNKI 检索规则

1. CNKI 主要字段

中国学术期刊网络出版总库主要字段包括主题、篇名、关键词、摘要、作者、单位、刊名、全文、参考文献、中图分类号等，其中“主题”字段由中文标题、摘要、关键词三个检索项组成，需要注意的是，这里的“主题”不是主题词表中的“主题词”概念。

2. 布尔逻辑组配检索

允许使用 AND、OR、NOT 三种逻辑运算符，运算优先级为 NOT＞AND＞OR，可使用括号改变运算顺序。

3. 精确检索与模糊检索

CNKI 可对字段进行精确检索和模糊检索的限定，“中图分类号”字段除外。

初级检索中默认对字段进行精确检索，如需调整匹配方式，可通过检索框后面的下拉菜单选择。

高级检索途径中，针对“来源期刊”“支持基金”“作者单位”默认进行模糊检索，以降低数据库漏检的几率。例如检索作者单位“上海中医药大学”，如采用精确检索，则上海中医药大学附属曙光医院、上海中医药大学基础医学院等这些与输入检索词“上海中医药大学”不完全匹配的结果都会漏掉，造成严重的漏检，影响检索质量。对“作者”字段进行精确检索，用于帮助检索作者时，排除使用模糊匹配带来的大量不相关结果。

4. 限定检索

CNKI 提供以下限定条件：针对检索词的“词频”限定、期刊来源限定(包括全部期刊、SCI 来源期刊、EI 来源期刊、核心期刊、CSSCI 期刊)、出版时间、更新时间。其中“词频”表示检索词在相应检索项中出现的频次。词频为空，表示至少出现 1 次。

5. 检索历史

检索历史中保存了每次检索的步骤，包括序号、检索表达式、检出文献量，检索题录最多能保存 50 条，可通过检索结果页面左侧的“检索历史”查询。

(二) CNKI 检索方法

CNKI 提供单库检索和跨库检索两种方式。

CNKI 检索系统中的各个子库使用统一风格和相同功能的检索平台，检索规则和检索技巧相同，下面以中国学术期刊网络出版总库(CNKI 期刊)为例对 CNKI 单库检索进行介绍。

CNKI 提供初级检索、高级检索、专业检索、作者发文检索、科研基金检索、句子检索和来源期刊检索等多种途径。本节将着重介绍初级检索和高级检索这两种检索途径。

1. 初级检索

初级检索可进行检索词逻辑组配检索，可限定匹配方式(精确或模糊)、出版时间和出版来源类别，通过检索框前的“＋”和“－”增加或者减少检索框。初级检索是初学者常用的数据库检索途径，使用简便。

检索示例

查找2003—2013年动脉粥样硬化动物模型研究方面的文章。

（要求：比较在“篇名”字段和“主题”字段检索效果的差异）

1. 分析

检索词：动脉粥样硬化、动物模型；

限定条件：2003—2013年；

其他要求：比较在“篇名”字段检索与在“主题”字段检索的效果差异。

2. 检索步骤

选择“篇名”字段，输入检索词“动脉粥样硬化”“动物模型”，逻辑组配选择“并含”，从下拉菜单中选择时间，单击“检索”按钮。得到检索结果后，可按照学科、发表年度、基金、研究层次、作者、机构等进行分组浏览，可查看相关题录和引用信息，并下载全文。还可选择题录进行“导出/参考文献”和“分析/阅读”，也可继续执行“在结果中检索”（见图3-2-1）。

图3-2-1 CNKI（中国知网）初级检索结果界面

再选择“主题”字段，使用同样的检索策略进行检索（见图3-2-2）。

通过对检索结果比对可知，“主题”字段集合了篇名、文摘、关键词三个检索字段，检索结果数量较多（537条记录），检索精确程度相对“篇名”字段有较大差距（见图3-2-1，图3-2-2）。在CNKI在检索过程中，需根据检索效果调整检索字段。

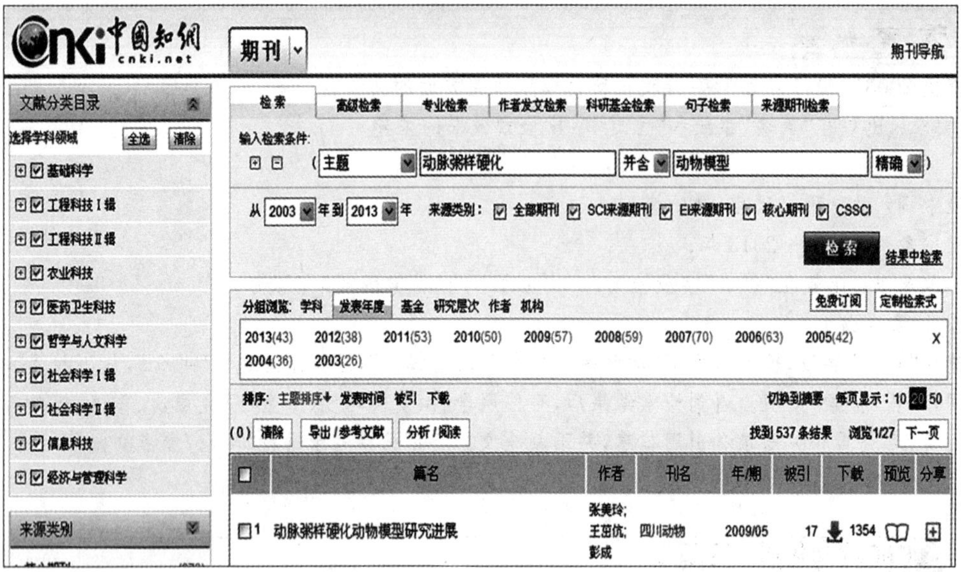

图 3-2-2 CNKI(中国知网)初级检索结果界面

2. 高级检索

高级检索在初级检索功能上增加了更加细化的检索设置,主要包括将原本从下拉菜单选择的部分字段,如来源期刊、支持基金、作者、作者单位等字段单独分拆成独立的检索项目,并且预先设置好其常用的匹配方式(精确或者模糊),全方位考虑使用该数据库时需要考虑的技巧问题。其中,检索“来源期刊”和“支持基金”时,可以点击检索框后的⋯按钮,查看相关期刊列表和基金名称列表。

检索示例

检索有关脑中风患者吞咽障碍的国家自然科学基金和国家中医药管理局科研基金的成果文献,并查看作者机构分布情况。

1. 分析

检索词:脑中风(同义词:卒中,脑血管意外);吞咽障碍(同义词:吞咽困难)

基金项目:国家自然科学基金;国家中医药管理局科研基金

注意:本题中基金项目名称可通过检索框后的⋯按钮,查看和搜索相关基金名称列表。在列表中可同时勾选多个基金项目,勾选基金项目后,点击确定按钮,所选基金项目以“+”连接(执行“逻辑或”检索),出现在检索框内。

在检索结果界面,点击“分组浏览”中的“机构”,即可查看作者机构分布情况。

2. 检索步骤(见图 3-2-3)

检索技巧 CNKI不提供智能检索功能,在检索时需要考虑同义词和相关词。理清多个检索词之间的逻辑关系,正确选择恰当的检索词和字段。

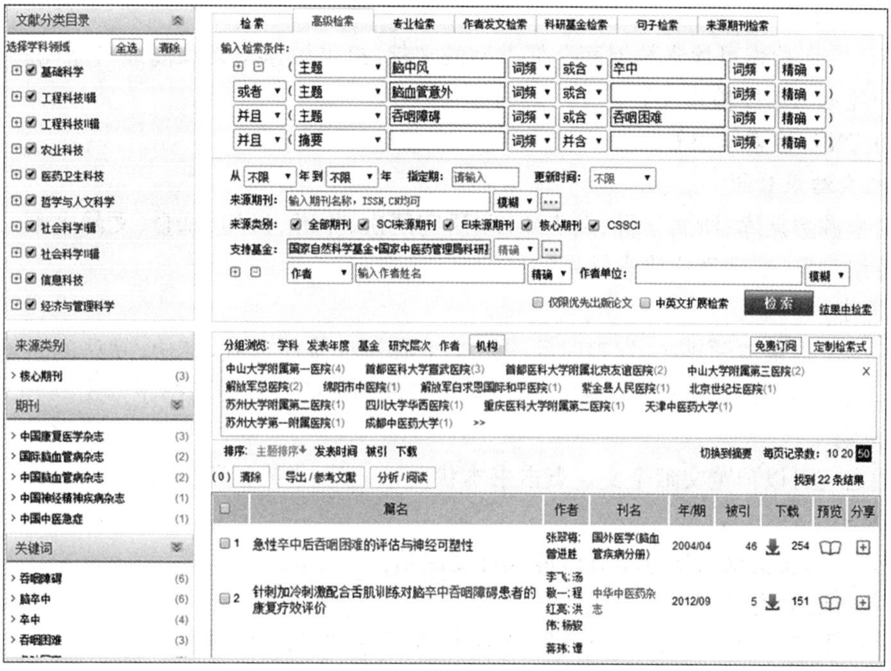

图 3-2-3　CNKI(中国知网)高级检索结果界面

3. 专业检索

专业检索需要手动输入检索式,检索式语法规则如下:所有符号和英文字母,都必须使用英文半角字符;"AND""OR""NOT"三种逻辑运算符的优先级相同;如要改变组合的顺序,请使用英文半角圆括号"()"将条件括起;逻辑关系符号"逻辑与"(AND)、"逻辑或"(OR)、"逻辑非"(NOT)前后要空一个字节;使用"同句""同段""词频"时,需用一组西文单引号将多个检索词及其运算符括起,如:'流体＃力学'。

4. 作者发文检索

作者发文检索的特色是将"作者"和"第一作者"字段单独拆开,与"作者单位"字段构成一个专门针对不同机构作者的检索途径,针对性强,简单快捷。

5. 科研基金检索、来源期刊检索

科研基金检索、来源期刊检索是以基金名称和数据库所收录期刊为入口的检索途径。

6. 句子检索

句子检索是针对全文的检索途径,提供两种检索方式:同一句和同一段。句子中包含大量事实信息,通过检索句子为用户提供有关事实问题的答案。句子检索的检索结果以摘要形式显示,并将关键词在文章中出现的句子摘出来,起到解释或者回答问题的作用。

7. 期刊导航

中国学术期刊网络出版总库页面提供详细全面的期刊导航,点击"期刊导航"进入相关页面,可从以下几个角度查看相关期刊:期刊总计、按学科查询、按刊名首字母查询,还可从专辑角度查询,如优先出版期刊导航、独家授权期刊导航、核心期刊导航、数据库刊源导航、中国高校精品科技期刊导航、出版地导航、主办单位导航等。

8. 跨库检索

CNKI跨库检索可检索数据库全部类型的文献，提供快速检索和高级检索两种途径，检索功能和规则与单库检索相同。

（三）CNKI检索结果管理

1. 检索结果分组

针对来源数据库、所属学科、发表年度、研究层次、作者、机构、基金、文献来源及关键词对结果分组浏览，实现细化检索结果的目的。

2. 排序

检索结果提供主题排序、发表时间、被引、下载4种排序方式，其中，默认的主题排序是综合了发表时间、被引、下载及影响因子等多个维度确定的一种最优排序方式。

3. 预览

下载之前可以预览文献全文。点击书本状按钮，即可进入预览界面。

4. 分享

点击“＋”，将文献信息分享到微博或社交网站。

5. 定制检索式

可将检索式定制到个人馆/机构馆当中，收藏检索结果，实时推送更新。

6. 文献分析

可从检索结果中挑选文献，点击“分析/阅读”，查看文献之间的引证关系。

7. 下载

绿色箭头表示文献可以下载；黄色箭头表示未登录，提示读者登陆后方可下载（此时可用IP自动登录）；灰锁表示并发数已满或本校没有购买该文献，暂时无法下载该文献。知网节页面提供CAJ和PDF两种下载模式，提供参考文献、相似文献等相关文献链接。

8. 知网节

“知网节”对文献信息资源进行了深度挖掘和加工，并通过概念相关、事实相关、参考引证等多种方法揭示知识之间的各种关联，将整个CNKI检索平台上的文献资源编织成纵横交错的文献网络和知识网络。用户在检索过程中，利用“知网节”界面可以更加方便地追溯知识的源头，掌握知识发展的脉络。

CNKI检索系统的“知网节”界面主要包括：参考文献、引证文献、共引文献、同被引文献、二级参考文献、二级引证文献、读者推荐文献、相似文献、相关研究机构、相关文献作者和文献分类导航等链接点。系统通过“知网节”技术来组织文献资源，有效提高了系统的检索效果。

三、CNKI特点

CNKI作为常用的中文文献数据库，其特点主要体现在文献收录数量大，文献类型多样，文献增长快。公网主站提供大量可免费获取和查阅的题录信息和专题信息，方便用户随时参考。还提供较多特色功能如指数检索、个人/机构数字图书馆、行业知识服务平台、E-learning数字化学习与研究平台、学术图片知识库等。用户除了使用基本的检索服务之外，还能获取专题阅读、行业研究、写作和投稿等方面的拓展资源和功能。

CNKI根据用户需求，对数据库检索功能进行持续改进。如新增科研基金检索、来源期刊检索等；高级检索中针对不同字段提供不同的检索设置，方便用户使用。

在检索结果方面，CNKI 提供较好的文献分析和分享功能，方便用户使用分享、推送和定制服务。CNKI 特有的“知网节”可以帮助用户在检索的过程中，更加方便地追溯知识的源头，把握知识发展的脉络。

实习题

1. 查找上海中医药大学和复旦大学 2005—2010 发表的国家自然科学基金项目文献。
2. 检索 2003 年以来钟南山撰写的有关 SARS 的文献。
3. 检索近 10 年来电针治疗面瘫的文献。
4. 检索近 5 年来上海中医药大学的研究人员发表在《上海中医药大学学报》之外期刊上的论文。
5. 检索上海中医药大学和中国科学院上海药物研究所合作的科研论文，并通过文献分析功能查看文献引用图。
6. 检索中医对鼾症的治疗是否有效的相关文献，并分析主要的治疗手段。
7. 检索尿毒症患者的饮食禁忌的研究文献。
8. 检索 5 年内石斛提取工艺的文献，并分析其研究进展。
9. 检索许建华有关姜黄素抗癌作用的研究文献被人引用的情况。

第三节　VIP 中文科技期刊数据库

一、VIP 概述

维普期刊资源整合服务平台(VIP)是重庆维普资讯推出的中文科技期刊资源一站式服务平台，该平台在中文科技期刊数据库旧版的基础上整合完善了各项功能，从单纯的全文检索延伸到引文、情报等服务的产品。服务贯穿读者对期刊资源使用需求的各个环节，提供多层次、纵深度的集成期刊文献服务，从一次文献保障到二次文献分析，再到三次文献情报加工，深入整理期刊文献服务价值。它分成以下五大模块：

模块一：期刊文献检索模块

期刊文献检索模块是对原有“中文科技期刊数据库”检索查新及全文检索的升级，不仅提供国内中文学术期刊的检索服务，更提供文献全文获取、追踪、分析等功能。

模块二：文献引证追踪模块

文献引证追踪模块是二次文献应用模块，整合了期刊引文以及论文、图书、成果、专利等有价值的引用信息。采用科学计量学中的引文分析方法，对文献之间的引证关系进行深度数据挖掘，除提供基本的引文检索功能外，还提供基于作者、机构、期刊的引用统计分析功能。

模块三：科学指标分析模块

科学指标分析模块提供三次文献情报加工的知识服务，通过引文数据分析揭示国内近 200 个细分学科的科学发展趋势，衡量国内科学研究绩效。通过对我国近年来科技论文的产出力和影响力及其分布情况进行客观统计和描述，以学科为引导，显示我国各学科领域的研究成果，同时还对各学科领域的研究绩效做基于机构、学者、期刊、地区等维度的分析评价。

模块四：高被引析出文献模块

高被引析出文献库是一个基于期刊参考文献筛选出的一次文献资源产品模块。从国内出版的 12 000 多种期刊近 20 年的 9 000 余万条参考文献中，解析出 800 万篇各个领域中高被引量的文献资源，并提供这些文献的全文资源。包括学位论文、会议论文、标准、专利、图书等，以帮助用户更便捷地利用这些被其他研究者高度关注的文献资源。

模块五：搜索引擎服务模块

搜索引擎服务是为机构用户提供谷歌和百度搜索引擎服务，为用户获取搜索引擎中相关学术资源提供方便。

维普期刊资源整合服务平台目前收录了 1989 年至今的中文期刊 12 000 多种，分为社会科学、自然科学、工程技术、农业科学、医药卫生、经济管理、教育科学、图书情报等 8 个专辑，文献总量超过 3 000 万篇。本节将主要介绍期刊文献检索模块。

二、VIP 检索方法

(一) 检索规则

1. 常用检索字段

任意字段、题名或关键词、题名、关键词、文摘、作者、第一作者、机构、刊名、分类号、参考文献、作者简介、基金资助。

2. 支持逻辑运算

AND、OR、NOT 分别可以用空格或 *、+、－表示。关键词中带有 *、+、－、()、《》等特殊字符必须用英文半角双引号括起来，如"c++"。双引号外的 *、+、－，系统会当成逻辑运算符(与、或、非)等检索技术符号进行搜索。

3. 限定条件

可限定出版时间、期刊范围(全部期刊、核心期刊、EI 来源期刊、SCI 来源期刊、CA 来源期刊、CSCD 来源期刊、CSSCI 来源期刊)、学科范围等。

4. 检索历史

(1) 可从检索历史中选择检索表达式，用逻辑运算符“逻辑与”(*)、“逻辑或”(+)、“逻辑非”(－)组成更恰当的检索策略，如#1 * #2 或选择相应的逻辑运算符按钮。

(2) 最多允许保存 20 条检索表达式，系统退出后，检索历史清除。

(二) 检索途径

维普期刊文献检索模块提供四种检索途径：基本检索、传统检索、高级检索、期刊导航。

基本检索是简单快捷的中文期刊文献检索方式；传统检索保留“中文科技期刊数据库维普期刊资源整合服务平台”老用户的检索习惯，提供同义词和同名作者特色功能；高级检索提供多检索条件逻辑组配检索，集合传统检索和基本检索的优势功能；期刊导航可以查找期刊，浏览期刊特定年卷期的内容。

1. 基本检索

基本检索是该数据库的缺省检索途径，操作简单。在该界面可以通过下拉菜单选择检索字段、限定出版时间和学科，选择来源期刊范围。

检索示例

检索 2007—2014 年舒喘灵抑制哮喘的作用方面的文献。

1. 检索分析

检索词：舒喘灵、哮喘　　限定条件：2007—2014 年

2. 检索步骤

（见图 3-3-1,3-3-2）。

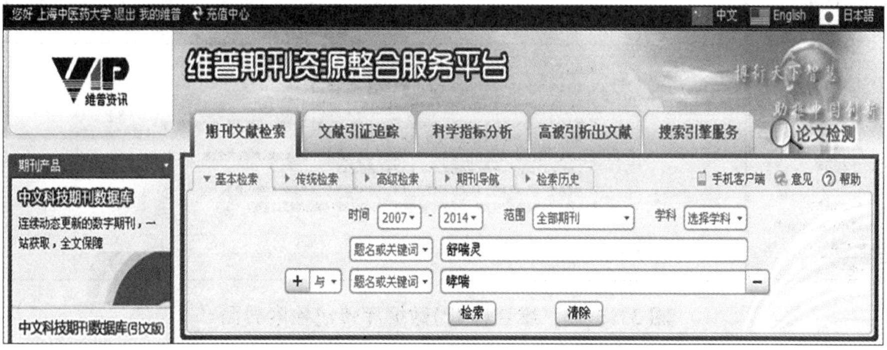

图 3-3-1　维普(VIP)数据库基本检索界面

图 3-3-2　维普(VIP)数据库基本检索结果界面

2. 传统检索

传统检索是从维普数据库创立至今一直保留的检索途径，其特点如下：①维普期刊数据库的老版本检索界面，简单实用；②提供同义词、同名作者特色功能，支持二次检索；③提供期刊文献导航——按照学科分类和期刊专辑导航；④可链接到高级检索界面（见图 3-3-3）。

3. 高级检索

高级检索特点如下：①整合了基本检索和传统检索的特色功能；②支持多检索条件逻辑组配检索；③提供直接输入检索式检索途径。

在高级检索界面，点击相匹配的检索字段，系统会出现相关功能选择。如“查看同义词”可以查看和勾选输入检索词的同义词和相关词；“同名/合著作者”可以查看和勾选不同单位的同名作者；“查看相关机构”可以查看和勾选输入机构名的相关机构列表；点击“查看分类表”可以进行分类表浏览和勾选，得到相关分类号后检索；“期刊导航”可以查看相关期刊列表。

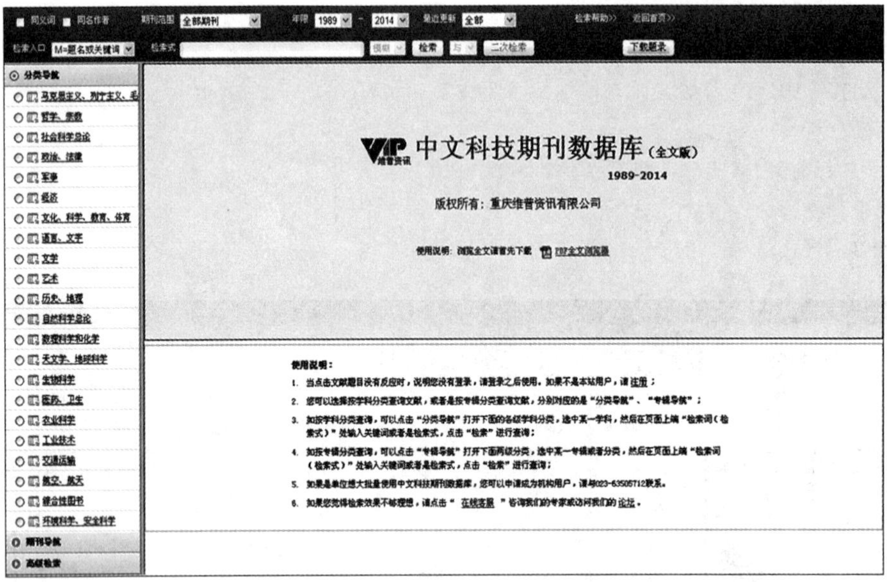

图 3－3－3　维普(VIP)数据库传统检索界面

检索示例

检索 2003—2013 年针刺治疗过敏性鼻炎的期刊文献。

检索步骤：

检索词：过敏性鼻炎(通过"查看同义词"功能，可以从系统提供的同义词和相关词列表中获取"变态反应性鼻炎""变态性鼻炎""变应性鼻炎"等同义词)；针刺(通过"查看同义词"功能，可以从系统提供的同义词和相关词列表中获取"刺法""针刺疗法""针刺治疗"等相关词；)(见图 3－3－4)，点击"检索"按钮得到结果(见图 3－3－5)。

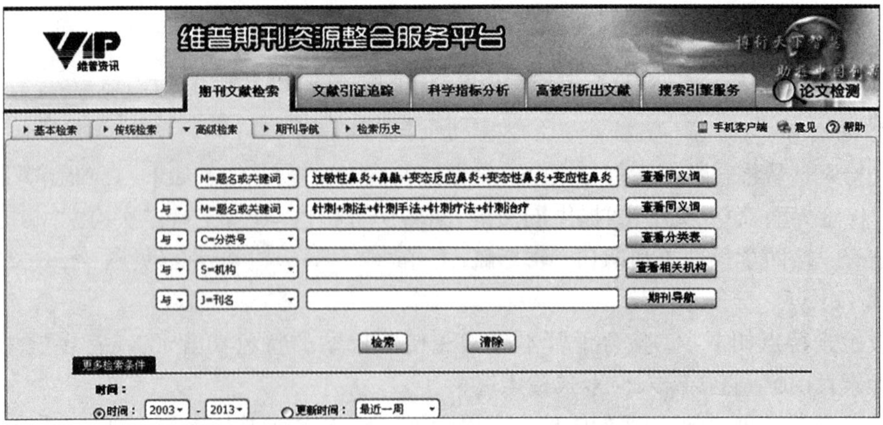

图 3－3－4　维普(VIP)数据库高级检索界面

(三) 检索结果处理

在检索结果界面可以进行如下操作：(见图 3－3－5)。

1. 检索结果显示设置和题录导出

结果界面显示检索式、检索结果记录数、检索结果的题名、作者、出处、基金、摘要；可以按时间筛选文献；支持多种格式的题录导出功能，如文本、参考文献、XML、NoteExpress、Refworks、EndNote 等；还可查看该文献的详细信息和节点链接，并获取全文。对不能直接下载全文的数据，通过第三方服务机构提供原文传递服务。

2. 补充检索

可以进行重新检索，也可以在第一次的检索结果基础上进行二次检索（包括在结果中检索、在结果中添加、在结果中去除三种方式），按需求缩小或扩大检索范围，精练检索结果。

3. 文献整合服务

切换标签到"被引期刊论文"，链接到"文献引证追踪"功能，通过"查看参考文献""查看引证文献""引用追踪"等，快速检索到有影响力的相关研究论文。

图 3-3-5　维普(VIP)数据库高级检索结果界面

三、VIP 特点

从资源角度来看，维普数据库主要专注于期刊文献服务并注重二次加工，在中文期刊文献检索服务的基础上，新增文献引证、学科研究成果和学科发展趋势分析、高被引文献分析等深层次的文献分析功能，从单纯的全文检索延伸到引文、情报等服务。在期刊引证和分析服务中，整合期刊引文，更整合了论文、图书、成果、专利等有价值的引用信息。除了数据库收录的学术资源，维普数据库通过搜索引擎服务这一功能，使用户在数据库平台上即可方便使用网络搜索引擎服务，获取其中相关免费学术资源。

另外，维普数据库提供的同义词库具有较大特色，词库设置准确度高，使用方便快捷，能高质量地为用户提供专业同义词和相关词检索，对保障文献检索效果有很大帮助。

实习题

1. 检索2007—2012年中药注射剂治疗中风方面的文献，请通过查看同义词库选择中风相关同义词进行检索。
2. 请通过文献检索阐明中药是否具有预防和抗核辐射作用。
3. 检索放射性^{131}I治疗甲状腺疾病的相关文献。
4. 检索非小细胞肺癌靶向治疗的文献，并选择其中一篇写出引用文献情况。
5. 检索上海中医药大学附属曙光医院研究人员撰写的有关中药夏枯草抗癌作用的文献，并通过"查看引文"，写出引证文献篇数。
6. 检索空气污染与哮喘之间关系的文献，并分析防治措施。
7. 检索发表在《中国中药杂志》有关灵芝多糖含量测定的文献。
8. 检索心脏病人便秘护理的相关文献，并分析便秘对心脏病人的危害。

第四节　万方数据资源系统

一、万方数据资源系统概述

万方数据资源系统平台的数字化资源包括学术期刊、学位论文、会议论文、图书、外文文献、专利技术、中外标准、科技成果、政策法规、新方志、机构等，内容涵盖理、工、农、医、哲学、人文、社会科学、经济管理与教科文艺等，文献收录时间可以回溯至1990年。文献类型包括文本和多媒体文献。

万方数据还开发出专题性的检索，如万方医学网、万方视频、中小学数字图书馆等，另有知识脉络分析、学科发展趋势和热点分析等特色功能和服务。

(一) 中国学术期刊数据库(CSPD)

中国学术期刊数据库是万方数据知识服务平台的重要组成部分，分为哲学政法、社会科学、经济财政、教科文艺、基础科学、医药卫生、农业科学和工业技术8大类94个类目。该数据库收录了1998年以来7 000多种期刊，其中核心期刊2 500多种，中国医药卫生领域的期刊1 100余种，包括中华医学会和中华医师协会独家授权数字化期刊200多种。期刊论文总量达1 700余万篇，年文献增长量约200万篇。

(二) 中国学位论文全文数据库(CDDB)

精选全国重点学位授予单位的硕士、博士学位论文以及博士后报告。内容涵盖理学、工业技术、人文科学、社会科学、医药卫生、农业科学、交通运输、航空航天和环境科学等各学科领域，收录单位及学科覆盖面广，涉及全国"985"高校和"211"重点高校、中国科学院、中国工程院、中国农业科学院、中国医学科学院、中国林业科学院等机构，重点收录1980年以来的学位论文，可提供1977年以来的学位论文全文传递服务。每年增加约30万篇。

(三) 中国学术会议文献数据库(CCPD)

中国学术会议文献数据库由中文全文数据库和西文全文数据库两部分构成，内容涵盖人文社会、自然、农林、医药、工程技术等各学科领域。以国家级学会、协会、研究会组织、部委、高校召开的全国性学术会议论文为主，每年涉及近 3 000 个重要的学术会议。收录年限从 1983 年至今，每年增加约 20 万篇全文，每月更新。

(四) 外文文献数据库(NSTL)

万方数据与 NSTL 合作，将 NSTL 的外文期刊及外文会议论文文献数据库资源与万方数据现有资源结合，在知识服务平台上提供统一检索及全文传递服务。收录内容包括外文期刊论文全文资源和外文会议全文资源，专业涉及工程技术、自然科学、社会科学和人文科学，每月更新。

(五) 万方医学网

万方医学网是万方数据联合国内医学机构、医学期刊编辑部、医学专家，采用先进的信息技术，对各类信息进行专业有效整合，推出的面向广大医院、医学院校、科研机构、药械企业及医疗卫生从业人员的医学信息整合服务平台。

万方医学网独家收录中华医学会、中国医师协会等权威机构主办的 220 余种中外文医学期刊，拥有 1 000 余种中文生物医学期刊、4 100 余种外文医学期刊、930 余部医学视频等高品质医学资源。

万方医学网设有镜像版和手机版，收录的医学信息资源包括中文医学期刊论文(含中华医学会独家期刊论文)、学位论文、会议论文、专利、标准、成果、法规以及医药企业等各类信息资源，同时涵盖了经济类、图书情报类、计算机技术类等 600 余种常用学科期刊资源。

二、万方数据检索方法

万方数据知识服务平台提供跨库检索和单库检索，检索途径分为简单检索、高级检索和专业检索。

在万方数据知识服务平台界面选择“学术文献”则默认进行跨文献类型的跨库检索，可检索期刊、学位、会议、专利、标准等多个类型的文献。跨库检索可进行三种不同检索途径的功能切换。

跨库检索与单库检索界面相同，下面以万方数据中国学术期刊数据库(CSPD)为例，介绍检索规则。

(一) 检索规则

可选字段包括主题、题名、刊名、作者、作者单位等常用字段，其中“主题”字段包含标题、关键词、摘要三个检索项。匹配方式分为模糊检索和精确检索，支持逻辑运算符“逻辑与”“逻辑或”和“逻辑非”。在检索结果页面提供“在结果中”检索功能，可查看检索历史。

万方的特色功能有推荐检索词和检索主题相关文献分析。用户提供文本(比如科学技术要点)，由系统推荐检索词，可以通过对检索结果分析，查看检索结果的高频关键词。检索主题相关文献分析是在检索结果界面显示检索主题相关的文献发展趋势和相关领域的作者分析。

（二）万方数据检索途径

1. 简单检索

直接在检索框中输入检索词，单击“检索论文”按钮。在检索结果界面，还可以进行“在结果中检索”。

在检索结果界面可以对简单检索的功能进行补充，如可以通过左侧的“学科分类”“年份”“按刊分类”对检索结果进行二次筛选，可通过“在结果中检索”进行标题、作者、关键词、刊名、起始时间的再次限定。界面右侧可以查看相关检索词的文献增长趋势和相关研究领域学者列表（见图 3-4-1）。

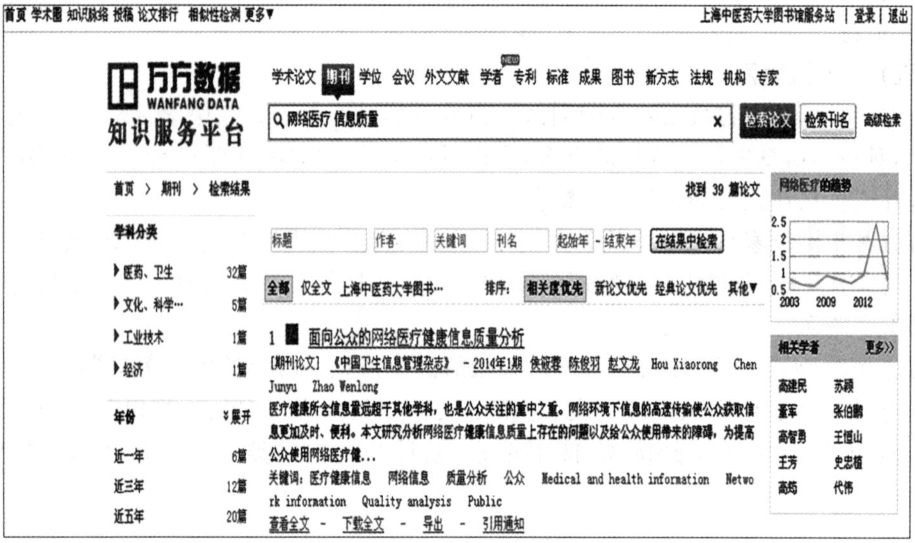

图 3-4-1　万方数据库检索结果界面

2. 高级检索

高级检索支持布尔逻辑运算，可进行模糊/精确匹配方式选择，可通过下拉菜单选择字段。输入检索词，构建检索式，单击检索按钮即可。

高级检索结果界面根据输入检索词，提供“高频关键词”和“相关词”，供检索时参考。检索结果默认按照相关度排序。

检索示例

检索 2003—2013 年桥本氏甲状腺炎超声诊断方面的文章。

1. 检索分析

检索词：桥本氏甲状腺炎（同义词：慢性淋巴细胞性甲状腺炎、慢性甲状腺炎、桥本病、桥本甲状腺炎）；超声（同义词：超声波）；诊断（相关词：检查）。

构建检索式时，可在检索框中用逻辑运算符“OR”将同义词进行连接，如：桥本氏甲状腺炎 OR 桥本病 OR 慢性淋巴细胞性甲状腺炎 OR 慢性甲状腺炎 OR 桥本甲状腺炎。由于匹配方式选择的是“模糊”，则检索词“超声”及其同义词“超声波”两词之中，取“超声”进行检索。

时间限定：2003—2013

2. 检索步骤见图 3-4-2。

图 3-4-2　万方数据库高级检索结果界面

3. 专业检索

专业检索需要用户自行构建检索式，构建检索式步骤如下：①单击检索框右侧"可检索字段"，从列表中选择所需字段(如"主题")，将其加入到检索框中，在字段名后的圆括号中输入检索词。②再次单击"可检索字段"，从列表中选择逻辑运算符("＊"表示 AND，"＋"表示 OR，"^"表示 NOT)。③如此反复，直至检索式完成。

4. 跨库检索

跨库检索可检索万方数据所有类型的文献，分为跨库简单检索、高级检索和专业检索 3 种途径，检索方法和规则与单库检索相同。

(三) 检索结果管理

1. 检索结果排序

检索结果可按照"相关度优先""新论文优先""经典论文优先"、"仅被引次数"、"仅相关度"、"仅出版时间"自主排序。

2. 检索结果分析

简单检索结果界面右侧可以查看相关检索词的文献增长趋势和相关研究领域学者列表。

三、万方数据特点

从资源角度来看，万方数据库资源收录丰富，除了中文文献，还可以通过文献传递获取 NSTL 外文文献。数据库收录文献类型多样，包括期刊、会议、方志、学者、标准、机构、专家等，文献更新及时。医学资源收录较为完备，如独家收录的中华医学会系列期刊，面向医疗卫生从业人员的万方医学网等。

在传统资源基础上，拓展专题性检索产品，如万方医学网、行业知识服务、中小学数字图书馆、万方视频等，另有知识脉络分析、学科发展趋势和热点分析、投稿指南等特色功能。

检索方法简单易用，检索结果分析功能实用，帮助用户了解检索课题相关领域的专家学者列表和发展趋势，方便追踪学科发展动态。

实习题

1. 检索益气养阴法联合化疗治疗肺癌的文献。
2. 检索心律失常脉象研究的文献，并查看相关领域的研究学者主要有哪些。
3. 检索糖尿病周围神经病变的中西医治疗进展的文献。
4. 检索基因芯片在肝硬化研究应用的文献。
5. 检索中药注射剂过敏的文献。
6. 检索更年期妇女抑郁症的中西医结合疗法的相关文献。
7. 检索中药抗病毒的作用机制的文献。
8. 检索中风病人舌象分析的文献。

（罗晓兰）

第四章　外文生物医学文献数据库

第一节　PubMed

一、PubMed 概述

PubMed（http://www. ncbi. nlm. nih. gov/pubmed/）是由美国国立医学图书馆（National Library of Medicine，NLM）所属的国家生物技术信息中心（National Center for Biotechnology Information，NCBI）开发的基于 Web 界面的生物医学文献检索系统。

（一）PubMed 的数据来源

PubMed 收录了 Medline、生命科学期刊和在线图书的 2 400 万篇文献，涵盖的学科范围包括生命科学、行为科学、化学和生物工程学等多个领域。PubMed 中的每条记录都有一个唯一的识别号 PMID(PubMed Unique Identifier)。PubMed 中的数据主要来源于以下 4 个方面：

1. Medline

PubMed 的主体部分，收录了 1966 年以来世界上 70 多个国家和地区出版的 5 600 多种生物医学期刊(数据截止到 2014 年 9 月)，内容涉及医学、牙科学、兽医学、卫生保健和基础医学。其中 93% 为英文文献，84% 的文献有著者撰写的英文文摘。记录的末尾标有[PubMed-indexed for Medline]。

2. OldMedline

含 1946～1965 年间发表的 200 万篇生物医学文献，该数据库的记录中没有 MeSH 字段和摘要字段，记录的末尾标有[PubMed-OLDMedline]。

3. In Process Citation

Medline 的前期数据库，收录的是那些正在等待标引的文献，该库中的记录只有简单的书目信息和文摘，新进的记录标有[PubMed in process]。标引好的记录转入 Medline，同时该记录从 in process citation 中删除。

4. Publisher-Supplied Citation

出版商直接提供的电子文献和超出 Medline 收录范围的数据，在 PubMed 中标有[PubMed-as supplied by publisher]和[PubMed]。如出版商提供的电子文献先于印刷版文献，该记录末尾通常标有[Epub ahead of print]。

（二）PubMed 的主要功能

1. Automatic Term Mapping（自动词语匹配功能）

PubMed 与其他检索系统相比，最大的不同之处就是 PubMed 能够对检索词进行自动词语匹配。在检索框中输入的检索词若不用字段限制，系统依次到 MeSH translation table（主题词转换表）、Journals translation table（期刊转换表）、Full Author translation table（作者姓名全称转换表）、Full Investigator（Collaborator） translation table（调研者/合作者姓名全称转换表）、Author index（作者索引）、Investigator（Collaborator） index（调研者/合作者姓名索引）6 个表中进行词语的匹配。若在某个表中匹配到合适的结果，系统即停止搜索。如果在上面词表中都找不到相匹配的词，系统会将短语拆分为单词，继续到 6 个词表中去搜索，检索时各个词之间的逻辑关系为“逻辑与”（AND）。如果仍找不到匹配的词，系统会到所有字段中去查找，各个词之间的逻辑关系仍为“逻辑与”（AND）。

自动词语匹配功能可以将不规范的检索词转换成规范化的 MeSH 词，并自动对转换后的 MeSH 词进行扩展检索。同时对输入的检索词进行自由词检索，其检索结果之间的逻辑关系为“逻辑或”（OR）。

2. 丰富的链接功能

PubMed 主要提供了以下几方面的链接：

（1）链接到 NCBI 的其他数据库　PubMed 主页有链向 NCBI 其他 10 余种数据库的链接，如 Nucleotide（核酸序列）、Protein Clusters（蛋白质团簇）、Genome（基因组序列）等。

（2）链接到外部资源　通过“LinkOut”链接到期刊出版商、部分期刊全文、各种生物学数据库等资源站点，使检索者可以到信息提供者的网站上获取更多相关文献。

（3）链接到免费期刊全文和图书摘要　PubMed 与 PMC（PubMed Central）、网上免费电子期刊和 NCBI 的 BookShelf（电子书库）建立了链接，可免费获得一部分期刊的全文和相关书籍中的文摘项。这个功能主要为用户在检索中遇到不熟悉的概念提供背景资料，对于一些新概念和词语将直接链接到书中的相关信息。

二、PubMed 检索方法

（一）PubMed 检索规则

1. 布尔逻辑检索

PubMed 系统支持布尔逻辑运算，逻辑运算符 AND、OR、NOT 需以大写输入，运算的处理顺序从左至右，可用括号改变其顺序。

2. 截词检索

系统支持截词检索，可利用系统的截词功能获取更多相关文献，截词符“ * ”可代表多个字符。PubMed 一次最多可以检出 600 个词形变异词，若多于 600 个变异词，PubMed 将给出警告信息。只限于单词，对词组无效，如输入 immun *，检索不出 immunologic techniques。截词检索时，系统的自动词语匹配功能和 MeSH 自动扩展功能将不再被执行。

3. 短语检索

在检索输入框中输入一个检索词，给检索词加上双引号“ ”，如“renal calculi”，系统将双引号中的词作为一个整体，强制 PubMed 进行词组检索。对于有引号的检索词，PubMed 将不进行自动词语匹配和扩展检索。

4. 字段限定检索

PubMed 字段限定检索的格式为：检索词[字段标识符]。如 asthma[mh]，表示限定在主题词中检索。

5. 过滤器(Filters)

通过对检索结果进行各种条件限定达到精炼结果的目的。该功能嵌入检索结果显示界面的左侧，默认限定选项有：Article types(文献类型)、Text availability(文献权限)、Publication dates(出版日期)、Species(种类)，如需限定其他条件，可点击“Show additional filters”添加其他过滤选项，如：Languages(语种)、Sex(性别)、Subjects(学科)、Journal categories(期刊分类)、Ages(年龄)、Search fields(检索字段)。在进行限定检索时，不同限定选项之间的逻辑关系为逻辑与，组内不同限定选项之间的逻辑关系为逻辑或。限定条件一经选定，对以后的检索持续起作用。如需进行其他内容检索，需点击“Clear all”清除已选限定条件。

(二) 检索方法

1. Search(基本检索)

PubMed 默认为基本检索(见图 4-1-1)，在首页检索框中输入检索词，大小写均可。该检索框中可进行的检索有：

(1) 主题检索　在检索输入框中直接输入单词、短语或缩略语。例如：查找胃炎的药物治疗或饮食疗法方面的文献，可输入检索式 gastritis AND(“drug therapy”OR“dietary therapy”)。

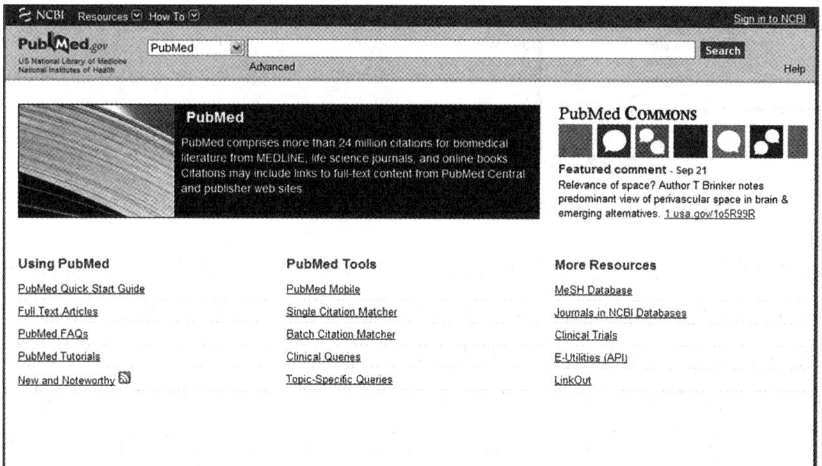

图 4-1-1　PubMed 检索主界面

(2) 作者检索　输入作者姓名全称或姓氏全称加名首字母(略去标点符号)均可进行检索。如输入 Smith A，则会同时检出 Smith AB, Smith AC 写的文章。若要对作者进行精确检索，可将其置于双引号中，并用著者字段标识符[AU]加以限定，如：“Smith A”[AU]；输入作者姓名全称只能检索到 2002 年以后文中有作者姓名全称的文献，如检索作者 Joshua Lederberg 可输入 Lederberg Joshua 和 Joshua Lederberg 等形式。

(3) 期刊检索　用来查找指定期刊上的文献。输入刊名全称、刊名缩写(Medline 标准缩写)或国际标准书号 ISSN 进行检索，如：Blood Pressure Monitoring(血压监测)，或 Blood

Press Monit，或 1359—5237。中文刊名直接输入汉语拼音，如：中华医学杂志，输入 Zhonghua Yi Xue Za Zhi。如果期刊名正好与 MeSH 词相同，PubMed 将这些词当作 MeSH 词检索，即按主题词和文本词各检索一次，检索结果用"逻辑或"组配。这样，检出的文献不是发表在这个期刊上的文献，而是有关这个主题的所有文献，因为 MeSH 词表的核对优先于期刊表的检索。若要求输入的词作为刊名检索，应在检索词后加上刊名字段标识符[TA]加以限定。单个词的刊名也需要用[TA]限定，如 Blood[TA]。

2. Advanced Search（高级检索）

高级检索界面由 Search Box（检索提问框）、Search Builder（检索式构建器）、History（检索历史）三部分组成（见图 4-1-2）。

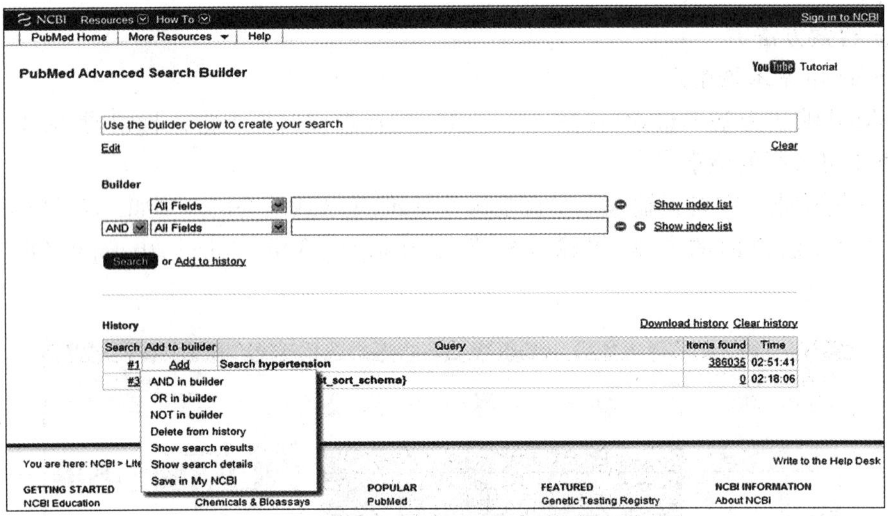

图 4-1-2 PubMed 高级检索界面

（1）检索提问框　在检索提问框中点击"Edit"，使其处于编辑状态，直接输入详细的检索表达式进行检索；也可利用检索式构建器建立检索表达式进行检索。

（2）检索式构建器　可以帮助用户构建检索表达式。步骤是：在"All Fields"下拉菜单中选择检索字段，输入检索词，或点击"Show index list"，在索引表中选择合适的检索词，根据需要输入多个检索词并选择合适的逻辑组配关系。构建的检索式会自动出现在上方的检索提问框中，可通过"Edit"进行编辑或修改。构建结束后可直接点击"Search"进行检索，或点击"Add to history"在检索历史区浏览检索数量。

（3）检索历史区　显示检索序号、检索词、检索时间及检索结果数量。通过查看检索历史，可以回顾已经做过的检索，若想要浏览检索结果，可点击检索结果数量链接。点击检索式的序号，可以从弹出的快捷菜单中选择 AND、OR、NOT 与其他检索表达式进行布尔逻辑运算；选择"Delete from history"删除该检索表达式；选择"Show search results"显示检索结果；选择"Show search details"查看该检索式的详细策略；选择"Save in My NCBI"将该检索式保存至 My NCBI。History 最多能保存 100 个检索式，若 8 小时内无任何操作，此次记录将被系统清除。

检索示例

检索有关乳腺癌围手术期护理方面的文献。

1. 分析

首先确定检索词为：乳腺癌(breast cancer，breast carcinoma，mammary cancer，mammary carcinoma)、围手术期(perioperative period，perioperation)、护理(nursing，nurse)；依据题意，制定检索表达式：("breast cancer" OR "breast carcinoma"OR "mammary cancer"OR "mammary carcinoma") AND ("perioperative period" OR perioperation) AND (nursing OR nurse)。

2. 检索步骤

登陆 PubMed 主页，点击"Advanced"链接，切换到高级检索界面。在检索式构建器中选择"Title/Abstract"字段，分别输入检索词，选择合适的逻辑关系(见图 4-1-3)。检索输入框间按照自上而下的顺序依次进行逻辑组配运算。

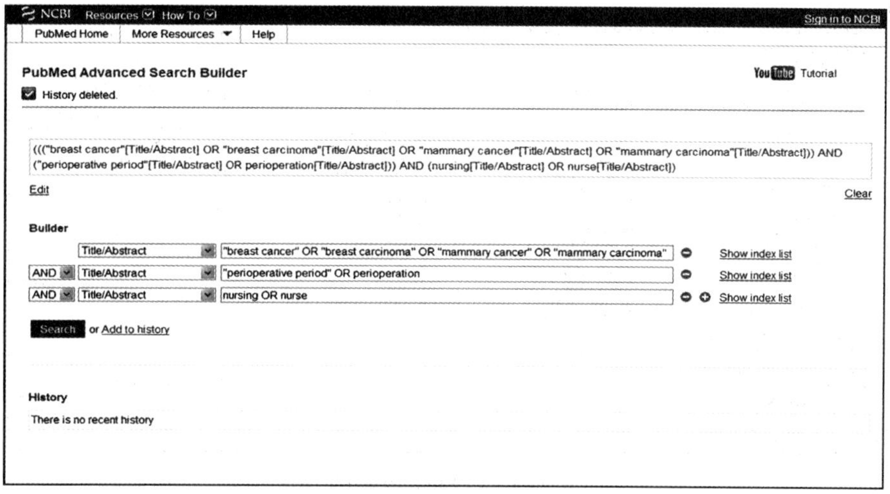

图 4-1-3 高级检索示例演示界面

3. MeSH Database(主题词检索)

主要提供 MeSH 中规范词的确定、查找等功能，通过 MeSH Database 可以从款目词引见到 MeSH 词，查看 MeSH 词的定义、历史注释、浏览树状结构等。在检索输入框中输入检索词，点击"Search"，系统自动进行转换，除出现规范化主题词外，还提供多个相关入口词供选择。确定好主题词后，如无需组配副主题词，可直接点击"Add to search builder"，将检索词发送至 PubMed Search Builder；如需进行副主题词限定检索，则需点击该主题词进入主题词注释界面，勾选所需副主题词(Subheadings)，可同时选择多个副主题词，其间的逻辑关系为"逻辑或"。可根据需要选择是否加权检索(Restrict to MeSH Major Topic)、是否扩展检索(Do not include MeSH terms found below this term in the MeSH hierarchy)，系统默认不加权、扩展检索。若有多个检索词，可重复上述操作，每个发送至 PubMed Search Builder 中的主题词之间的关系默认为"逻辑与"(AND)，可根据需要进行更改。检索式构建完成，点击"Search PubMed"执行检索。

检索示例

检索有关心肌梗死引起休克的相关文献。

1. 分析

首先确定检索词为：心肌梗死(myocardial infarction)、休克(shock)。依据题意，制定检索表达式："myocardial infarction/complication" AND "shock/etiology"。

2. 检索步骤

登陆 PubMed 主页，点击 MeSH Database 链接，进入主题词检索界面。输入检索词：myocardial infarction，点击"Search"，选择规范化主题词"Myocardial Infarction"，在"Subheadings"下选择副主题词：complication，点击"Add to search builder"；重复上述步骤，选择主题词：Shock，副主题：etiology，点击 Search PubMed(见图 4-1-4)，即可得到检索结果。

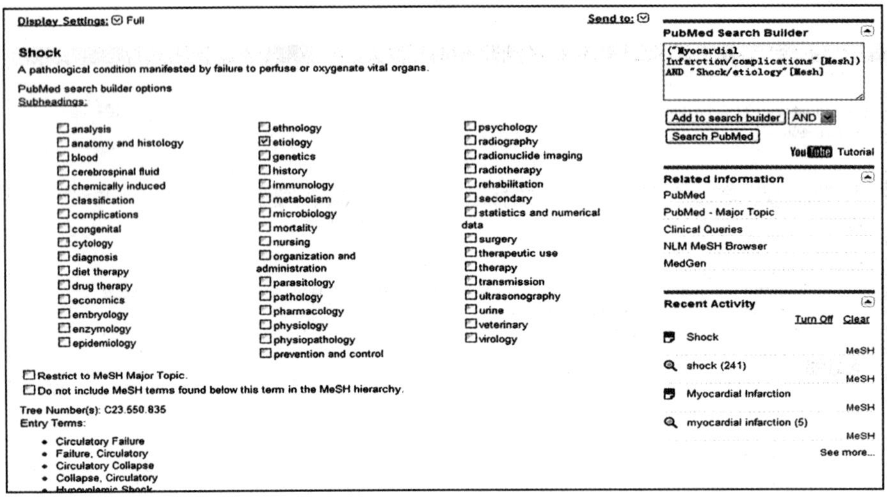

图 4-1-4　MeSH 检索界面

4. Journals in NCBI Databases(期刊数据库)

用来查找特定期刊上发表的文章。可通过刊名全称、Medline 刊名缩写、期刊的 ISSN 号、NLM 刊号、国际标准刊名缩写(ISO Abbreviation)和刊名中含有的词来进行检索。该数据库主要是用来进行刊名缩写和刊名全称的转换查询。检索结果为期刊的相关信息，如刊名全称、刊名缩写、出版年、出版商以及 NLM ID 等，点击 NLM ID 链接，可以看到该期刊在美国国立医学图书馆中的馆藏信息。若要检索期刊上所刊载的文章，需在 NLM Catalog 结果显示界面选择期刊名，点击"Add to search builder"构建合适的检索表达式，点击"Search PubMed"。系统亦提供高级检索功能，使用方法与 PubMed 的高级检索功能相同。

5. Citation Matcher(引文匹配器)

通过输入文献出处的相关信息来查找特定的文献。如当投稿稿件的参考文献信息不完整时，可利用引文匹配器来核对补充信息。引文匹配器分以下两种：

(1) Single Citation Matcher(单一引文匹配器)　检索输入项有：刊名、出版日期、卷、期、起始页、著者姓名、文献篇名中出现的词。刊名输入可用全称或缩写，出版时间的输入格式为：年、年/月、年/月/日。检索时，按照要求输入其中的一项或几项，利用单一引文匹配器还可以浏览到期刊最新一期的题录和摘要。

(2) Batch Citation Matcher(批引文匹配器) 按要求输入多行检索提问。输入格式为：刊名|年|卷|起始页|著者|关键词|，返回的检索结果为 PMID(PubMed 的记录顺序号)。如某项信息缺失可不填写，但“|”不能省略。每次检索提问须单独成行，其中刊名和作者姓名的输入必须为 Medline 标准缩写形式。

6. Clinical Queries(临床证据查询)

是专门为临床医生和临床试验工作者提供的检索服务，通过预先编制好的检索式帮助临床医生快速找到所需信息。包括以下三部分内容：

(1) Clinical Study Categories(临床专业分类) 可查询疾病的 Therapy(治疗)、Diagnosis(诊断)、Etiology(病因)、Prognosis(预后)、Clinical prediction guides(临床预测指南)5 方面的文献。在“Scope”下拉菜单中可选择“Broad”(扩展检索)、“Narrow”(不扩展检索)。

(2) Systematic Reviews(系统评价) 供检索疾病的系统评论方面的文献。

(3) Medical Genetics(医学遗传学) 供检索医学遗传学的 Diagnosis(诊断)、Differential Diagnosis(鉴别诊断)、Clinical Description(临床描述)、Management(管理)、Genetic Counseling(遗传咨询)、Molecular Genetics(分子遗传学)、Genetic Testing(基因检测)方面的文献。

(三) 检索结果处理

1. 检索结果显示

(1) 检索结果显示格式 PubMed 检索结果的默认显示格式为 Summary(题录格式)。在结果显示界面点击“Display Settings”下拉菜单，可对检索结果的显示格式、每页显示的记录数、排序方式进行设定(见图 4-1-5)。

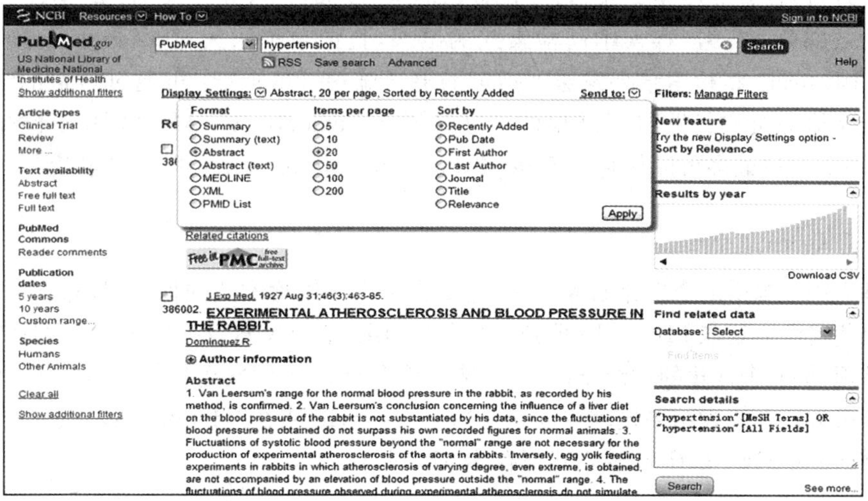

图 4-1-5 PubMed 检索结果显示界面

常见的显示格式为：①Summary/Summary(text)(题录格式)：包括著者、篇名、出处、语种(非英语时列出)、出版物类型(只有当是综述文献时列出)、PMID、记录状态等；

②Abstract/Abstract(text)(文摘格式)：Summary 格式中所有字段加上摘要、著者单位和地址；③MEDLINE：包括全部字段，所有记录都以字段标识符开头，为纯文本格式，这种格式适用于将记录输出到参考文献管理软件中。

检索结果默认按照记录入库的时间降序排列，用户可根据需要，选择出版时间、第一作者、末位作者、期刊名和篇名进行排序。

(2) 其他链接　①Related Citations(相关文献)：提供每条记录的相关文献链接；②Free Article(免费全文)：如果记录有免费全文，会有“Free Article”或“Free PMC Article”的提示；③Find Related Data(检索相关数据库)：可在 Database 后的下拉菜单中选择 Entrez 检索系统中的其他数据库，会出现与之相应的数据选项(Option)，再从中选择所需数据类型，点击 Find Items 即可获得检索词在该数据库中的检索结果；④Search Details(详细策略)：可在此查看检索词如何转换成系统控制词汇，转换成了哪些词，并使用了什么样的检索规则和检索语法；也可根据需求直接进行检索策略的编辑；⑤Recent Activity(最近操作)：显示最近 5 次的检索操作，包括检索表达式和检索结果数量、下载过的全文等，点击检索表达式即可回顾已经做过的检索，点击 See more 登陆 My NCBI 可查看更多检索操作；⑥在检索结果界面，提供的链接还包括：Results by year(按年浏览检索结果)、Related searches(相关检索)、PMC Images search for(PMC 中的图片搜索)、Titles with your search terms(筛选文献篇名中出现检索词的文献)、Free full-text articles in PubMed Central(筛选 PubMed Central 数据库收录的免费全文)。

2. 检索结果输出

在检索结果界面，点击“Send to”下拉菜单，可选择的输出方式有：①File：直接将所有检出记录(或选定记录)保存到指定的文件里，最大保存记录数为 10 000 条；②Clipboard：将记录添加到临时剪贴板中，适合将多个检索式所查到的文献集中保存到一个文件中时使用，最多可以保存 500 条记录，最长保存时间为 8 小时；③Collections：是 My NCBI 个性化服务的一部分，可多次存入不同检索式的结果，且记录可永久存储，最多可以保存 500 条记录；④E-mail：将检索结果发送到指定的电子邮箱；⑤Order：可通过付费的方式向出版商或全文服务机构订购检索结果的全文；⑥My Bibliography：My NCBI 个性化服务的一部分，每个账户最多可以保存 500 条记录；⑦Citation manager：将记录输出到引文管理软件中。

3. My NCBI

这是为用户提供的个性化服务功能，主要为用户提供检索式的保存、检索结果的更新。用户可以免费注册获取 My NCBI 账户。登陆后，用户在 My NCBI 中可以对存储的内容进行编辑整理，编制个性化的过滤条件，可以选择用 E-mail 定期发送最新检索结果，方便进行定题跟踪服务。在检索结果显示界面点击“Save search”或在“History”部分点击检索式序号中的“Save in My NCBI”将检索式保存至 My NCBI。

三、PubMed 特点

(一) 免费使用。PubMed 对因特网上所有用户免费开放，在网上免费提供 Medline、生命科学期刊和在线图书文献的题录和文摘，并提供部分文献的免费全文链接服务。

（二）信息资源丰富。PubMed 除了收录 Medline 之外，还收录了 OldMedline、In Process Citation 及期刊提供商提供的未被 Medline 收录的非生物医学文献。收录的文献量大、类型全、专业范围广。

（三）内容更新快。PubMed 的更新速度比较快，数据每日更新，通过 PubMed 可以查到那些尚未完成标引的最新数据，还可以查看先于印刷版期刊发表的电子期刊文献。

（四）检索效率高。PubMed 可以实现词语的自动匹配和转换，能将不规范的检索词转换成规范化的 MeSH 词，并自动对转换后的 MeSH 词进行扩展检索，同时对输入的检索词进行自由词检索，故查全率高；在进行 MeSH 词检索时，可根据需要选择加权检索，系统则将该主题词作为主要概念主题词进行检索，检出的文献相关度好，查准率高。

（五）检索功能完备。PubMed 系统提供主题词检索、期刊检索、引文匹配、临床文献查询等多种检索途径，满足不同检索需求；自动词语匹配功能，可使用户在进行检索时不必考虑输入检索词的性质，如是否为主题词、自由词、著者、刊名等，只要是具有检索意义的实词，系统都会按照规定的顺序对检索词进行核对和匹配检索；通过 Search details 可以查看系统实际使用的检索表达式，便于分析调整检索策略；完整的限定检索功能，可将检索范围限定在指定的年限、语种、文献类型等，以使检索结果更精确；丰富的内外部链接功能，能够实现与 NCBI 的其他数据库、外部资源及免费期刊全文和图书摘要的链接。

实习题

1. 在 PubMed 中，可通过哪些途径实现二次检索？
2. 检索有关多囊卵巢综合征的药物疗法方面的文献，并找出第一作者 Farshchian F 的工作单位。
3. 查找有关新生儿黄疸的并发症方面的英文文献，且能免费下载全文。
4. 检索 Jaramillo M 所著痛风性关节炎方面的文献。查看第一篇文献的原文出处及原文后所附第一篇参考文献中的第一作者的姓名。
5. 检索有关 65 岁以上老人系统性红斑狼疮的诊断方面的文献。
6. 检索有关中西医治疗高尿酸血症性肾病的临床试验。
7. 检索有关支气管哮喘的中医药治疗的系统评价文献，查看检索结果中是否有免费全文并下载。
8. 检索肝肾联合移植或胰肾联合移植手术中的麻醉及护理方面的综述文献。
9. 检索近 5 年来有关后循环缺血性眩晕的治疗进展方面的文献。

第二节　OVID

一、OVID 概述

OVID 是由美国 OVID 科技公司（OVID Technologies，Inc）与美国银盘公司（Sliver

Platter Information)联合推出的，系统提供医学、生命科学、自然科学以及社会科学等主要学科领域的电子图书、全文期刊和书目信息等 300 多个数据库的在线服务。

OVID 的资源包括：Database@OVID(OVID 人文、社科、科技方面的数据库群，其中大部分为生物医学数据库)、Journals@OVID(OVID 全文期刊库)、Book@OVID(OVID 的电子图书库)。目前 OVID 平台包涵医学、生物等多领域数据库上百个，如临床各科专著及教科书、循证医学、MEDLINE、EMBASE 以及医学期刊全文数据库。OVID 将多种资源集中在同一平台 OVIDSP 上，并通过资源间的链接实现数据库、期刊及其他资源在同一平台的检索及浏览。可由文献中的参考索引链接到该文献的全文，用户可在单一环境下方便地获得所需资料。

本节以 Journals@OVID Fulltext 为例介绍 OVID 数据库的使用方法。

二、OVID 检索方法

(一) 系统登录

已订购数据库用户访问权限通过 IP 地址控制，无需输入用户名和密码。选择需要检索的数据库，可以选择一个或多个数据库进行检索，若选择多个数据库查询，至多可勾选 5 个数据库。可供选择的语种包括英语、法语、德语、西班牙语、繁体中文及简体中文(见图 4-2-1)。

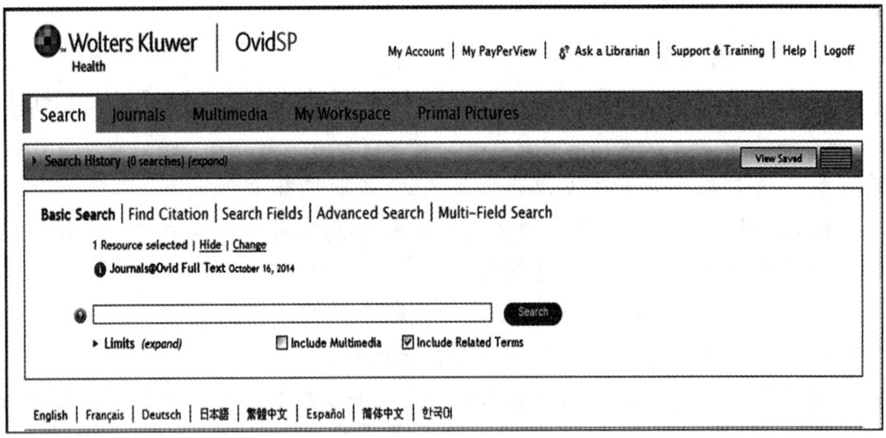

图 4-2-1 OVID 检索主界面

OVID 期刊全文数据库为用户提供了 Basic Search(基本检索)、Find Citation(引文检索)、Search Fields(字段限定检索)、Advanced Ovid Search(高级检索)、Multi-Field Search(多字段检索)、Journals(期刊浏览)及条件限定检索等功能。

(二) 检索方法

1. 期刊浏览

在全文数据库检索界面的左上角，单击“Journals”打开此项功能，它提供两种期刊浏览方式：一是按刊名首字母顺序从 A→Z 进行浏览；二是按学科分类进行浏览，系统将其所收录的期刊按学科分为 Clinical Medicine, Behavioral & Social Sciences, Health Professions,

Life & Biomedical Sciences, Life Sciences, Nursing, Physical Science & Engineering, PsycARTICLES八大类。每一大类下又分若干个子类，每一类目后有对应的期刊数、期刊列表及卷期的链接。利用学科分类浏览，用户可以方便地了解该数据库中有哪些与自己专业相关的期刊。在期刊列表中，每种刊都可以设置RSS feeds和Etoc feed的自动提醒功能，并可以为自己感兴趣的期刊加上注解。

2. 基本检索

即自然语言检索，是该数据库的默认检索方式，用户可以不必考虑检索语言和语法规则，自由输入检索词或提问语句，系统会自动分析检索语句，并对检索词的各种词形加以检索，还可以将常用的缩写形式自动转换为全称，利用基本检索功能时应尽量避免使用动词来表达检索语义。基本检索还提供字段限定检索、拼写检查、包含相关词及对检索结果进行条件限制等检索功能。

常用限制出现的两处，一是在检索输入框下，可直接点击“常用限制”(Limits)打开条件限制选项，包括有文摘的文献(Articles with Abstracts)、每日更新文献(Daily Update)、有全文(OVID Full Text Available)、心理学子集(PsycARTICLES)、原始文献(Original Articles)、综述(Reviews Articles)及文献发表年限(Publication Year)；二是更多限制(Additional Limits)，它提供了更多的条件限制选项，包括带有参考文献的文章(Articles with References)、带有图片的文章(Articles with Graphics)、期刊所属子辑(Journal Subsets)及出版类型(Publication Types)等。

3. 引文检索

是OVID检索系统为用户提供的一项用户查找特定文献的功能。它可通过文献篇名，刊名，著者姓名，文献出版的年、卷、期及首页页码，索取号和数字文献识别符等来进行查询(见图4-2-2)。

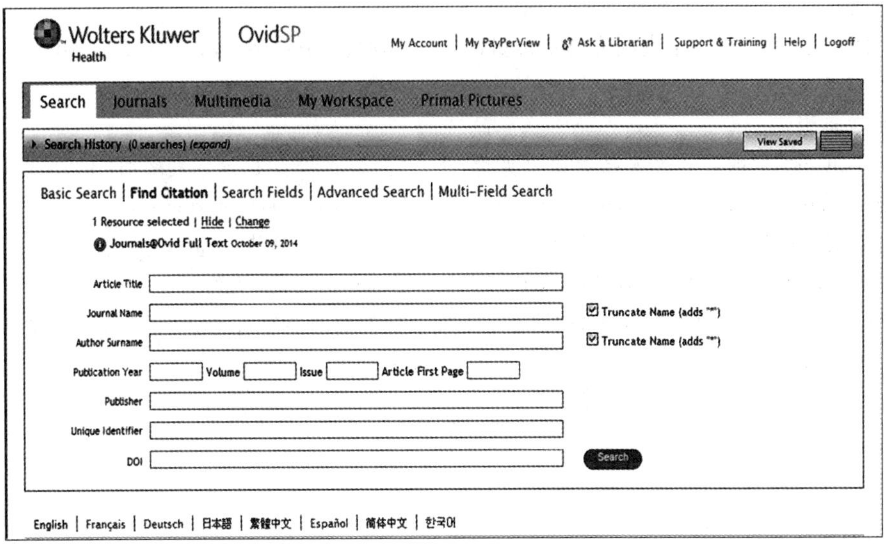

图4-2-2　OVID引文检索界面

4. 字段限定检索

系统为用户提供摘要、作者、作者关键词、文献类型、机构、刊名等 27 个限定字段。使用此功能时，在输入框内输入检索词，在字段列表中选择限定的字段，可单选或多选，选择多个字段时表示检索词出现在任何选定字段即可命中；输词并选择字段后，点击“Display Indexes”，系统提供含有该词的所有索引供选择，从中选择欲检索选项，点击“SEARCH FOR SELECTED TERMS”完成检索。

5. 高级检索

提供关键词、作者、题名及期刊名称的检索。

(1) Keyword(关键词检索)　是高级检索默认的检索途径，可在文献的标题、文摘、“caption text”(图表标题)及正文等字段中检索所输入的检索词，可使用“ $ ”或者“ * ”进行截词检索；

(2) Author(作者检索)　直接输入著者姓名进行检索，输入格式为姓在前(用全称)，名在后(可用全称或首字母)，姓和名间用空格隔开；

(3) Title(题名检索)　在文献题目中检索所输入的词或词组，也可使用“ $ ”或者“ * ”进行截词检索；

(4) Journal(期刊名称检索)　利用期刊名称进行检索。输入刊名时可输入全称或部分刊名，注意不能使用刊名缩写；利用部分刊名时，一定要输入刊名全称的开头部分，而不能使用刊名中间的关键词。进行刊名检索时，系统出现刊名索引列表，可在刊名前的复选框中选取一个或多个刊名进行检索。

检索示例

检索 J Clin Gastroenterol 上发表的有关小肠梗阻方面的综述文献。

1. 分析

该课题涉及的检索词有：期刊名(J Clin Gastroenterol)、小肠梗阻(small-bowel obstruction)，文献类型：综述(review)。

2. 检索步骤

点击“Advanced Search”进入高级检索界面；选择“Journal”选项，输入检索词“Journal of Clinical Gastroenterology”；选择“Keyword”选项，输入检索词“small-bowel obstruction”；点击“Search History”，在展开的检索历史区，勾选检索表达式 1 和 2，选择逻辑算符“And”，完成检索；在检索输入框的下方点击“Limits”选项，勾选“Review Articles”即可得到检索结果(见图 4-2-3)。

注意：刊名检索需输入刊名全称，刊名全称与刊名缩写的转换可通过《医学索引》、PubMed 期刊检索及 Google 查询。

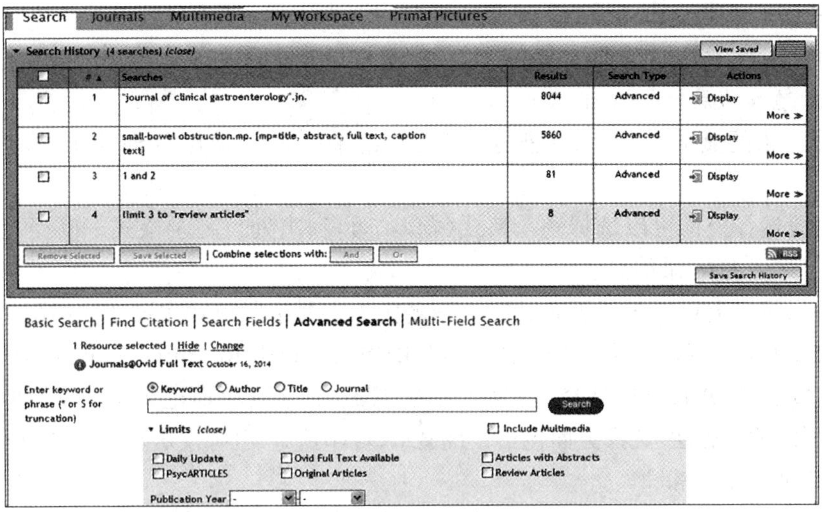

图 4-2-3　OVID 高级检索示例演示界面

6. 多字段检索

可以输入多个检索词，限制不同检索字段，并进行逻辑组配。

检索示例

检索 2012—2014 年有关系统性红斑狼疮的诊断方面的原始文献。

1. 分析

本课题涉及两个检索词：系统性红斑狼疮(systemic lupus erythematosus，SLE)、诊断(diagnosis *)，限定选项为：时间(2012—2014)、文献类型(Original Articles)。

2. 检索步骤

点击“Add New Row”，增加一行新的检索输入框，选择“Title”字段，在检索输入框中分别输入检索词：“systemic lupus erythematosus”、SLE、diagnosis *，选择词间逻辑组配关系；在“Limits”部分，选择“Original Articles”；在“PublicationYear”下拉菜单中选择时间，点击“Search”执行检索(见图 4-2-4)。

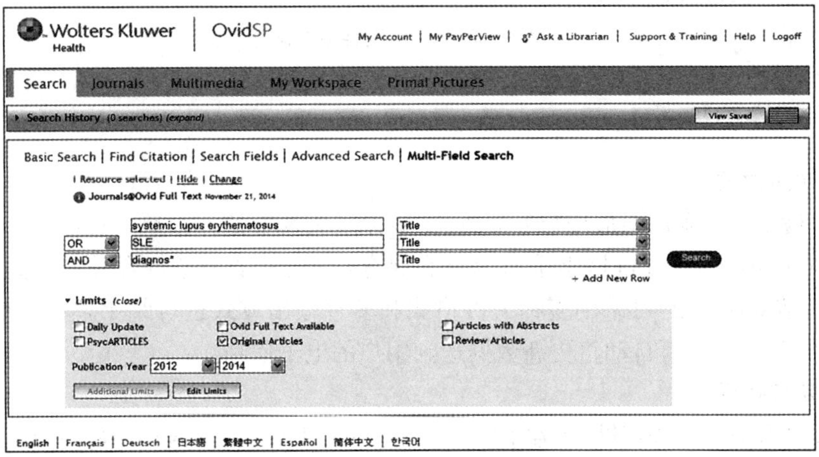

图 4-2-4　多字段检索示例演示界面

(三) 检索结果的输出

OVID系统检索结果的显示与输出包括文献题录及全文的显示与输出。

1. 文献题录的显示与输出

在检索结果的显示栏中,可以进行“字段”“结果格式”“动作”(即输出方法)等方面的选择。

(1) 字段选择方面可以选择题录格式(题名、著者、出处),题录格式+摘要,题录格式+摘要+主题词,详细题录信息。

(2) 结果排序上可以选择著者、题名、刊名作为主要字段或者次要字段组配进行排序。

(3) 结果格式选择方面可以选择 Ovid、BRS/Tagged、Reprint/Medlars、Brief(Titles) Display、直接输出,并且可以选择“包含检索历史”或者“包含每篇记录中的链接地址”。

(4) 动作(输出方法)选择方面包括在线显示、打印预览、电邮发送、保存(见图4-2-5)。

2. 全文的显示与输出

在检索结果的题录列表中有“PDF全文”链接,点击后即可显示其全文。在每条题录信息的最下方可以点击“Find Similar”查询相似文献,也可点击“Find Citing Articles”查询引用文献。

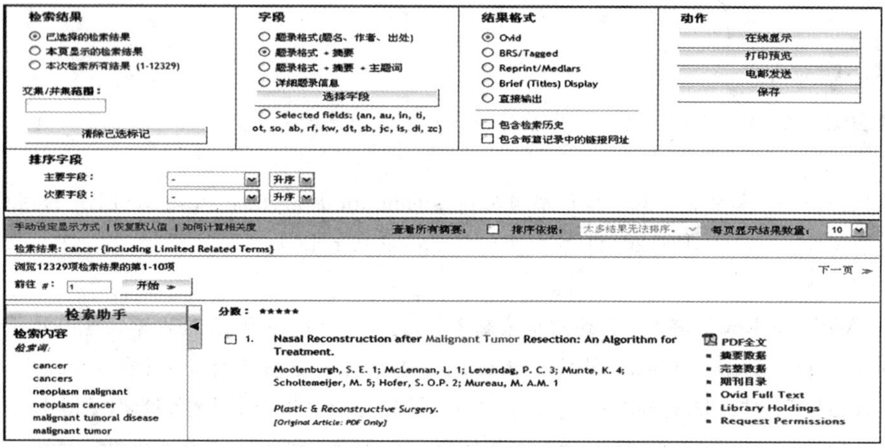

图4-2-5 检索结果界面

三、OVID的特点

(一) 使用简便

OVID检索平台采用图形用户界面,提供步骤指引及下拉式菜单,直观易学,使用方便。在检索过程中还可随意进行检索策略调整和保存,对检索结果进行合并、删除及去重等操作。在检索结果处理时,可采用多种文件格式和多种输出方式进行结果输出。数据库更新后,OVID的SDI服务可自动将更新数据送到用户的电子信箱。

(二) 兼容性强

OVID具有强大的兼容性,可在DOS, Windows, Unix, Netware等操作系统上及Java虚拟电脑装置平台上安装使用。此外,OVID提供的Links olver技术可链接各种资源,使馆藏资源或免费网络期刊能整合至 OVID 平台，为用户提供更多的原文超链接服务。

（三）灵活适用

OVID 提供关键词、著者、篇名词等多条检索途径和多种检索结果的输出方式，可以选择打印、拷贝或 E-mail 方式，并可进行多库检索，所有数据库用同一检索平台并相互链接。

思考题

1. OVID 提供的检索途径有哪些？各检索途径有何特点？
2. 通过 OVID 如何进行定题服务？

实习题

1. 请查找新生儿窒息的治疗和护理方面的全文文献。
2. 在肾移植中，常采用环孢素进行免疫抑制，查找环孢素在肾移植中的应用文献。
3. 查找 Ernesto P. Molmenti 发表在 American Journal of Transplantation 杂志 2013 年第 13 卷 77 页上的文献。
4. 查找近 5 年来减毒沙门菌靶向肿瘤治疗的进展文献。
5. 足细胞是肾小球囊内层细胞，目前认为足细胞损伤与多种肾小球疾病有关。请查找从足细胞损伤角度探讨糖尿病肾病发病机制的文献。
6. 查找有关肿瘤坏死因子与溃疡性结肠炎相关性的综述文献。
7. 查找原发性肝癌引起疼痛的中西医治疗方面的文献，并从中选择一篇找出第一作者工作单位。

第三节　Springer LINK

一、Springer LINK 概述

Springer LINK 数据库由德国 Springer-Verlag（施普林格）出版社出版。德国的施普林格集团是世界上著名的科技出版集团，1842 年创立于德国柏林。1996 年，公司推出 Springer LINK 电子出版物平台。2004 年底施普林格公司与荷兰 Kluwer Academic Publisher 出版集团合并，Kluwer 公司的电子期刊（Kluwer Online Journals）也同时整合到 Springer LINK 平台。现在，Springer LINK 数据库提供包括原 Springer 和原 Kluwer 出版的全文期刊、图书、科技丛书和参考书的在线服务。

目前，Springer LINK 提供的数字资源包括：2 897 种期刊，171 146 种电子书，314 种参考工具书。涉及学科主题包括：建筑与设计、天文学、生物医学、商业与管理、化学、计算机科学、地球及地理学、经济学、教育与语言学、力学、工程学、环境科学、食品科学与营养学、法律、生命科学、材料学、数学、医学、哲学、物理学、心理学、公共卫生、社会科学、统计学。其中，生物医学和生命科学类期刊 909 种，医学类期刊 881 种。

二、Springer LINK 检索方法

(一) 检索规则

Springer LINK 平台支持布尔逻辑运算、精确短语检索、截词检索、位置算符。

1. 布尔逻辑运算符

系统支持布尔逻辑运算:“逻辑与”可用“AND”或符号“&”表示;“逻辑或”用“OR”或符号“|”表示;“逻辑非”用“NOT”表示。复杂的逻辑表达式若要改变运算顺序,优先运算的部分用括号“()”括起。

2. 精确短语检索

系统中使用英文双引号作为精确短语检索算符,在检索时系统将英文双引号内的几个词当作一个词组来看待。如输入“acute pancreatitis”,只检索到 acute pancreatitis 这个词组,检索不到 acute biliary pancreatitis(急性胆源性胰腺炎)等短语。

3. 截词检索

截词符 * ,代替若干个字符,可以检索到一个词根的所有形式。如输入 cardi * ,可检索出含有 cardio, cardiac, cardinal, cardiovascular 等词的文献。

4. 位置算符

位置算符 NEAR,表示两个检索词之间最多相隔 10 个字符,词序可以颠倒。返回的检索结果按检索词的邻近程度排序。

(二) 检索方法

Springer LINK 提供 Search(基本检索)、Advanced Search(高级检索)、Browse by discipline(按学科主题浏览)、Browse resources(按资源类型浏览)四种检索途径。

1. 基本检索

在检索主界面的检索输入框中键入关键词或检索表达式(见图 4-3-1),系统默认进行全文检索。如要检索“乙型肝炎的免疫学研究的相关文献”,可在检索输入框中输入(“hepatitis B” OR HBV) AND immunology,点击按钮执行检索。

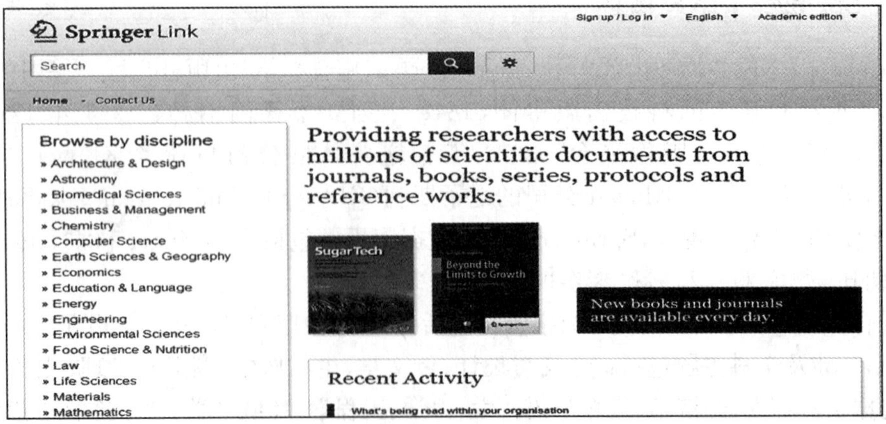

图 4-3-1 Springer LINK 检索主界面

2. 高级检索

点击检索主界面基本检索框后的“Open Search Options”图标 ，选择“Advanced Search”，即进入高级检索界面（见图 4－3－2）。在高级检索界面，用户可通过以下限定进一步缩小检索范围：with all of the words（包含以下全部字词），即逻辑与；with the exact phrase（包含以下完整词组），即词组精确检索；with at least one of the words（包含以下任意字词），即逻辑或；without the words（不包含以下字词），即逻辑非；where the title contains（在标题中出现）；where the author/editor is（作者/编者）；Show documents published（出版年限限定）；Include preview-only content（包括预览内容），即显示所有搜索结果。

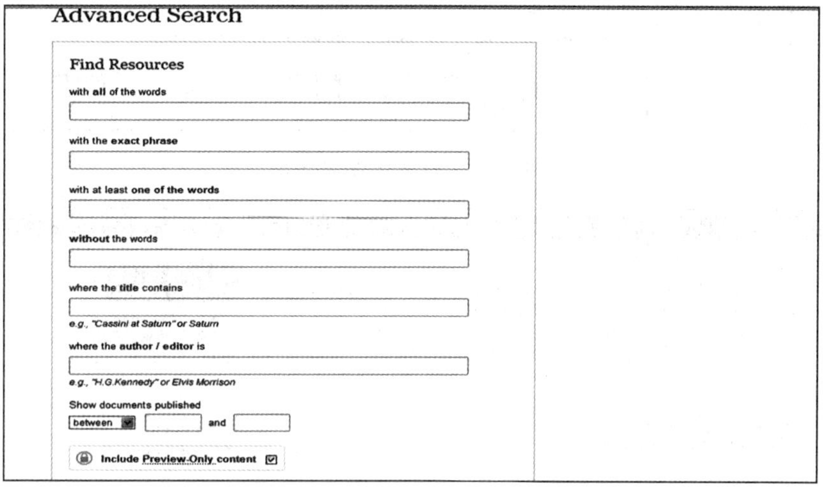

图 4－3－2　Springer LINK 高级检索界面

3. 按学科主题浏览

若想浏览某一学科的出版物，可使用学科主题浏览途径。在检索主界面 Browse by Discipline 下选择某一学科进入该学科资源浏览界面。如点击 Medicine 即可得到 Medicine 学科所有出版物列表。在 Content Type（内容类型）下点击 Journal（期刊）即可查看该学科的所有期刊。点击期刊名即可进入期刊主页，可查看期刊简介、最新文章列表，浏览期刊卷期，并可在期刊内搜索。

4. 按资源类型浏览

Springer LINK 提供按 Articles（期刊文章）、Chapters（图书章节）、Reference Work Entries（参考工具书条目）、Protocol（丛书）四种类型浏览。

（三）检索结果处理

1. 检索结果显示

检索结果默认为简要题录格式，显示的内容包括：内容类型、标题、内容描述、出处及所能提供的全文文献格式等信息。文献类型前没有任何标识，表示所有内容皆可访问；标有表示无访问全文权限（见图 4－3－3）。点击文献标题可查看文献的详细内容，显示的信息包括：文献标题、出处、著者、摘要、DOI 信息、主题、相关内容、补充材料、参考文献、全文链接等详细信息（见图 4－3－4）。

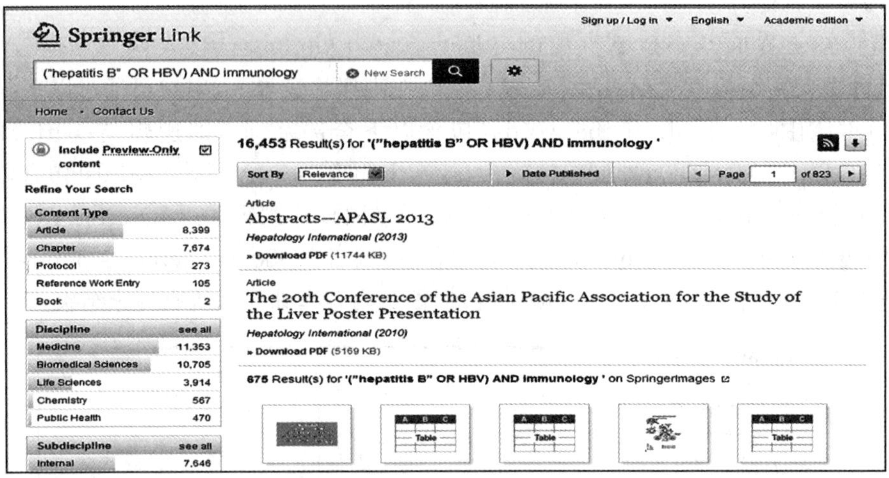

图 4-3-3　检索结果界面

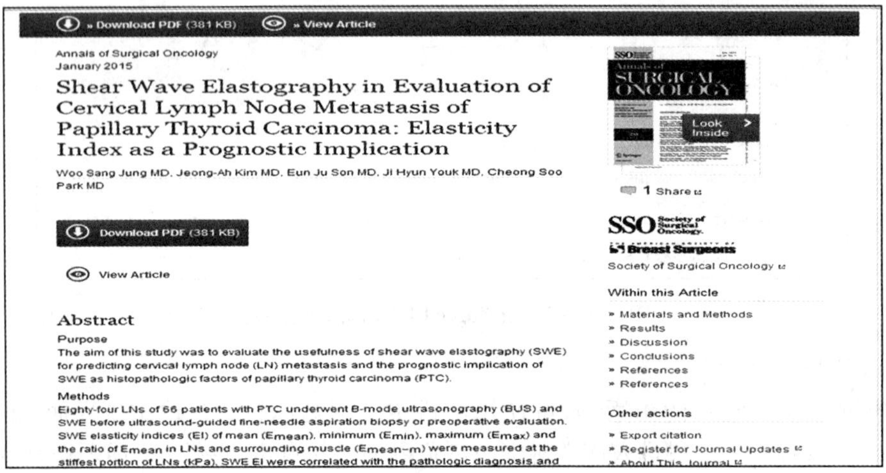

图 4-3-4　详细题录格式界面

在检索结果界面的左上方有"Include Preview-Only content"选项，默认情况下勾选，表示显示所有搜索结果；如只想查看权限范围内的搜索结果，取消黄色框内的勾选即可。

在检索结果界面的左下方提供有"Refine Your Search"按钮，可对检索范围进一步限定，以达到精确检索的目的。限定选项包括：Content Type（内容类型）、Discipline（学科）、Subdiscipline（子学科）、Published In（出版物）、Language（语种）。还可对 Date Published（出版年限）进行精确定位。

预设情况下，检索结果按 Relevance（相关度）排序，也可选择按 Newest First（时间由新到旧）排序或 Oldest First（时间由旧到新）排序。

2. 检索结果输出

在检索结果的详细显示界面提供有"Download PDF"和"View Articles"两种链接。点击"Download PDF"即可打开或保存 PDF 全文；点击"View Articles"可显示 HTML 格式的全文。没有访问权限的文献全文需要付费购买，开放获取的文献、免费试读样本及有访问权限的文献可以逐篇下载全文。

下载文献的题录文摘时，可点击 Export citation（输出引文），输出文件可通过以下几种格式导出：ProCite（RIS）、Reference Manager（RIS）、Ref Works（RIS）、EndNote（RIS）、PubMed（TXT）、Text only（TXT）、BibTex（BIB）。

三、Springer LINK 特点

（一）跨文献型平台。Springer LINK 是全球第一个跨文献型平台，用户可同时访问 RLOS、电子期刊库、电子图书和电子参考工具书等丰富的学术资源。

（二）适应多种设备。平台适应各种移动终端、智能手机，网络响应设计让所有移动设备具有最佳视觉效果。

（三）检索平台 Google 化。Google 化比较符合一般用户的检索习惯，用户可先进行模糊检索或浏览，得到一个比较宽泛的结果，再结合自己的检索需求，按照主题、出版时间等检索条件进一步限定。

（四）便捷的链接。提供引文链接功能，全文的参考文献提供 CrossRef 链接，在线即可浏览参考文献全文。

（五）在线优先出版。部分文献可以看到未来一个季度即将出版的期刊论文，大大提高文献网上出版的速度和效率，使用户在印刷版出版之前就能提前获取电子版信息。

思考题

利用 Springer LINK 的主题浏览查找心理学方面的出版物有哪些类型，其中免费期刊全文有多少篇？

实习题

1. 请检索脑膜瘤的放射影像学诊断方面的英文文献。
2. 查找近 3 年来有关胰腺癌多药耐药机制研究方面的文献。
3. 根据下列信息查找文献：Marilyn Ranson，Reza Vali，Elizabeth Harvey. False-positive In-111 DTPA octreotide scintigraphy in bilateral tibial insufficiency fracture. Amer Shammas in Pediatric Radiology. 2014 Jun. 并确定能否免费提供全文。
4. 查找 Clinical Journal of Gastroenterology 上发表的有关十二指肠溃疡方面的文献。
5. 检索 2000—2014 年间有关中医药治疗慢性心力衰竭研究方面的文献。
6. 检索有关儿童支原体肺炎的研究方面的期刊论文，并了解该主题范畴文献主要发表在哪些出版物上。

第四节　SCI

一、SCI 概述

（一）SCI 概述

SCI(Science Citation Index，科学引文索引）由美国科学信息研究所（Institute for Scientific Information，ISI)于 1961 年创建，是国际公认的进行科学统计与评价的权威性检索工具。SCI 是一部国际性索引，刊物来源于 94 个类、40 多个国家、50 多种文字，运用科学的引文数据分析和同行评估相结合的方法，综合评估期刊的学术价值。其出版形式包括印刷版期刊、光盘版（SCI CDE)、联机数据库（SCI search）和 Web 版数据库（SCI-Expand)。SCI 每年依据严格的选刊标准和评估程序对源期刊做出调整，因此每年源期刊种类略有增减。

ISI 于 1997 年推出了 SCI 的网络版，并将其纳入 Web of Science 中。Web of Science 是文摘型数据库，由 7 个数据库组成，包括 3 大引文索引数据库、2 个会议文献引文索引数据库和 2 个化学事实型数据库。该库实现统一的检索界面，既可一库单检，又可多库联检。界面提供的语言包括英语、简体中文、繁体中文、日语、韩语、葡萄牙语和西班牙语。数据库收录范围包括：

1. Science Citation Index Expanded(SCI-Expanded，科学引文索引扩展版）　收录自然科学学科期刊 8 300 多种，最早文献可回溯至 1900 年；

2. Social Sciences Citation Index(SSCI，社会科学引文索引）　收录社会科学学科期刊 2 900 多种，最早文献可回溯至 1900 年；

3. Arts & Humanities Citation Index(艺术与人文科学引文索引）　收录艺术和人文期刊 1 600 多种，最早文献可回溯至 1975 年；

4. Conference Proceedings Citation Index-Science(CPCI-S，科学会议录引文索引）　涵盖所有科技领域；

5. Conference Proceedings Citation Index-Social Science & Humanities(CPCI-SSH，社会科学与人文社会科学会议录引文索引）　涵盖社会科学、艺术和人文科学所有领域；

6. Current Chemical Reactions(CCR，化学反应数据库）　收录 1985 年至今的化学反应，数据来源于 39 个权威出版机构的一流期刊和专利文献中的全新单步和多步合成方法；

7. Index Chemicus(IC，化学物质索引）　提供 1993 年至今的 260 多万种化合物，包括国际一流期刊报道的最新有机化合物的化学结构和评论数据。

（二）相关概念

1. 引文(Citation)　通常指被引文献，又称为参考文献（Reference)，是为撰写或编辑论文和著作而引用的有关文献信息资源。

2. 施引文献(Citing Articles)　也称来源文献，是提供引文的文献，即附有参考文献的原始文献。

3. 自引(Self-Citations)　自引分作者自引和期刊自引两种。作者自引指来源文献的作者引用自己先前发表的作品;期刊自引指同一期刊上文献的相互引用。

4. 他引(Other-Citation)　指文献被除作者及合作者以外的其他人引用,即引用文献和被引用文献中只要有一个作者相同,引用即是自引,没有相同作者的引用为他引。

5. 影响因子(Impact Factor, IF)　指某种学术期刊前两年发表的论文在统计当年的被引用次数除以该期刊在前两年内发表的论文总数。

6. 被引半衰期(Cited Half-life)　指某一期刊论文在某年被引用的全部次数中,较新的一半被引论文发表的时间跨度。

7. H 指数(H-index)　H 代表"高引用次数"(High citations),一个人的 H 指数是指其至少有 H 篇论文分别被引用了至少 H 次。H-index 为 100,表示其有 100 篇论文至少被引用了 100 次。

8. 即年指标(Immediacy Index)　指该期刊当年发表论文在当年被引用的次数与该期刊当年发表论文总数之比。

二、SCI 检索方法

(一) 检索规则

1. 布尔逻辑运算

系统支持布尔逻辑运算,运算符 AND、OR、NOT,大小写均可,但在每个字段的使用不尽相同。详见数据库的使用帮助。

2. 位置算符

位置算符 NEAR,系统将查找由 NEAR 连接且彼此相隔 0～15 个单词内的记录。NEAR/X 可查找由该运算符连接的检索词间相隔 X 个单词的记录,该规则也适用于单词处于不同字段的情况,用数字取代 X 可指定将检索词分开的最大单词数;位置算符 SAME,表示连接的检索词必须出现在同一个句子、同一个关键词或同一行地址内,如检索作者地址为某大学某学院时可输入"大学名称 SAME 院系名称"。

3. 截词检索

所有可以使用单词和词组的字段均可使用截词检索,Web of Science 提供 3 个截词符:"*""?"或"$"。"*"代替任意字符;"?"代替 1 个字符,对于检索最后一个字符不易确定的检索词非常有用,特别是已知条件不全的作者姓氏;"$"代替 0 或 1 个字符,对于查找同一单词的不同拼写比较有效。截词检索的使用规则会随字段的不同而变化,详情见数据库的使用帮助。

4. 精确短语检索

仅适用于"Topic"和"Title"检索。若要精确查找短语,用英文半角双引号括住短语即可。若输入以连字号、句号或逗号分隔的两个单词,则检索词也将视为精确短语,如输入 waste-water,系统将查找包含 waste-water 或 waste water 的记录,而不会查找包含 waste in drinking water 的记录。

5. 优先运算顺序

运算符的优先运算顺序为:()>NEAR/X>SAME>NOT>AND>OR。

(二) 检索方法

Web of Science 提供的检索途径包括：Basic Search(基本检索)、Author Search(作者检索)、Cited Reference Search(引文检索)、Structure Search(化学结构检索)、Advanced Search(高级检索)。

1. 基本检索

基本检索途径提供了多种检索入口，包括：Topic(主题)、Title(标题)、Author(作者)、Author identifiers(作者识别号)、Group author(团体作者)、Publication name(出版物名称)、Address(地址)等。

(1) 主题检索　主题检索是对标题、摘要、作者关键词和增补关键词 4 个字段进行检索。

检索示例

查找有关十二指肠溃疡的诊断方面的文献。

1. 分析

关键词包括十二指肠溃疡(duodenal ulcer)、诊断(diagnosis)。

2. 检索步骤

进入 Web of Science 界面，选择“Topic”字段，在检索输入框中输入检索词：“duodenal ulcer” AND (diagnosis OR diagnose)(见图 4-4-1)，点击“Search”，得到检索结果。

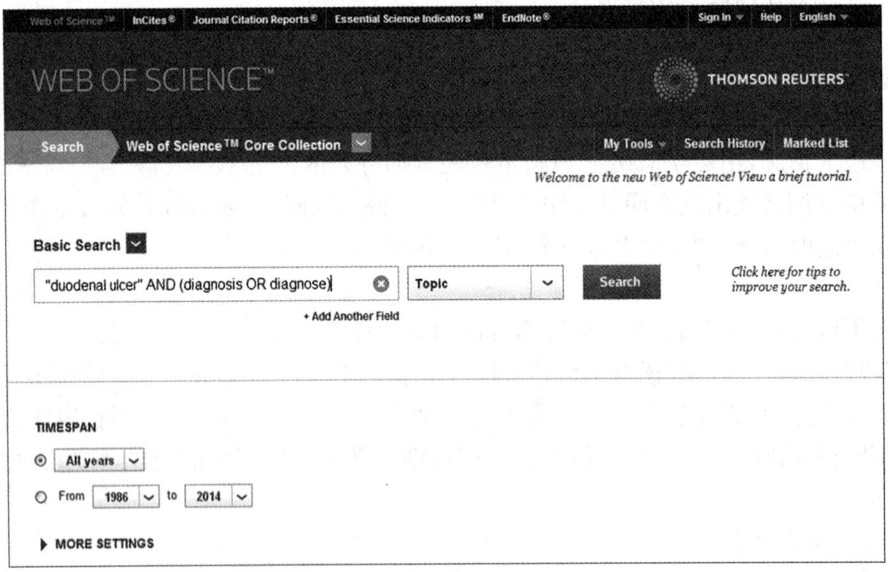

图 4-4-1　Web of Science 基本检索界面

需注意的是，Web of Science 没有规范化的主题词表，主题检索属于自由词检索，因此为了提高查全率，需要考虑同一检索词的不同表达形式，并用 OR 连接起来。若主题检索的结果偏多，可选择其他特定字段进行检索，以提高查准率；若检索的课题较复杂，可在基本检索界面，选择“Add Another Field”添加新的检索输入框。

(2) 作者检索　作者检索的格式为：姓用全称，名用首字母。只输入一个首字母时，系统将自动添加截词符“＊”，即输入 David W 与输入 David W＊得到的结果是一样的。数据库中亚洲姓名准确显示为他们在来源文献中的形式，如 Wang Jing，在数据库中可能有以下形式：Wang Jing、Wang-Jing。由于存在同名同姓不同人的情况，可将作者检索与“Address”“Topic”等字段进行组配，以提高查准率。进行作者检索时，可点击字段框下边的“Select from Index”，通过索引浏览作者的正确拼写。

(3) 出版物名称检索　检索特定刊物上的文章。输入完整的出版物名称（不能用缩写）或出版物名称的一部分，后加截词符。如：输入 Cellular＊可查找 *Cellular Microbiology*，*Cellular and Molecular Life Sciences*，*Cellular & Molecular Biology Letters* 等期刊上发表的文献。也可使用“Select from Index”通过期刊名索引浏览想要检索的期刊。

(4) 地址检索　检索某个研究机构有哪些论文被 Web of Science 收录。可以用来比较、评估某个领域内不同研究机构的科研实力。

在地址字段中输入部分或完整的机构或地址名，输入全名时，不要在名称中使用冠词(a，an，the)和介词(of，in，for)。常见地址检索词或机构名采用缩写形式，如：University 缩写为 Univ，Hospital 缩写为 Hosp。Univ、Med 和 Phys 等检索词必须作为地址短语的一部分输入，如：系统接受 Penn State Univ，但单独的 Univ 则不被系统所接受。利用系统提供的“View Abbreviations List”可获得机构名中常用词汇的缩写。

2. 作者检索

通过作者检索可以方便地检索出特定作者发表的文章，也可区分同名同姓不同人的情况。检索步骤为：Enter Author Name（输入作者姓名）→Select Research Domain（选择与作者关联的研究领域）→Select Organization（选择研究机构）→Finish Search（完成检索）。

检索示例

查找上海中医药大学中药学院的王铮涛教授发表的文献被引情况。

1. 分析

关键词包括作者名(wang zt)、作者单位(shanghai univ of tradi Chinese med)。

2. 检索步骤

选择“Author Search”，在检索输入框输入作者姓和名首字母（见图 4－4－2），点击“Select Research Domain”，在下拉菜单中勾选“LIFE SCIENCES BIOMEDICINE”，点击“Select Organization”，勾选“SHANGHAI UNIV TRADIT CHINESE MED”“SHANGHAI UNIV TRADIT CHINESE MEDICINCE”“SHANGHAI UNIVERSITY OF TRADITIONAL CHINESE MEDICINE PHARMACOLOGY”，点击“Finish Search”。在结果显示界面，点击“Times Cited”即可查看每篇文献被引用的次数。

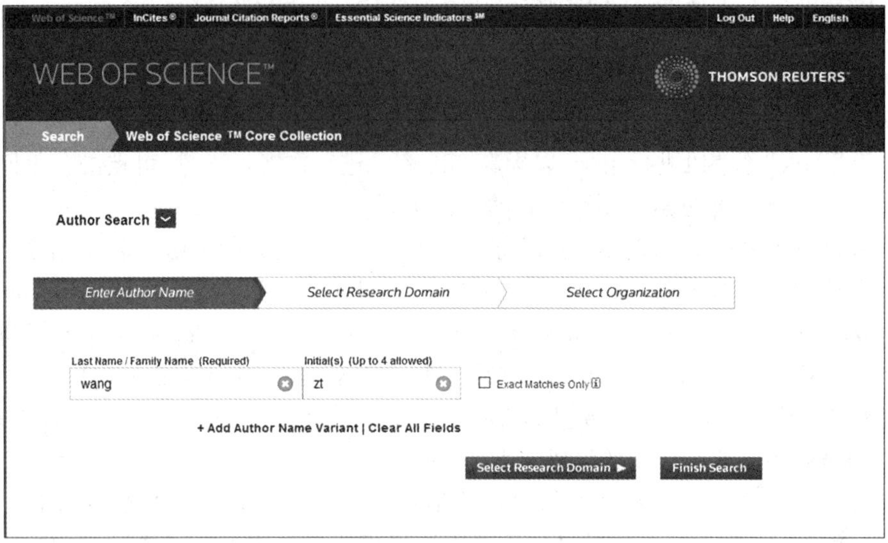

图 4-4-2　作者检索界面

3. 引文检索

引文检索是从被引用文献查到引用文献的过程，可以用来查找未被 Web of Science 收录的文献在 Web of Science 中被其所收录文献引用情况。Web of Science 引文检索提供的检索字段包括：Cited Author(被引作者)、Cited Work(被引刊物)、Cited Years(被引文献出版年)、Cited Volume *(被引卷)、Cited Issue *(被引期)、Cited Pages *(被引页码)、Cited Title(被引标题)。系统提供了三个检索提问框，可进行单独一项检索，也可同时进行两项、三项检索。若检索课题比较复杂，还可点击“Add Another Field”，添加新的检索提问框，检索提问框间的逻辑关系为“逻辑与”。

检索示例

查找上海中医药大学中药学院王铮涛教授发表在 Journal of Pharmaceutical and Biomedical Analysis 2008 年第 1 期上的论文被引用的情况。

1. 分析

该课题涉及的检索词有：作者名(wang zt)、作者机构(shanghai univ of tradi Chinese med)、期刊名(Journal of Pharmaceutical and Biomedical Analysis)、年(2008)、期(1)。

2. 检索步骤

进入“Cited Reference Search”界面，在“Cited Author”提问框中输入“wang zt”，在“Cited Work”中输入“Journal of Pharmaceutical and Biomedical Analysis”，在“Cited Years”中输入“2008”，在“Cited Issue”中输入“1”(见图 4-4-3)，点击“Search”，结果显示王铮涛教授发表的这篇论文被引用了 25 次(见图 4-4-4)。若结果较多，可通过下方的“All languages”(语种)和“All document types”(文献类型)限定检索结果。点击“Finish Search”，可以得到 25 篇引用文献的题录。

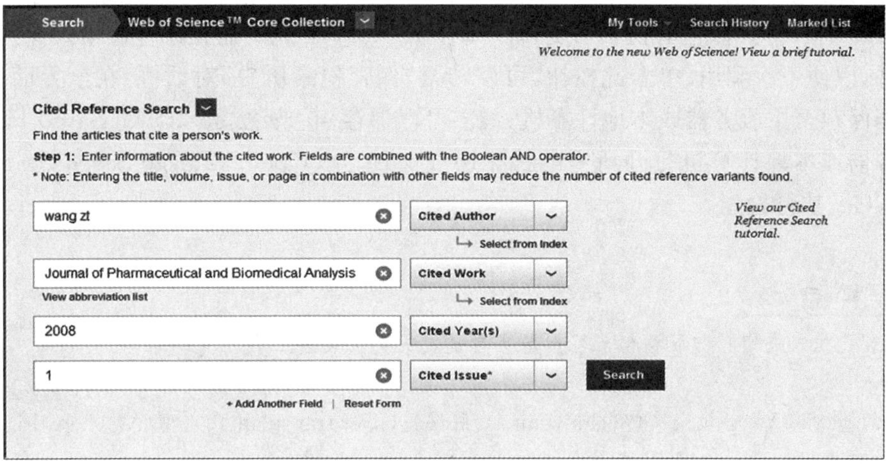

图 4-4-3　引文检索界面

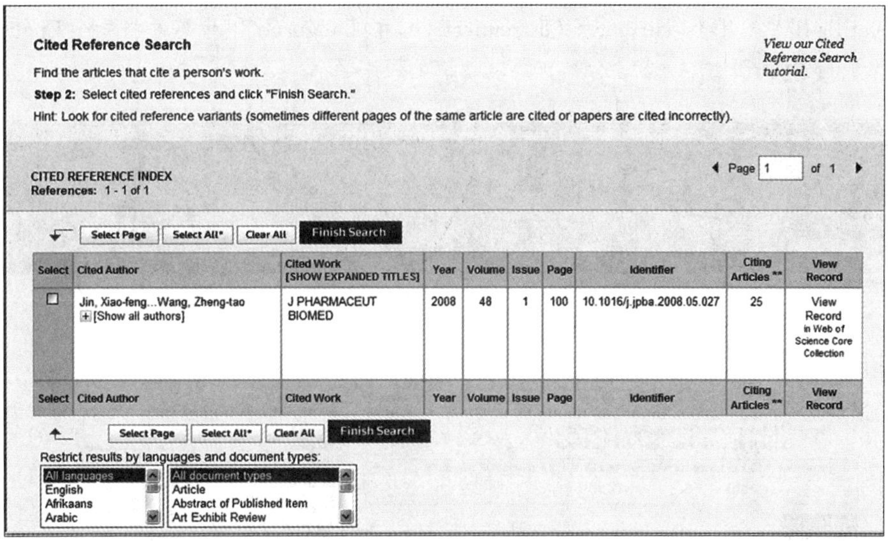

图 4-4-4　引文检索结果界面

4. 化学结构检索

化学结构检索界面由三部分组成：Structure Drawing(化学结构绘图)、Compound Data(化合物数据)和 Reaction Data(化学反应数据)。可通过使用 Accelrys JDraw 小程序创建化合物或反应，用来检索包含化合物或反应的记录；化合物数据的检索项包括 Compound Name(化合物名称)、Compound Biol. Act(化合物生物活性)、Molecular Weight(分子量)；化学反应数据检索，输入要检索的任意化学反应条件及所需的反应关键词或备注即可。

5. 高级检索

对于一些复杂的检索课题，可通过高级检索功能完成。方法一，直接在检索提问框中一次性输入详细的检索表达式；方法二，先分步检索，再通过检索式序号在检索历史区进行逻辑组配。高级检索需使用字段标识符、布尔逻辑算符、括号来创建检索表达式，结果显示在界面底部的“检索历史”中。在检索历史区，显示“Save History”（保存检索历史）和“Open Saved History”（打开保存的检索历史）。“Save History”：此功能允许将检索式保存至检索历史文件，以便下次调用；单击此按钮，可以转至“保存检索历史”对话框，在该界面，可以将工作文档保存至主服务器或本地计算机；最多可以保存 40 条记录。“Open Saved History”：从主服务器或本地计算机打开所需的检索历史文件，至“Open/Manage Saved Searches”界面，单击“Go”执行检索。

检索示例

查找有关拉米夫定预防肝移植后乙型肝炎再复发的英文文献。

1. 分析

涉及的检索词包括：拉米夫定（lamivudine）、肝移植（liver transplant）、乙型肝炎（hepatitis B）、再复发（recurrenc＊，reinfect＊），语种为英文。

2. 检索步骤

进入“Advanced Search”界面，在提问框中输入表达式：TS=（lamivudine AND “liver transplant” AND “hepatitis B”）AND（recurrenc＊ OR reinfect＊），在“Language”下拉菜单中选择“English”，点击“Search”完成检索（见图 4－4－5）。

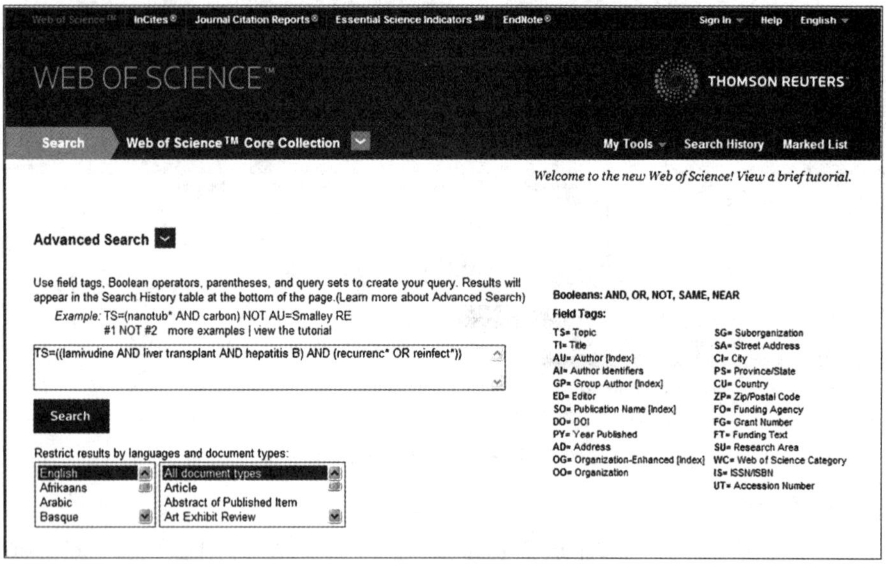

图 4－4－5　高级检索界面

（三）检索结果管理

1. 精炼检索结果

在检索结果界面左侧，有“Refine Results”功能，可以在“Search within results for”提问框中输入检索词进行二次检索，也可选择按 Web of Science Categories（Web of Science 类别）、Document Types（文献类型）、Authors（作者）、Publication Years（出版年）、Languages（语种）、Countries/Territories（国家/地区）等进行浏览（见图 4－4－6）。

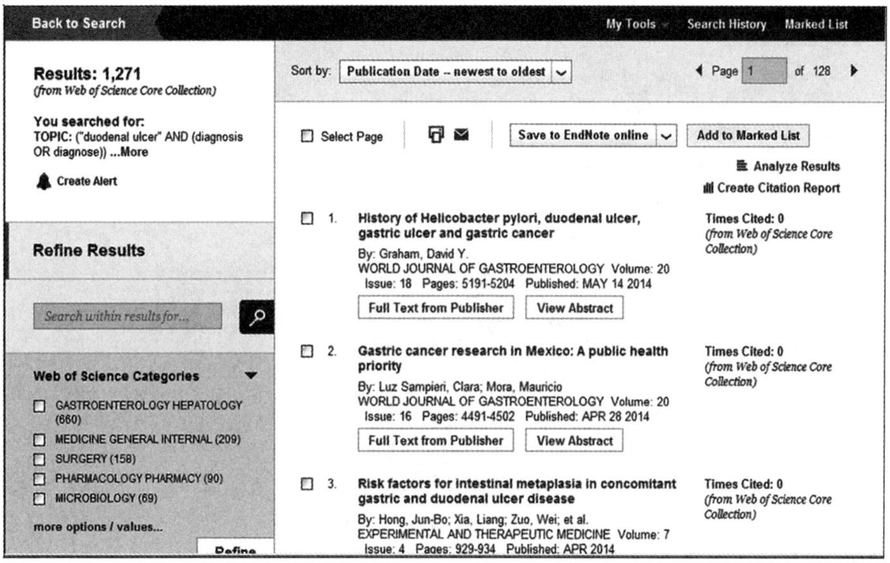

图 4-4-6　检索结果显示界面

2. 检索结果显示

系统默认显示为题录格式，提供标题、作者、文献出处、被引频次等信息。在记录下方，点击“Full Text from Publisher”可链接至期刊出版商网站浏览期刊全文；点击“View Abstract”可查看文章摘要信息。点击文献标题进入全记录格式，提供摘要、参考文献等详细信息。

3. 检索结果排序

在“Sort by”下拉菜单中提供了按 Publication Date（出版日期）、Times Cited（被引频次）、First Author（第一作者）、Source Title（来源出版物名称）、Relevance（相关性）、Recently Added（最近添加）进行排序，系统默认优先显示新出版的文献。

4. 检索结果输出

若要对查出的检索结果或者引文信息进行输出操作，可勾选需要输出的记录，选择输出方式。SCI 提供的输出方式包括：打印、电子邮件、保存至 EndNote Online。

5. 检索结果分析

点击“Analyze Results”可对检索结果进行分析。用来从作者、丛书名称、国家/地区、文献类型、编者、基金资助机构、授权号、团体作者、语种、机构、机构扩展、出版年、研究方向、来源出版物名称、Web of Science 类别等方面进行统计分析，以探究隐含的规律和趋势。操作方法：在“Rank the records by this field”中选择需要分析的字段，在“Set display options”下设置显示的记录数量及最少记录数，在“Sort by”下选择排序方式，点击“Analyze”，屏幕显示分析结果。如：想了解各个国家对以上课题领域的研究情况，可在“Rank the records by this field”下拉菜单中选择“Countries/Territories”，点击“Analyze”，即可查看发表论文数最多的前 10 个国家、发表论文数、论文百分比数，以及用柱形表示的论文百分比。点击“Save Analysis Data to File”可将分析数据保存到文档中（见图 4-4-7）。

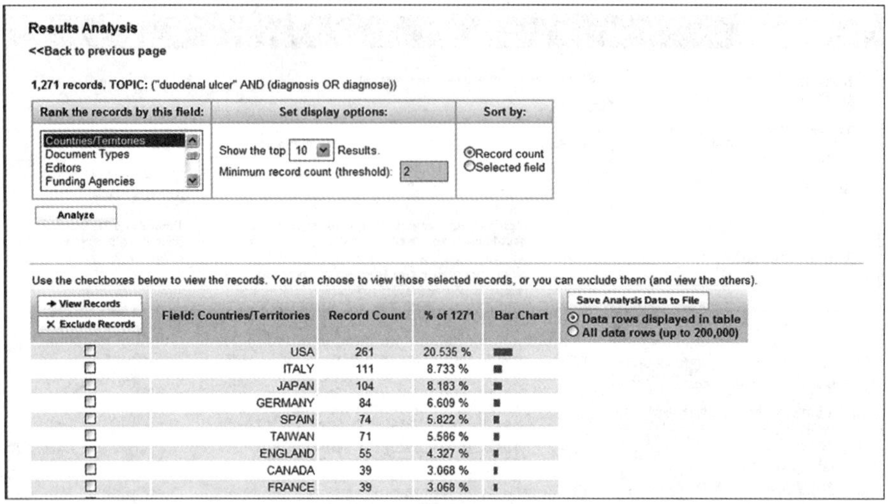

图 4-4-7　检索结果分析界面

6. 创建引文报告

点击检索结果界面右上方的“Create Citation Report”可以创建引文报告。引文报告提供了检索结果的综合引文统计信息，包括 Results Found(找到的结果数)、Sum of the Times Cited(被引频次总计)、Sum of Times Cited without self-citations(去除自引的被引频次总计)、Citing Articles(施引文献)、Citing Articles without self-citations(去除自引的施引文献)、Average Citations per Item(每项平均引用次数)、H-index(H 指数)(见图 4-4-8)。

引文报告中的两个直方图分别为：Published Items in Each Year(每年出版的文献数)和 Citations in Each Year(每年的引文数)，直观地显示了论文的被关注程度。在检索结果列表的第一条记录上方可选择起止年份，将记录限定在一定的年份范围内；若要限制或删除引文报告中的记录，可使用复选框选择想要删除的记录，点击“go”按钮。

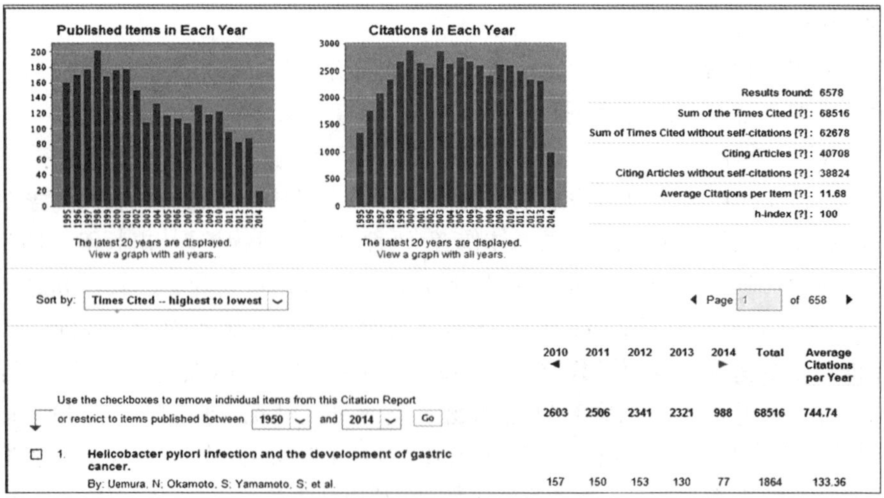

图 4-4-8　引文报告显示界面

三、SCI 特点

（一）文献质量高

覆盖了国际上大多学术价值较高、影响力较大的科技期刊，可用来检索高质量、高水准外文期刊论文及期刊、图书、会议论文等被收录与引用情况。

（二）科研成果新

SCI 收录世界各国自然科学领域最新研究成果，反映了学科的最新研究水平。利用 SCI 进行循环检索，能了解不同学科领域的发展过程及最新进展，捕捉国内外相关领域最新科研信息和研究动态，从而准确把握学科研究的方向和可能出现的重大进展，使科研成果在深度和广度上得到开拓。

（三）多角度的情报分析功能

可以从作者、机构、出版年、研究方向、语种等角度进行分析，了解某一特定课题在不同学科的分布情况，获取某学科领域的核心研究人员等信息，从而发现某研究领域隐含的发展趋势。

（四）丰富的引文索引功能

SCI 不同于其他检索工具主要通过主题或分类途径检索文献，而是从被引文献检索其引用文献的情况，通过论文间的相互引用与被引用的情况，发现文献之间的相关性及影响力，如某篇文献是否被他人引用过，引用次数是多少，可以追溯某一研究课题的来龙去脉；通过引文之间的联系分析，也可以较早发现新学科的交叉点；同时也可以帮助研究者了解自己著作的被引率与持续时间，从而估计其影响力。

（五）强大的科研评价功能

SCI 集合了各学科重要的研究成果，数据丰富，已成为国际公认的反映基础学科水平的评价工具，是唯一的全学科定量评价工具。论文被他人引用，是其学术成果、观点被他人借鉴的例证，是论文产生学术影响力的重要体现，被引频次越高，说明该论文受关注的程度越高，其学术影响力越大；科学论文的产出量及被引情况在一定程度上也反映了国家或科研机构的科研状况和实力，可用来比较不同国家或科研机构的科研发展情况。

实习题

1. 查找 SCI 收录的细胞因子与类风湿性关节炎方面的综述文献，该领域被引频次最高、影响力最大的文献是哪一篇？
2. 检索近 5 年来有关颈源性头痛的推拿治疗方面的临床试验文献。
3. 某学者欲研究肾血管性高血压的诊断方法，请查找目前有哪些学者、机构在从事这方面的研究？
4. 查找《中国中药杂志》上发表文献所属学科的分布情况。
5. 某学者想要了解抗心律失常药物的临床疗效，请查找这方面文献的高产国家有哪些？这些研究成果主要发表在哪些期刊上？并请列举其中 5 种期刊。
6. 请检索贵校或某单位 2010 年以来发表并被 SCI 收录的文献有多少篇？哪一年收录文献最多？收录哪位作者、哪个学科的文献最多？

第五节　SciFinder

一、SciFinder 概述

SciFinder 是由美国化学学会(ACS)的化学文摘服务社 CAS(Chemical Abstract Service)于 1997 年推出的网络版化学文献数据库，是全世界资料量最大、最具权威的化学数据库，是化学和生命科学研究领域中不可或缺的参考和研究工具。SciFinder 有两个版本，其中 SciFinder 面向企业用户，而 SciFinder Scholor 主要面向大学或研究机构，二者的数据库基本一致，前者多了一些分析功能，利于分析数据。

SciFinder Scholar 收录的文献资料来自 200 多个国家和地区的 60 多种语言，整合 Medline 医学数据库、欧洲和美国等近 50 家专利机构的全文专利资料以及化学文摘 1907 年至今的所有内容。收录的文献类型包括期刊、专利评论、会议录、论文、技术报告和图书中的各种化学研究成果；涵盖的学科包括应用化学、化学工程、普通化学、物理、生物学、生命科学、医学、聚合体学、材料学、地质学、食品科学和农学等诸多领域。数据保持每天更新。

SciFinder 中有 6 个数据库：

(1) CAplus(化学文献数据库)　该数据库资源对应于印刷版检索工具《化学文摘》(Chemical Abstracts，CA)，是世界上最大最权威的化学化工文献数据库，数据覆盖 1907 年到现存的所有文献以及部分 1907 年以前的文献，包括期刊、专利、会议录、论文、技术报告、图书等，还有尚未完全编目收录的最新文献。每天新增信息 3 000 条以上。

(2) CASREGISTRY(化学物质数据库)　是世界上最大、最全面的化学物质数据库，收录 1957 年至今的特定化学物质，包括有机化合物、生物序列、配位化合物、聚合物等。给出几乎所有 CA 中引用的化学物质以及特定的注册(CAS 注册号)，每日新增 4 000 多个化学物质或序列。

(3) CASREACT(反应数据库)　收录 1840 年至今的有机化学期刊及专利中的单步或多步有机化学反应资料。通过反应物、试剂、生成物等的检索，可获取反应条件、产率、催化物等信息，每周更新。

(4) CHEMLIST(管制化学品数据库)　收录了 1979 年以来备案或被管控的化学品目录及其相关信息，数据来自美国、亚洲、澳洲、欧洲等 19 个国家和国际组织的地区和国家管制化学品目录及其法规，包括物质的特征、详细目录、来源及许可信息等，每周更新。

(5) CHEMCATS(商业来源数据库)　收录化学品目录手册以及图书馆等提供的供应商地址、价格等化学品来源信息。

(6) Medline(生物医学文献数据库)　美国国立医学图书馆所制作的世界上最具权威的生物医学数据库，收录 70 多个国家、4 400 多种期刊的生物医学文献，覆盖 1951 年至今的文献以及尚未完全编目收录的最新文献。

二、SciFinder 检索方法

SciFinder Scholar 现提供客户端版和 Web 版两种访问方式，客户端版要求每个检索终端预先安装客户端检索软件，Web 版需要注册。本节将以 Web 版检索方式为例，介绍 SciFinder Scholar 的使用方法。

SciFinder Scholar 提供三种检索方式：References（文献检索）、Substances（化学物质检索）、Reactions（化学反应检索）（见图 4-5-1）。

（一）文献检索

提供从研究主题、作者姓名、公司名称、文献标识、期刊、专利等途径检索文献。

1. Research Topic（研究主题）

通过研究主题检索文献。在输入框中输入检索词、短语或句子，检索词间用英文介词 of、with、in、on、as 等连接，介词无实际意义，只起间隔作用。如检索"腹痛的并发症"方面的文献，应输入 complications of abdominal pain，点击"Search"执行检索。系统按照检索词间的关系强度列出几种检索结果及相应文献数（见图 4-5-2），其中"as entered"表示与输入的检索式完全匹配；"closely associated with one another"表示两个检索词出现在同一句话中；"present anywhere in the reference"表示两个检索词出现在同一篇文献中。从上至下，检索范围逐渐扩大，用户可根据需要勾选所需结果，点击"Get Reference"即可获得相关文献。在"Search"下方提供有"Advanced Search"按钮，可对文献类型、语种、作者、公司进行限定。

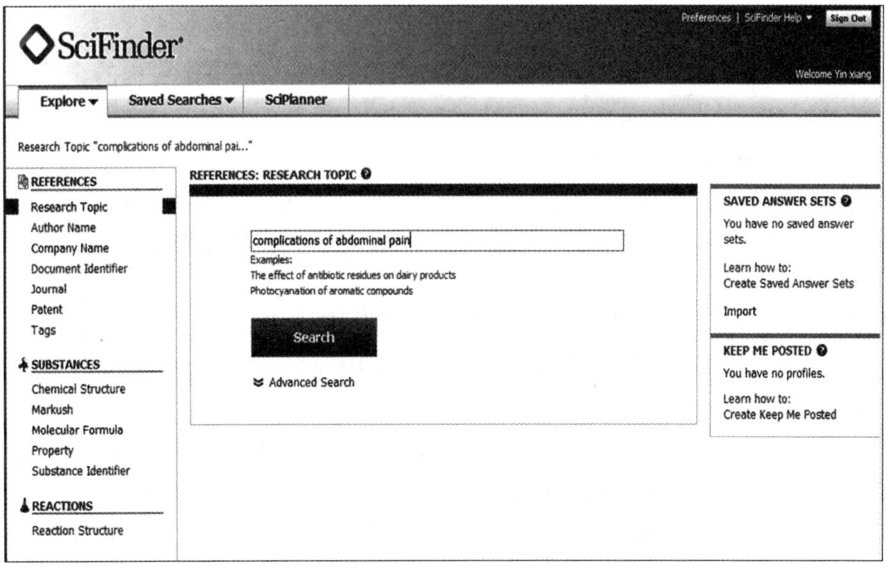

图 4-5-1 SciFinder 检索主界面

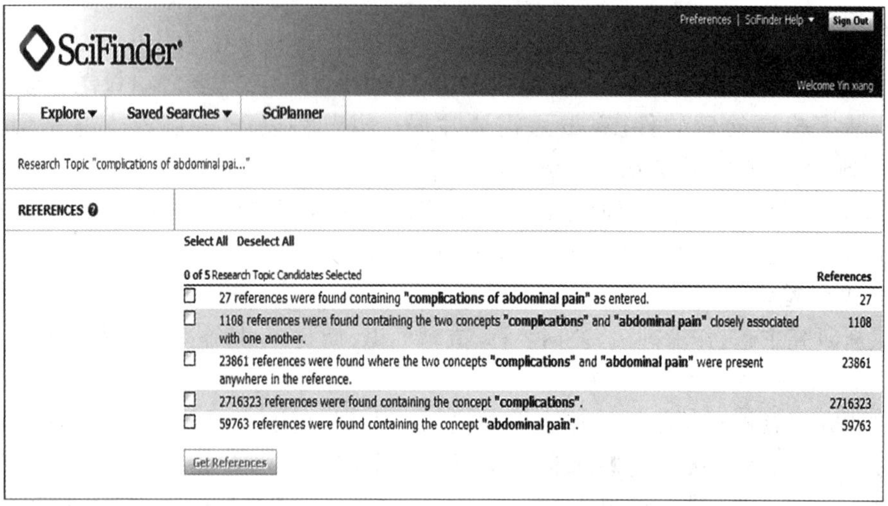

图 4-5-2　SciFinder 文献检索结果显示界面

2. Author Name(作者姓名)

根据作者姓名(英文或拼音)可检索到该作者发表的所有文献。必须填入 Last name(姓),如不能确认则可选择下面的选项“Look for alternate spellings of the last name”;不区分大小写;对于不确定的名,可以输入首字母。在对话框中输入作者的姓,可以选择性地在下面两个框中输入作者的名或名的缩写字母以及中间名或中间名的缩写字母,之后会出现包含满足检索需求的所有作者名单,单击“Search”即可检索该作者发表的文献。

3. Company Name(公司/组织名称)

可用来检索特定机构发表的所有文献。在对话框中输入欲检索机构的全称或简称,点击“Search”,即可查得特定机构的所有文献。

4. Document Identified(文献标识)

可通过文献《化学文摘》号(CAN)、文摘号(AN)、专利号、专利申请号、专利优先申请号以及 PubMed 文献编号等进行检索。可输入多个文献标识,但每行只能输入一个。

5. Journal(期刊)

查找指定期刊上发表的文献。需输入期刊名和作者姓中的任一项,可选择性地输入期刊的年、卷、期、起始页码、文章标题中出现的词、作者中间名、作者名、出版年等信息。

6. Patent(专利)

查找某一专利文献。提供的检索项有:专利号、专利权人姓名、专利发明人姓名、出版年。检索时,输入自己确定的一项或几项。

SciFinder Scholar 数据库具有强大的后处理功能,“Analyze”则是 SciFinder Scholar 的特色功能,其通过对检索结果进行选择性分析,以字序或频率的顺序分析得出文献索引词、补充关键词、文献语种、发表年代、作者名、机构名、数据库、文献类型、杂志名和 CAS 登记号,用户可以深入了解所检结果,据此结果进行有选择的限定;“Refine”则是对数据库、年代、语种、文献类型、作者、机构、主题进行直接限定;“Categorize”可以让系统实现自动分类和整理,基于 Index Term,对文献依学科方向进行分类;“Get Substance”可获得文献中提到的物质信息;“Get Reactions”可获得文献中涉及的反应信息;“Get Related Citations”可获得相关引文信息;“Get Full Text”可获得文献全文;“Create Keep Me Posted Alert”提供个性化定题服务,随时跟踪科研最新进展(见图 4-5-3)。

检索示例

检索 2010—2014 年间南京中医药大学发表的有关中草药临床试验方面的文献。

1. 分析

该课题涉及到机构名称,故应采用文献检索中的公司/组织名称进行检索,再通过强大的后处理功能逐步缩小检索范围。

2. 检索步骤

(1) 点击“Company Name”,在检索输入框中输入“nanjing university of traditional chinese medicine”,点击“Search”;

(2) 点击“Refine”,选择“Publication Year”,在输入框中输入“2010—2014”,点击“Refine”,检索结果按出版年进行精炼;选择“Document Type”,在下拉列表中勾选“Clinical Trial”,点击“Refine”,检索结果按文献类型进行精炼;

(3) 点击“Categorize”,在弹出的窗口,选择“Biotechnology”类目下的“Medicine”,右侧窗口显示相关索引词及对应结果数,勾选“Drugs,Chinese Herbal”,点击“OK”,完成检索。

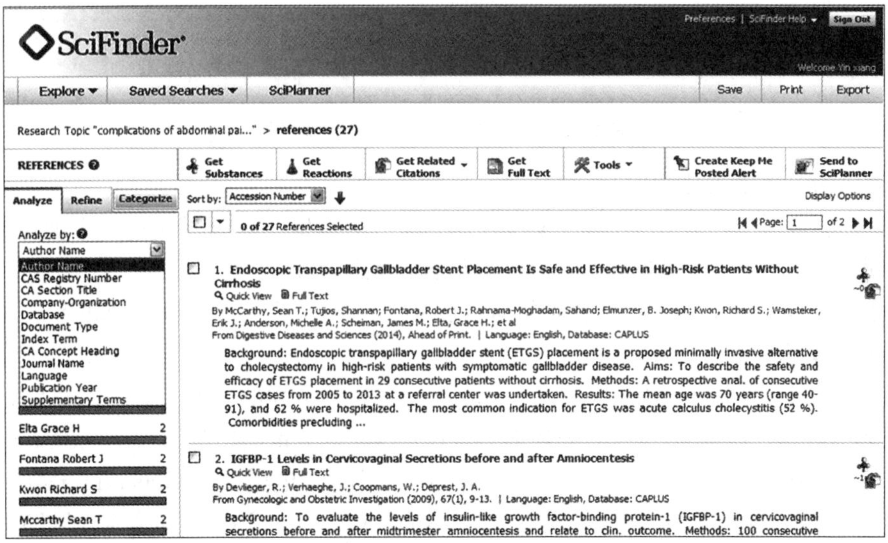

图 4-5-3 文献检索结果界面

(二) 化学物质检索

在 SciFinder Scholar 中,可通过 Chemical Structure(化学结构)、Molecular Formula(分子式)、Property(属性)及 Substance Identifier(物质标识符)4 种方式进行物质检索。

1. 通过化学结构检索物质

可使用 SciFinder 的结构绘制窗口创建结构式。有 3 种检索方式可选择,即 Exact Structure(精确结构检索)、Substructure(亚结构检索)和 Similarity(相似结构检索)。其中精确结构检索结果会包含以下各类型的化合物：①与已绘制的结构完全相同的物质；②同位素化合物；③配位化合物；④单体组成的聚合物；⑤混合物；⑥物质的盐；⑦异构体，亚结构检索可以得到物质的修饰信息，相似结构检索可以获得结构相似度在60分以上的物质（见图4-5-4）。点击"Advanced Search"按钮，可从Characteristics（特性）、Classes（种类）、Studies（研究）3方面对检索结果加以限定。

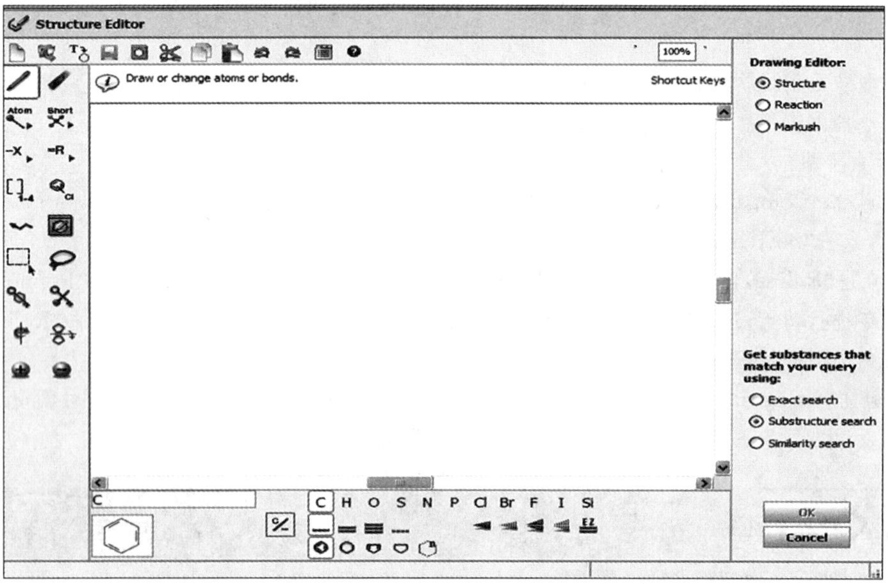

图4-5-4 结构检索、反应检索界面

2. 通过分子式检索物质

在检索输入框中输入分子式，点击"Search"即可进行检索。分子式输入规则：①区分大小写；②分子式按Hill系统规则书写，即CH写在前面，其他按照字母顺序排列，输入时不同元素之间最好用空格隔开；③盐，酸成分写在前面，且写全；④聚合物用括号和X表示。

3. 通过属性检索物质

系统提供Experimental（实验）和Predicted（预估）两方面的属性检索。提供的检索字段有：Boiling Point（沸点）、Density（密度）、Electric Conductance（电导）、Electric Conductivity（电导率）、Electric Resistance（电阻）、Electric Resistivity（电阻率）、Glass Transition Temp（玻璃转化温度）、Magnetic Moment（磁矩）、Median Lethal Dose（半数致死量）、Melting Point（熔点）、Optical Rotatory Power（旋光强度）、Refractive Index（折射率）、Tensile Strength（抗拉强度）。

4. 通过物质标识符检索物质

在SciFinder Scholar中，可通过物质标识符定位物质。标识符输入注意事项：①可输入物质的化学名、俗名、商品名、缩写、CAS登记号等；②每行只能输入一个标识符；③不区分大小写；④可以包括空格和标点符号；⑤CAS登记号包含连字符；⑥一次最多检索25个物质。

在物质检索结果界面，系统默认显示物质结构图、CAS登记号、物质名称、物质有关的管制信息、商业来源、反应链接、文献链接等信息(见图 4-5-5)。“Analyze”提供按生物活性、是否为商业化产品、元素、是否有反应报道、物质角色、靶点 6 个方面对结果进行分析,从而缩小检索结果;“Refine”提供从化学结构、是否包含同位素、是否包含金属、是否有商业化产品、是否有性质报道、性质范围、是否有参考文献、原子取代基 8 个方面进行限定,从而使结果更精炼。

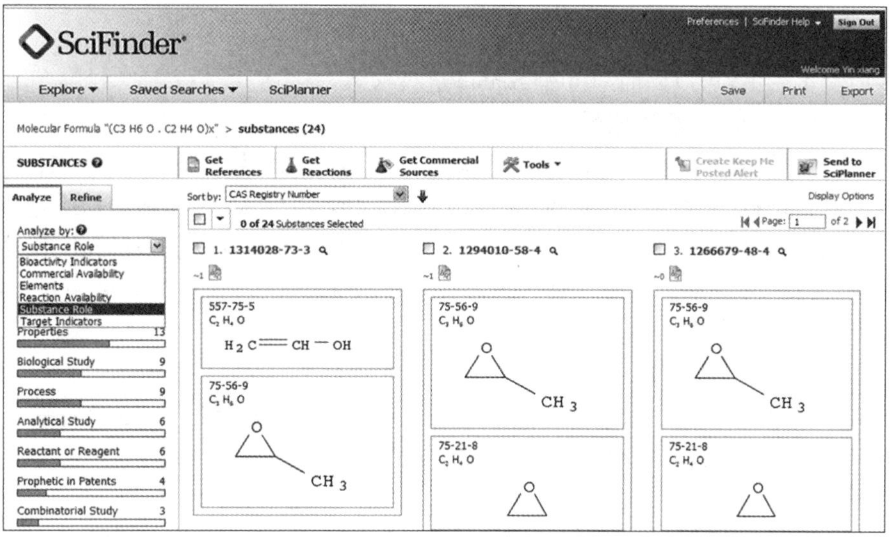

图 4-5-5　化学物质检索结果界面

(三) 化学反应检索

在 SciFinder Scholar 中,可通过化学结构检索化学反应。在结构绘制窗口利用各种结构绘制工具画出结构,设定物质在反应中的角色,选择“Allow variability only as specified”(仅在特定位点发生变化),或“Substructure”(亚结构检索),点击“Search”执行检索。

点击“Advanced Search”按钮,可对 Solvents(溶剂)、Non-participating Functional Groups(没有参与的官能团)、Number of Steps(阶段数)、Classifications(分类)、Sources(来源)、Publication Years(出版年)进行限定检索。

(四) 检索结果的输出

SciFinder Scholar 检索结果默认以题录格式,按记录号降序排列显示。如要改变检索结果的排列顺序,可点击“Sort by”下拉菜单。单击文献篇名可查看文献的详细信息,如题名下方有按钮,则表示该文献还可通过 ChemPort Connection 软件链接到该篇文献的全文,原文格式通常包括 html 和 pdf 两种。

点击“Save”按钮可完成检索结果的保存,可选择文献保存的范围(全部保存、选定记录保存),注意必须填写保存文件名;点击“Print”按钮可完成检索结果的打印,可选择文献打印的格式;点击“Export”可将检索结果导出至本地电脑,可选择导出范围、导出格式。

(五) SciFinder Scholar 文献检索、物质检索与反应检索的关系

在 SciFinder Scholar 物质检索的检索结果窗口,可获得该物质的文献信息和反应信息;在文献检索结果窗口,可以得到文献中涉及的物质及反应信息;在反应检索结果窗口,可以

得到该物质的文献和有关反应。由此可以看出，SciFinder Scholar 实现了 6 个数据库之间无缝链接的跨库检索，用户可以从文献、物质或反应 3 个入口进行检索，获得的检索结果也可以在文献数据库、物质数据库和反应数据库中相互链接，即 SciFinder Scholar 能让用户从一点信息入手，获得与之相关的、最为全面的文献、物质和反应信息。

三、SciFinder 特点

(一) 实现了无缝跨库检索

在该检索平台上，可以同时对 6 个数据库进行检索。

(二) 检索入口多，检索功能强

可从研究主题、物质名称、化学结构式、化学反应式、作者姓名、机构名称、期刊名称、专利号等多个途径进行检索；还可进行物质亚结构、相似结构检索；内嵌化学物质结构式及化学反应式绘制工具；提供多步反应显示功能，可以分别查看多步骤反应中的每一个中间步骤的详细信息；支持关联检索，检索结果中嵌套检索点，直接点击检索点可以进一步作检索；对检索结果可作二次检索。

(三) 提供丰富、全面的信息

除了文献信息外，还提供化合物的分子式、结构式、物理化学性质、物质名称、CAS RN 号、商品信息和管控信息、反应信息等；部分物质还可以浏览其三维立体图。

(四) 全文链接功能

通过 Chemport 可链接到电子期刊全文库(目前有 6 500 种)、USPTO、esp@tenet 及 MicroPatent 等专利数据库浏览文献全文和专利全文。

(五) 引文链接功能

通过引文链接功能可直接查看文献的引用文献和被其他文献引用的情况(1997 年以后)。

(六) 去重功能

对在 CAplus 和 Medline 数据库中检索到的重复记录进行去重处理。

(七) 提供分析功能

可以对检索结果(文献信息和结构式)进行分类、分析。

(八) 收录电子预印本资源

电子预印本资源是一种新型的文献类型，CA 从 2000 年开始收录此种类型的资源。

CA 在过去一个世纪的时间里，经历了印刷版、缩微版、磁带版、光盘版、联机版和网络版等出版形式，检索方法也从手工查阅到计算机检索，从书目信息检索到物质结构、反应式检索，从提供文摘信息到提供结构信息、三维立体结构信息、商贸信息、全文信息等，从单个数据库检索到跨库检索。CA 的发展变化历程非常典型地折射出了科技文献信息自身及其加工(收集、著录、标引)方法的发展变化。

思考题

1. SciFinder 对文献检索结果有哪些后处理功能？
2. 已知某物质的分子式及结构，可通过哪些途径进行检索？比较各种检索途径的不同。

实习题

1. 检索有关癌症分子基因学方面的期刊论文。
2. 检索 Centers for Disease Control and Prevention Atlanta Georgia 发表的关于流行病学方面的文献。
3. 检索有关中药雷公藤抗炎作用的文献，并通过引文找出影响力最高的一篇文献。
4. 检索有关氨基酸的监管信息。
5. 检索有关登革热的药物治疗方面的文献。
6. 检索有关果糖制备方面的文献。

（殷桂香　孙玲）

第五章　特种文献信息检索

第一节　药物信息检索

因特网上蕴藏着丰富的药物信息资源，为医学研究者、药剂师和临床医生等人员获取专业信息提供了一个重要的渠道。本节将介绍因特网上一些主要的药物信息获取途径和方法。

一、药物目录与搜索引擎

(一) PharmWeb(http://www.pharmweb.net)

PharmWeb 创建于 1994 年，是因特网上第一个提供药学信息的专业网站，由药剂师、医学和通信专业人员管理和运作。它拥有庞大的用户群，包括来自世界 170 多个国家的病人、卫生专业人员和科学家。为了提高用户的访问速度，PharmWeb 在美国、日本、英国、加拿大、澳大利亚等 9 个国家设立了镜像站点，镜像站点的内容一般两天更新一次。网站提供 3 种检索途径：在主页的上方有一个下拉菜单列表，列出了 PharmWeb 涵盖的内容，直接选择自己感兴趣的分类信息进入对应网页；在主页下方的 Site Contents(网站内容)中也列出了 PharmWeb 提供的信息链接，可以从中选择自己感兴趣的内容点击进入查看更多相关信息；在主页中间的检索框中输入检索词进行检索(见图 5－1－1)。PharmWeb 提供的内容主要

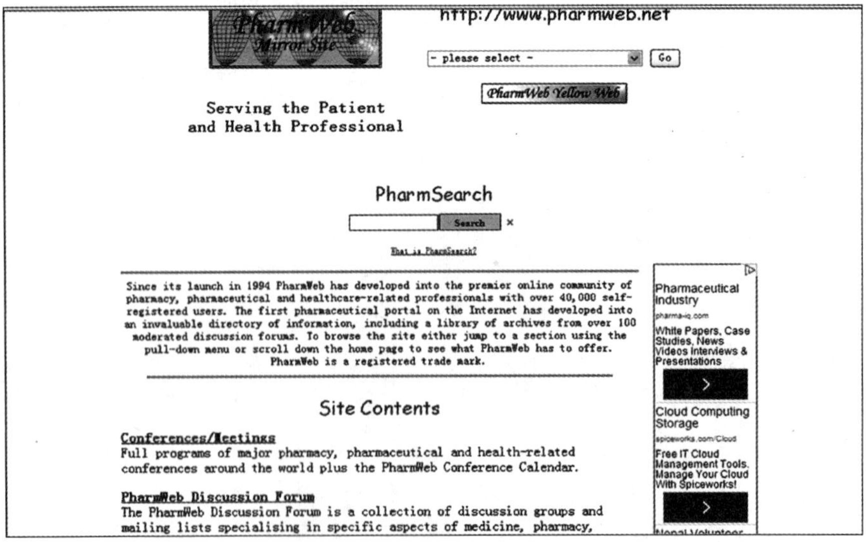

图 5－1－1　PharmWeb 主界面

包括会议、药学论坛、聊天室、政府及管理机构、目录、虚拟图书馆、网站黄页、新闻组、继续教育等。其中比较有特色的栏目有：

1. Conferences/Meetings(会议)

会议栏目主要报道世界范围内主要的药学及相关领域的会议，以及 PharmWeb 的会议日程。在会议栏目的主页上列出较有特色的药学会议以及会议日程表，具体的内容包括会议召开的时间、会议名称及会议地点。在会议日程列表中还提供 E-mail 地址和 Web 网址链接。从会议栏中，我们可以较全面地了解近一年甚至两年内即将召开的一些国际性药学会议信息及相关内容。

2. PharmWeb Discussion Forum(PharmWeb 论坛)

它提供大量关于医学、药学、药物科学以及相关问题的讨论组和邮件列表，从中可以获取很多专业知识。

3. World Wide Pharmacy Colleges/Departments/Schools(世界各地药学院校)

这是一个综合性的数据库。数据库的内容包括世界各地药学院校的名称、地址、电话、传真及网址，内容定期更新。可以在主页上通过限定国家、城市、学校名 3 个检索项来检索数据库，也可以通过下方的国家名称浏览来查找需要的院校信息。

4. PharmWeb Yellow Web Pages(PharmWeb 网站黄页)

提供因特网上药学信息目录，包括公司、药房、医院及其他相关站点。每个站点必须经过研究人员的评估才能被添加。

5. PharmWeb Index(PharmWeb 索引)

将 PharmWeb 站点提供的信息按字顺建立索引，方便用户使用。

(二) Virtual Pharmacy Center(虚拟药学中心，http://www.martindalecenter.com/Pharmacy.html)

虚拟药学中心是 Martindale's Health Science Guide(马丁代尔卫生科学指南)的药学专题，属于药学网络资源目录。该目录提供药学、药理学和毒理学 3 方面网络信息的分类浏览。资源主要包括：药学、药理学和毒理学期刊；药学图谱、案例、课程、视频和电影；药理学、临床药理学图谱、案例和课程；毒理学、临床毒理学；药物通告、药物、草药和维生素数据库；药学、药理学和毒理学综述；实验室诊断学和实验记录。该网站将所有类目及主要信息全部显示在主页，按照从大类到小类，再到相关链接的次序排列。

(三) Virtual Library Pharmacy(虚拟药学图书馆，http://www.pharmacy.org)

虚拟药学图书馆是提供药学网络资源查询的目录型检索工具，所涉及的信息资源类型包括药学院校、公共药房、制药公司、医院、团体、期刊和图书、政府网、各种药房、会议等。可点击相关资源链接进行浏览。

二、药物数据库

(一) RxList-the Internet Drug Index(网上药物索引数据库，http://www.rxlist.com/script/main/hp.asp)

RxList 是一个免费的美国处方药物查询网站，其宗旨是为消费者和医学专业人员提供快速可靠的药物信息。RxList 药物索引包含的内容十分丰富，收录了 5 000 多种药物的详细介绍，一大特点是列出了美国每年前200种高频用药。对高频用药的分析，可以给国内医药工业研究人员带来启发，为国内医师了解国外处方药提供有益信息。

RxList主页提供了多种检索途径，主要有以下几种：

1. Drugs A-Z（药名检索）

可通过药物的商品名或通用名字母字顺进行浏览，也可通过输入药品名检索药物信息。RxList对每种药物的描述主要包括：Description（药物描述）、Indications & Dosage（适应症和用法用量）、Side Effects & Drug Interactions（不良反应和药物相互作用）、Warnings & Precautions（警告和注意事项）、Overdosage & Contraindications（过量和禁忌）、Clinical Pharmacology（临床药理学）、Medication Guide（用药指南）等。

2. Top200（前200种高频用药）

根据美国处方统计得出的使用频率最高的200种药物。系统默认按药名首字母字顺排列，也可选择按药物在处方中出现的频率高低排序。点击药名，即可得到该药物的详细说明。

3. Pill identifier（药片识别）

为医生提供药物识别指导。可在"Enter any imprint"中输入印码信息，在"Select the color"下拉菜单中选择药物的颜色，在"Select the shape"下拉菜单中选择药物的形状。检出的药物信息包括：药物图片（正反两面）、商品名、通用名、使用说明书、不良反应、注意事项、药物相互作用、用药过量等。

4. Supplements（补充剂）

可通过首字母字顺浏览检索草药、维生素、矿物质及其他营养补充剂的基本信息。检出的信息包括：使用说明书、成效、作用机理、安全问题及与药物的相互作用。

（二）Medscape DrugInfo（Medscape药物信息数据库，http://reference.medscape.com）

Medscape药物信息数据库，由美国Medscape公司于1994年建立，是查询药物特性的网上免费数据库，所有信息都经过FDA（美国食品和药品管理局）批准。该数据库提供drugs（药物名称）和diseases & procedures（疾病与程序）两种检索途径，默认为and运算（以两种方式检索），无其他匹配方式。可直接在检索框中输入药物名称或疾病名进行检索，也可以点击药物名进行浏览。首次使用需在Medscape网站主页进行免费注册。

每种药物均提供以下几方面信息：Dosage，Uses and Warnings（剂量、用途和注意事项），提供该药物的剂量、用途、药物之间的相互作用、不良反应、注意事项以及慢性病的禁忌症等方面的信息；Prices，Brands，Images（价格，商标，图片），提供该药物的价格、药物实物照片；Detailed Monograph（详细说明），介绍该药物的使用、剂量和用法、药理学、药物动力学、化学和稳定性以及制备方面的信息；Patient Handout（病人宣传资料），包括药物的使用、副作用、注意事项、药物相互作用、过量、忘记服用以及药物储藏等相关信息。

（三）Medlineplus Drug Information（Medlineplus药物信息专题，http://www.nlm.nih.gov/medlineplus/druginformation.html）

Medlineplus药物信息专题数据库提供了9 000多种药物、补品及草本信息。处方和非处方药物信息主要来源于美国卫生系统药师协会（American Society of Health-System

Pharmacists, ASHP）制作的 MedMaster™，及美国药典（United States Pharmacopeia, USP）出品的 USP DI® Advice for the Patient®；补品和草本信息来源于自然标准（Natural Standard©）。

可通过浏览药物通用名或商品名的首字母索引查找所需药物信息，每个字母类目下列出药物的商品名或通用名，其下再按信息来源的方式列出 USP DI 或 MedMaster 的一个或两个链接。检索结果中药物信息包括：Storage and disposal of this medication（药物的存储和处理）、in case of emergency/overdose（紧急情况用药过量）、Brand Names（商品名）、Side Effects of This Medicine（该药的不良反应）、Special precautions（特殊注意事项）、Special dietary instructions（特殊饮食指导）、Other uses for this medicine（药物的其他用途）等信息。

MEDLINEplus 也提供关键词检索，在界面右上角的检索输入框中输入检索词，点击 go，执行检索。系统默认在整个网站进行检索，在检索结果"Refine by Type"中选择"Drugs and Supplements"即可浏览相关药物信息。

（四）Monthly Prescribing Reference（MPR，处方药参考月刊，http://www.empr.com）

该网站面向医疗专业人员免费提供常用的处方药和某些非处方药物信息，收录 4 300 多种常用的药物。药物信息来源于以下出版物：Monthly Prescribing Reference（处方药参考月刊）、MPR Nurse Practitioners' Edition（护理人员处方药参考）、MPR Physician Assistants' Edition（医师助理处方药参考）、MPR Hematology/Oncology Edition（血液学/肿瘤学处方药参考）、MPR Pediatricians' Edition（儿科医师处方药参考）、MPR Pharmacists' Edition（药剂师处方药参考）。其主要栏目有：

1. Resource Centers

按疾病分为 24 个资源中心，提供治疗不同疾病的药物信息。

2. Drug Interactions

供查询药物的相互作用。

3. News

提供最新的药物新闻和药物认证信息。

4. Charts

以表格的形式列出治疗不同类型疾病的药物信息。

系统提供的检索途径包括：Search：输入药品信息进行检索；Browse：提供 Brand（药物商品名）、Generic（药物通用名）、Disease & conditions（疾病和症状）、Company（公司）的分类浏览，最后得到相关药物信息（见图 5-1-2）。检出的结果包括药物的商品名、通用名、配方、制造商、适应症、成人剂量、儿童剂量、注意事项、相互作用、不良反应、规格、相关新闻等。

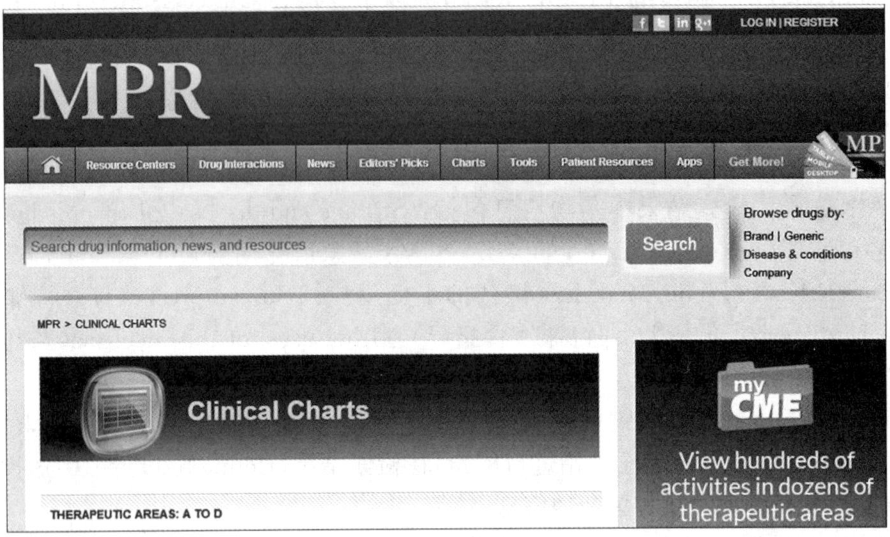

图 5-1-2　MPR 主界面

三、药学机构网站

(一) U.S. Food and Drug Administration(FDA，美国食品和药品管理局，http://www.fda.gov)

FDA 是对美国国内食品和药物安全进行监控的主管部门，其宗旨是通过对食品、药品、生物制品、医学设备、化妆品、放射性药品等产品的安全性和有效性进行监督管理来保证大众健康。

FDA 主页提供的内容非常丰富（见图 5-1-3）。主要包括：Food（食品）、Drugs（药物）、Medical Devices（医疗器械）、Radiation-Emitting Products（放射性产品）、Vaccines，

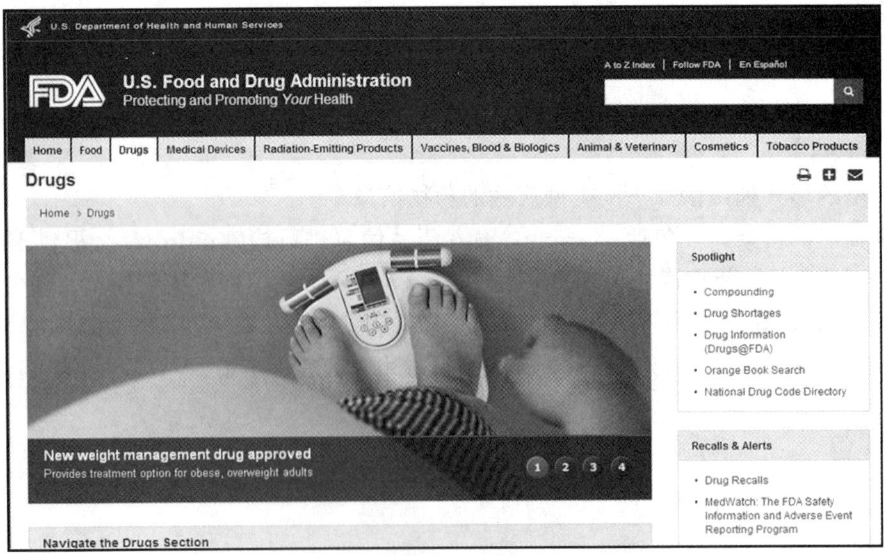

图 5-1-3　美国食品与药品管理局主页

Blood & Biologics(疫苗,血液和生物制剂)、Animal & Veterinary(动物和兽医)、Cosmetics(化妆品)、Tobacco Products(烟草制品)8 类产品。

点击主页的"Drugs"即可进入 FDA 药物信息查询界面,提供的信息包括: Emergency Preparedness(紧急预案)、Drug Approvals and Databases(药物批准和数据库)、Drug Safety and Availability(药物安全和实用性)、Development & Approval Process(Drugs)(药物发展和审批过程)、Guidance, Compliance & Regulatory Information(指导、遵守和监管信息)、News & Events(新闻事件)、Science & Research(Drugs)(药物科学与研究)。其中,Drug Approvals and Databases 主要提供以下几方面内容:

1. Approved Drug Products with Therapeutic Equivalence Evaluations(Orange Book) Search(具有等同疗效的批准药物产品/橙皮书查询)

列出了 FDA 批准的所有处方药物信息。提供的检索途径包括: Search by Active Ingredient(药物活性成分)、Search by Proprietary Name(药物商品名)、Search by Patent(药物专利号)、Search by Applicant Holder(药物申请人)、Search by Application Number(药物申请号)。选择上述某一途径后,进入该途径的检索界面,供选择的药品类型有: RX (Prescription Drug Products)(处方药)、OTC(Over-the-Counter Drug Products)(非处方药)和 Disc(Discontinued Drug Products)(淘汰药)。检出结果的著录项目包括: Appl No(申请号)、TE Code(治疗等价编码)、RLD(是否列入参考药物)、Active Ingredient(活性成分)、Dosage Form; Route(剂型;给药途径)、Strength(规格)、Proprietary Name(商品名)、Applicant(申请者)。

2. Drugs@FDA Search

FDA 批准药物数据库,包括 FDA 批准或即将批准的处方药、非处方药以及淘汰的药品等。可以按药名字顺浏览,也可通过药名或活性成分等关键词进行检索,在高级检索中可通过批准文号或日期进行检索。

3. Drug Shortages(药物短缺)

可通过药物活性成分或通用名来检索相关药物短缺信息。提供 4 种浏览途径: Current/Resolved Shortages(当前需要解决的短缺)、Discontinuations(持续中断)、Therapeutic Categories(疗效分类)、New and Updated(新的和更新的)。

Drug Approvals and Database 部分的内容还有: FDA Adverse Event Reporting System (FAERS) Quarterly Data Files(FDA 不良事件报告系统季度数据文件)、National Drug Code Directory Search(全国药物代码目录查询)等。

(二) American Pharmacist Association(APhA,美国药剂师学会,http://www.pharmacist.com/)

美国药剂师协会(原名美国药学协会,American Pharmaceutical Association)成立于 1852 年,是美国最早也是最大的专业药剂师协会,同时也是专业药物信息提供、药学教育以及促进大众健康方面的引领者。目前,其注册会员已超过 60 000 人,主要包括药剂师、制药专家、药学专业学生、药学技术人员及其他一些致力于该领域工作的人员。

该网站主要栏目有: Practice: 药学实践专栏主要提供病人治疗服务、高级培训、训练计划、公共卫生、药学实践/工作场所期刊、药学实践资源等方面的信息;Learn: 提供职业培训和继续教育培训资源。

注册会员可浏览 APhA 出版的期刊：①Pharmacy Today（今日药学），为该协会出版的官方月刊，主要报道药物治疗、病人保健、卫生保健政策以及相关法律法规等方面的信息。②JAPhA，是该学会会刊 The Journal of the American Pharmacists Associtaion 的网络版，主要提供药学服务、药物疗法、疾病及其他一些健康方面的信息，内容涉及实用药学、治疗学、通告及原始研究。JAPhA 提供的服务主要包括全文检索、引文链接、通过电子邮箱发送新的一期期刊目录，另外 AphA 成员还可以免费在线检索相关信息。③JPharmSci（The Journal of Pharmaceutical Sciences，药物科学期刊），是世界上第一本提供药学、生物技术的特色应用、物理化学、分析化学以及制药科学与技术等方面研究的期刊。④ APhA DrugInfoLine，是一种时事通讯月报，提供药物和药物治疗学方面的信息。主要为第一线的药剂师提供一些最新的生物医学文献，涵盖的领域包括：心脏病学、内分泌学、胃肠病学、传染病、神经学、肿瘤学、精神病学、肺病学、风湿病学、抗凝治疗、哮喘治疗、糖尿病护理、艾滋病治疗、免疫接种、类脂治疗、替换治疗、非处方药治疗、药物间的相互作用。

四、国内重要药学网站

（一）中国国家食品药品监督管理总局（http://www.sda.gov.cn）

国家食品药品监督管理总局于 1998 年成立，是国务院综合监督食品、保健品、化妆品安全管理和主管药品监管的直属机构，负责对药品（包括中药材、中药饮片、中成药、化学原料药及其制剂、抗生素、生化药品、生物制品、诊断药品、放射性药品、麻醉药品、毒性药品、精神药品、医疗器械、卫生材料、医药包装材料等）的研究、生产、流通、使用进行行政监督和技术监督；负责食品、保健品、化妆品安全管理的综合监督、组织协调和依法组织开展对重大事故查处；负责保健品的审批。

其网站主要设立信息公开、公众服务、许可服务、数据查询等栏目。点击主界面的“数据查询”，即可进入药物信息查询系统。该系统分为食品、保健食品、药品、化妆品、医疗器械、广告和其他 7 大类。药品部分包括国产药品、药品注册补充申请备案情况公示、国家基本药物（2012 年版）、进口药品商品名、GMP 认证等 21 个方面。检索时，可在下拉菜单中选择化学药品、中药、生物制品、辅料、国产包材、中药保护进行专门检索。

系统提供两种检索途径：①浏览途径，即选择一个大类，系统会用列表的方式把该类中内容的标题显示在右侧栏内，用户只需点击一个标题即可浏览详细信息；②关键词检索途径，即直接在检索框中输入关键词进行检索。系统提供快速检索和高级检索两种方式（见图 5－1－4）。

（二）国家中药品种保护数据库（http://www.zybh.gov.cn）

该库由国家中药品种保护审评委员会研制，承担国家中药品种保护、保健食品、化妆品的技术审评和食品许可指导工作。点击数据库主页的“中药保护”可浏览中药保护的相关法律法规、重要公文、公告通告、企业调查等信息。可通过中药品种或申请单位查询中药品种保护情况。著录项目包括药品名称、公告号、药品批准文号、保护级别、规格、保护起始日、保护终止日、生产企业、剂型、保护期限等。

（三）Drug Future 药物在线（http://www.drugfuture.com/Index.html）

该网站提供的资源主要包括：国内药讯、国外药讯、美国 FDA 药品数据库、中国药典、药物合成数据库、日本药典、中国药品注册数据库、英国药典、药品标准查询数据库、药物非活性成分数据库、药用辅料手册、美国药典在线版、DrugSee药品说明书网等。

中国药品注册数据库涵盖了迄今为止所有在国内批准注册上市的药品，可查询国家食品药品监督管理局批准的所有国产药品和进口药品数据，每周更新一次。

图5-1-4　CFDA数据查询的浏览与检索界面

药品标准查询数据库收载国内外药品标准目录及部分全文，包括：国家药品标准收载（如：中国药典、中药成方制剂、国家中成药标准汇编内科各分册、原料药质量标准汇编等）；国外药典标准收载（如：美国药典USP35－NF30，USP32－NF27；欧洲药典EP6.0，EP7.0，EP7.8，EP8.0；英国药典BP2013，BP2012，2010，2009；日本药典JP16；印度药典IP2010版等）。

（四）国家医药卫生科学数据共享网——药学科学数据中心（http://pharmdata.ncmi.cn/company.asp? menu＝6）

该中心由国家科技部支持建立，负责我国药学及相关学科科学数据实现共享的管理和技术服务，收集、整合全国药学科学及相关数据，建立各种具有特色的数据库。

系统提供的药学科学数据资源包括药物研发、药品使用、药物资源、药品生产、药事管理5个方面。其中，药物研发包括药物靶点数据库、新药动态库、药物分析方法数据库、中国药品专利文献数据库等；药品使用包括临床用药数据库、药品说明书数据库和药品不良反应数据库；药物资源包括药用植物生态图片数据库、中药材X衍射数据库；药品生产包括药品生产企业数据库和国外企业数据库；药事管理包括新药研发政策库、药品行政保护数据库、国产药品数据库、OTC说明书数据库等。

检索时，点击左侧数据库名称，根据右侧提供的检索字段输入相应检索词即可（见图5-1-5）。普及型数据，对全社会完全开放，通过互联网可以免费获得；专业类数据，对药学专业人员开放，通过网上注册系统可以免费获得。

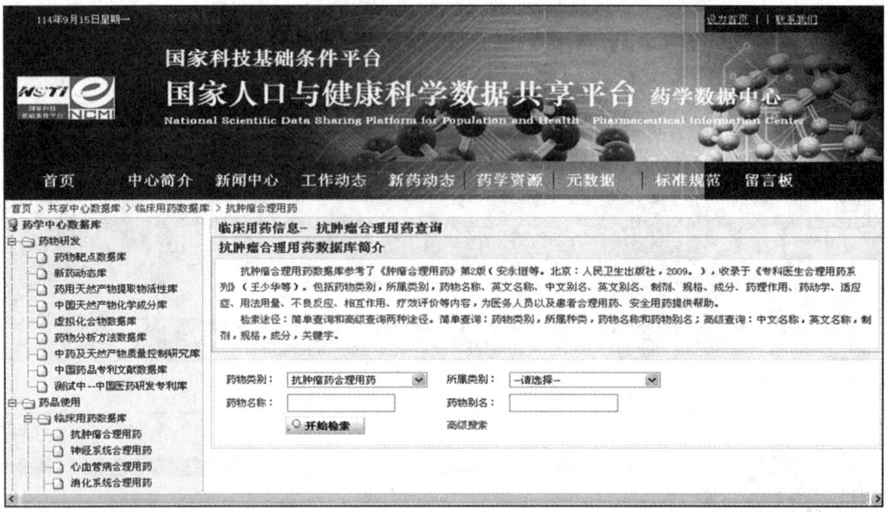

图 5-1-5　国家医药卫生科学数据共享网——药学科学数据中心检索界面

第二节　专利信息检索

一、专利基础知识

(一) 专利的概念

专利(patent)是专利权的简称，是指一项发明创造，即技术发明、实用新型或外观设计向专利局提出申请，专利局按照专利法，经审查合格而授予发明者垄断权的简称。也就是说发明人在专利法保护下，在法律规定的时间和区域内，对该项发明创造享有的专有权。

专利是知识产权的一种，它具有知识产权的三大特点：

(1) 独占性　也称专有性、排他性、垄断性。即一项发明、一个商标等的专利只能授予一次，发明人在一定时间内对该发明创造有独占权。未经专利权人许可，任何人不得制造、使用或销售其专利产品。

(2) 地域性　根据《巴黎公约》规定的专利独立原则，一项发明的专利权的有效范围仅限于授予国领土范围内，对其他国家、地区不发生法律效力。因此有的发明向多国申请专利，以扩大其受保护的范围。

(3) 时间性　专利有一定的保护期限，期满后专利权自行终止。各国专利法对专利权的期限都有明确的规定。对发明专利权的保护期限自申请日起计算一般在10～20年不等，对于实用新型和外观设计专利权的期限，大部分国家规定为5～10年。我国现行专利法规定的发明专利、实用新型专利以及外观设计专利的保护期限自申请日起分别为20年、10年、10年。

(二) 专利的类型

专利的类型各国有所不同。美国专利有发明专利、外观设计专利和植物专利。我国、日本、德国等国家有发明专利、实用新型专利、外观设计专利。

(1) 发明专利　国际上公认具有新颖性、创造性和实用性的新产品或新方法的专利。

(2) 实用新型专利　指对产品形状、构造或者组合方面的革新专利,审查手续简便,保护期限较短。

(3) 外观设计专利　指对产品的外形、图案、色彩或其结合所作的外观设计专利。

(三) 授予专利的条件

并非所有的发明都可以获得专利,授予一项发明专利权必须具备"三性",即新颖性、创造性、实用性。

(1) 新颖性　指在申请专利前,该发明未曾在国内外公开发表、使用或以其他方式为公众所知所用,也没有其他人以同样的发明向专利局提出过申请。

"专利合作条约"(PTC)规定了一个调查新颖性的最低量文献范围,它包括 1920 年以来美国、英国、法国、联邦德国、瑞士、日本、苏联 7 个国家和欧洲专利局合作条约公布的发明说明书,以及世界范围内约 170 种重要科技期刊近 5 年内刊载的文章。

(2) 创造性　指与申请前已有的技术相比,该发明有突出的实质性特点和显著的进步,即比现有的技术水平先进,有独创之处。

(3) 实用性　指该发明能够制造、使用,并产生积极效果。

(四) 专利审批程序

依据专利法,发明专利申请的审批程序包括:受理、初审、公布、实审以及授权 5 个阶段。实用新型或者外观设计专利申请在审批中不进行早期公布和实质审查,所以只有 3 个阶段。

(五) 发明专利的申请日、公开日、颁证日和授权日的含义

(1) 申请日　申请人邮寄的申请文件,凡符合受理条件的,以邮件寄出日为申请日。寄出邮件的邮戳日期不清楚的,以邮件寄到专利局的邮戳日为申请日。邮件的邮戳都不清楚的,以专利局收到日为申请日。

(2) 公开日　发明专利申请经初步审查合格后,自申请日(要求优先权的,自优先权日)起满 15 个月进行公布准备,并于 18 个月期满时公布。发明专利申请人要求提前公布其专利申请的,自初步审查合格之日起进行公布准备,并于 3 个月期满时公布。

(3) 颁证日和授权日　申请人在规定期限之内办理登记手续的,专利局应当颁发专利(含授予专利权决定),并予以登记和公告,专利权自公告之日起生效。

二、专利文献

专利文献是指记载着发明创造详细内容,受专利法保护的技术范围的法律文献,包括专利申请书、专利公报以及与专利有关的资料,其中专利说明书是专利文献的核心部分。专利说明书是申请人向政府递交说明其发明创造的书面文件,上面记载着发明的实质性内容及付诸实施的具体方案,并提出专利权限范围。专利局根据此文献审查、公告征求异议,然后加以批准,编定号码,公开发行。专利说明书在各个审查阶段中出于需要和专利局的要求往往作出一些修改,因此又可分为未经审查和未经批准专利权的说明书、经审查但未经批准专利权的说明书、已批准专利权的说明书等形式。

(一) 专利说明书内容

说明书应当包括下列内容：

(1) 技术领域　写明要求保护的技术方案所属的技术领域。

(2) 背景技术　写明对发明或者实用新型的理解、检索、审查有用的背景技术，有可能的引证反映这些背景技术的文件。

(3) 发明内容　写明发明或者实用新型所要解决的技术问题以及解决其技术问题采用的技术方案，并对照现有技术写明发明或者实用新型的有益效果。

(4) 附图说明　说明书有附图的，对各幅附图作简略说明。

(5) 具体实施方式　详细写明申请人认为实现发明或者实用新型的优选方式，必要时举例说明。有附图的，对照附图。

(6) 权利要求　提供该专利要求保护的内容，并划定一个尽量宽的保护范围，是判定侵权的主要依据。

(二) 专利文献区别于其他文献的主要特点

1. 寓技术、法律、经济情报为一体

每一项专利文献都记载着一项技术课题的新方案及发明所有权和权利保护范围。可以通过查阅专利文献，了解专利的分布情况，分析销售的规模、发明的经济效益和国际间的竞争范围。

2. 时间性强

世界上许多发明首先是通过专利文献而问世。据联合国世界知识产权组织(WIPO)报道，全世界最新技术成果90%～95%首先公开在专利文献之中。

3. 重复量大

世界各国每年公布的专利文献中有三分之二是重复的。这是因为：

(1) 同一项发明分别向若干个国家提出申请，形成若干份文种不同、内容相同的专利说明书。市场潜力及技术价值较大的发明，向20多个国家申请专利的情况也不罕见。

(2) 不少国家专利局在受理专利审查过程中，对专利说明书先后不止一次进行公告。由此带来同一发明向多国申请专利，产生不同文种的专利说明书，却向读者提供了选择文种阅读的方便。

4. 标准化

近年来越来越多的国家采用《国际专利分类表》来统一专利文献的分类，在每件专利说明书上都标有统一的分类号即IPC号。另外，从1973年起，各国专利局出版的各种专利说明书扉页上，都采用统一的、用来标志专利著录项目的国际标准代码(INID码)，为检索和利用专利文献提供了极大方便。

三、国际专利分类法

专利制度诞生至今已有300余年的历史。随着各国专利制度的建立，各国专利局制定了各自的专利分类法，各国专利分类的不同，不利于国际间的交流和资源共享。1951年在法国的提议下，由法国、联邦德国、荷兰和英国专利局共同制定了国际专利分类法(International Patent

Classification，IPC）。现已有100多个国家和国际组织在其出版的专利文献上使用了IPC号，占世界每年出版专利文献总数的90%。从1980年起，IPC表由世界知识产权组织每5年修订一次。

IPC分类体系采用等级形式，将全部技术按部（Section）、分部（Subsection）、大类（Class）、小类（Subclass）、主组（Group）、小组（Subgroup）逐级分类。

IPC表共分为8个部，由名称和符号组成：

A部　人类生活需要（农、轻、医）

B部　作业、运输

C部　化学、冶金

D部　纺织、造纸

E部　固定建筑物

F部　机械工程、照明、加热、武器、爆破

G部　物理技术

H部　电学

有关医药卫生类的（前三级IPC号）简介如下：

A61B　诊断；外科；鉴定。

A61C　牙科；口腔或牙齿卫生。

A61F　假肢体；矫形用或护理用器械；避孕用具；热敷；眼或耳的治疗或保护；绷敷料或吸收垫；急救箱。

A61G　专用于运送或方便病人的设备；手术台和椅；牙科椅子；丧葬用具。

A61H　理疗装置。

A61J　医学或医药专用容器；喂饲食物或口服药物的器具；婴儿用橡皮奶头；收集唾液的器具。

A61K　医用，牙科或梳妆用的配置品。

A61L　材料或物体消毒的一般方法或装置；灭菌、消毒或空气除臭；绷带、敷料、吸收垫或外科用品的材料。

A61M　将介质输入人体内或输入到人体上的器械；为转移人体介质或为人体内取出介质的器械；用于产生或结束睡眠或昏迷的器械。

A61N　电疗；磁疗；放射疗法。

四、中国专利制度介绍

我国从1956年开始收藏世界上一些主要国家的专利文献。至今已收藏美国、英国、法国、德国、苏联、日本、瑞士等25个国家及2个世界产权组织的国际专利。

自1985年4月1日我国实施了专利法以来，专利事业发展很快。目前，中国已正式成为专利合作组织条约（PCT）成员国，国家知识产权局（中国专利局）成为PCT的受理局和国际初步审查单位。

我国专利文献编号系统有2个阶段：

第一阶段：1985年9月—1988年12月，专利局对同一专利自申请到授权采用同一流水号，即申请号、公开号、公告号、专利号四号同一。在不同审查阶段，该号码前冠以相应的汉语拼音字头，如发明公开号（GK）、审定号（SD）、公告号（GG）和专利号（ZL），并在前面冠以国别代号（CN），如CN—GG86110281。前两位数字表示申请年代，第3位数字用来区分3种不同专利。“1”表示发明专利，“2”表示实用新型专利，“3”表示外观设计专利。后5位数字为当年各种专利申请的流水号。

第二阶段：1989年1月1日起使用新的编号系统，除专利申请号与专利号沿用8位数字外，专利的公开号和公告号都采用7位数，按文献的流水号顺序编排，取消原编号前GK、GG、SD、ZL标识及年份表示，如CN 1064324A。编号后的英文字母，表示专利各审查阶段的状态。如字母A为发明专利申请公开、B为发明专利申请审定、U为实用新型专利申请公告、S为外观设计专利申请公告。1993年专利审批程序改变后，C表示发明申请审定公告后，经异议阶段而重新出版的批准说明书；Y表示实用新型专利申请公告，并经异议阶段后变动较大而重新出版的批准说明书；S改为D，表示外观设计授权公告号。

五、专利文献检索

（一）专利公报

由国家知识产权局每周定期公开出版的文摘型检索工具，创刊于1985年，共有3种：《发明专利公报》《实用新型专利公报》和《外观设计专利公报》。

（二）《中国专利索引》

是三种公报的累积索引，1986—1992年每年出版1次，从1993年起，每半年出版1次。属题录型检索工具。由3个分册组成：

（1）《分类号索引》 按IPC号或国际外观设计分类号编排。

（2）《申请人、专利权人索引》 按申请人、专利权人名称的汉语拼音顺序编排。

（3）《申请号、专利号索引》 按申请号、专利号顺序编排。

查阅上述3个分册，均可获得分类号、发明创造名称、申请号（专利号）、申请人（或专利权人）以及卷、期号这6项数据，并可追踪查到专利公报、专利说明书。

（三）中华人民共和国国家知识产权局“专利检索与服务系统”（http://www.pss-system.gov.cn/sipopublicsearch/portal/index.shtml）

由中华人民共和国国家知识产权局提供的网络免费专利检索系统，收录了103个国家、地区和组织的专利数据，其中包含中国1985年以来公布的全部专利信息；美国、日本、韩国、英国、法国、德国、瑞士、俄罗斯、欧洲专利局和世界知识产权组织自1970年以来的专利信息。中国专利数据每周六更新，国外专利数据每周三更新。

系统提供常规检索、表格检索、多功能查询等（见图5-2-1）。

（1）常规检索 检索字段包括申请号、公开（公告）号、申请（专利权）人、发明人、发明名称。

（2）表格检索 可进行中外专利联合检索、中国专利检索和外国及港澳台专利检索。

（3）多功能查询 包括IPC分类号查询、法律状态查询、申请（专利权）人别名查询、国别代码查询、双语词典、分类号关联查询机关联词查询。

可免费浏览检索结果，包括题录、文摘和专利说明书的全文及外观设计图形，批量下载需付费。

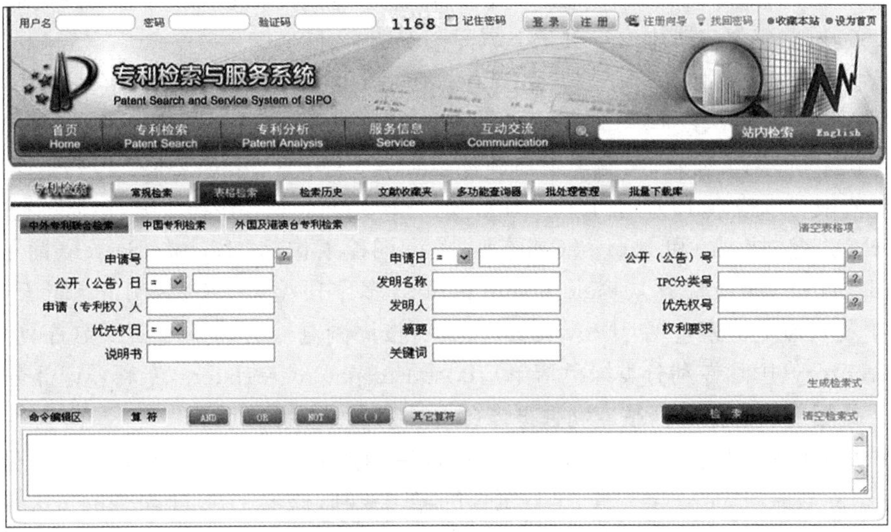

图 5-2-1　国家知识产权局专利检索表格检索界面

（四）中国知识产权网“专利信息服务平台”（http://search.cnipr.com/）

“专利信息服务平台”(China Intellectual Property Net, CNIPR)由国家知识产权局知识产权出版社创建，主要提供对中国专利（包括中国发明、中国实用新型、中国外观设计、中国发明授权、中国失效专利及中国香港、中国台湾专利）和国外（美国、日本、英国、德国、法国、加拿大、EPO、WIPO、瑞士等 98 个国家和组织）专利的检索。平台提供的检索功能包括：中外专利混合检索、行业分类导航检索、IPC 分类导航检索、中国专利法律状态检索、中国药物专利检索。检索方式除了表格检索、逻辑检索外（见图 5-2-2），还提供二次检索、过滤检索、同义词检索等辅助检索手段。

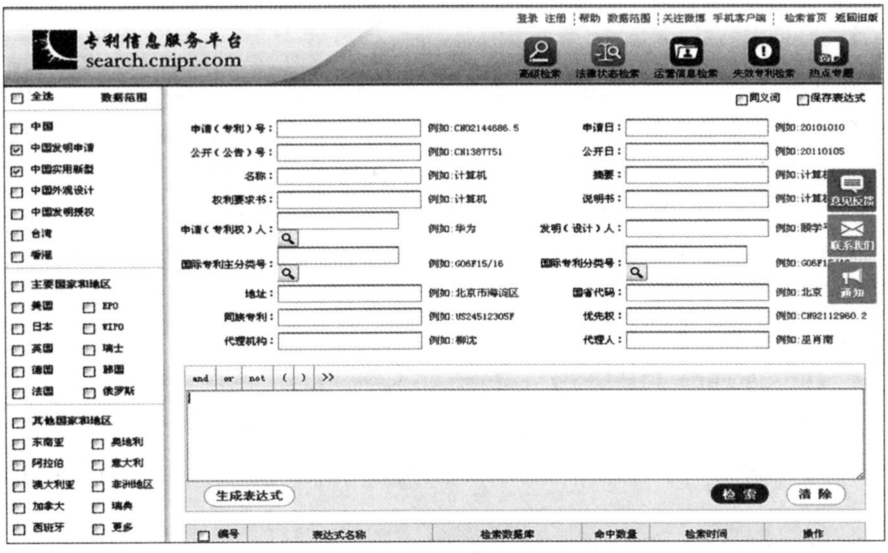

图 5-2-2　CNIPR 专利信息服务平台高级检索界面

该平台对检索结果提供相似性检索、侵权性检索及新颖性检索，可免费浏览摘要及 tif 格式的全文，付费成为注册用户可批量下载专利说明书全文。

(五) 世界知识产权组织网站数据库(http://patentscope.wipo.int/search/en/search.jsf)

该网站由世界知识产权局提供，由世界知识产权组织建立的知识产权电子图书馆(IPDL)提供 PCT 电子公报、马德里申请商标数据库、JOPAL 科学技术期刊数据库。其中，PCT 电子公报可以检索 1997 年 1 月 1 日至今公布的 PCT 专利申请。系统提供两种检索方式：Search(关键词检索)和 Browse(浏览)。关键词检索包括：Simple Search(简单检索)、Advanced Search(高级检索)、Field Combination(多字段检索)、Cross Lingual Expansion(跨语言扩展)；浏览检索包括：Browse by Week(按周浏览)、Sequence listing(序列表)、IPC Green Inventory(国际专利分类绿色清单)、Portal to patent registers(专利登记部分)。

(六) 美国专利商标局网站专利数据库(http://www.uspto.gov)

该网站由美国专利和商标局提供，包括授权专利数据库和申请专利数据库两部分。授权专利数据库收录了 1790 年 7 月 31 日至今的美国专利，提供 1790 年至今的全文图像说明书及 1976 年至今的全文文本说明书；申请专利数据库对 2000 年 11 月 9 日起递交的专利申请进行公开，从 2001 年 3 月 15 日开始正式出版专利申请说明书。数据库每周更新一次。

数据库提供 3 种检索途径：quick search(快速检索)、advanced search(高级检索)、number search(专利号检索)。1790—1976 年的专利只能从专利号、美国专利分类号进行检索。

(七) 欧洲专利局网站专利数据库(http://ep.espacenet.com)

该网站由欧洲专利局提供，通过 esp@cenet 检索系统免费提供专利检索服务，提供 90 多个国家和地区的 8 000 余万件专利信息。该系统包含以下 3 个数据库：Worldwide(世界专利数据库)、EP(欧洲专利局数据库)、WIPO(世界知识产权局组织数据库)。

系统提供 3 种检索途径：Smart search(智能检索)、Advanced search(高级检索)、Classification search(分类检索)。检索结果包括著录项目、权利要求书、说明书附图、同族专利、法律状态、说明书全文等信息。

(八) 德温特创新索引数据库

德温特创新索引数据库(Derwent Innovations Index，DII)是德温特公司与 ISI(Institute for Scientific Information)公司合作开发的基于 ISI Web of Knowledge 平台的专利数据库。该数据库详细记载全球 40 多个专利机构的 1 400 多万项专利发明和 3 000 多万条专利信息，数据来源于 Derwent World Patents Index(德温特世界专利索引)、Patents Citation Index(专利引文索引)和 Derwent Chemistry Resources(德温特化学资源)。通过该数据库用户可进行专利文献和专利引文检索，专利文献索引回溯至 1963 年，专利引文索引回溯至 1973 年，数据每周更新。

数据库提供 Search(常规检索)、Cited Patent Search(被引专利检索)、Compound Search(化合物检索)和 Advanced Search(高级检索)4 种检索途径。提供的检索字段有：主题、专利名称、发明人、国际专利分类号、德温特分类代码、德温特手工代码、德温特化合物号、德温特化学资源号等。

每条记录均包含全球范围内所有同族专利的详细信息，及由各行业的技术专家重新编写的专利信息，如描述性的标题和摘要、新颖性、技术关键、优点等。

第三节　标准信息检索

标准是由一定权威机构(国际组织、区域组织、国家、专业组织等)对重复性事物和概念所做的统一规定。它以科学、技术和实践经验的综合成果为基础,经有关方面协商一致,按规定的格式编写,按规定的办法报批,并由主管机关批准,以特定形式发布,作为共同遵守的准则和依据。

一、标准文献种类

标准文献常以不同的名称表示,如:标准(Standard)、规格(Specification)、公报(Bulletin)、建议(Recommendation)、报告(Report)、手册(Hand Book)、法则(Code)、规则(Rules,Instruction)、工艺(Practice)、出版物(Publication)等。

标准文献可以按适用范围和成熟程度分类:

(一) 按适用范围划分

(1) 国际标准　由国际标准化组织批准、颁布的标准,能在国际间通用,如:国际标准化组织的 ISO 标准。

(2) 区域标准　由世界上某一区域标准化组织批准、颁布的标准,适用于该区域,如:欧洲标准化委员会(European Committee for Standardization)制订的 EN 标准。

(3) 国家标准　由国家标准化机构批准、颁布的标准,在国内必须执行的标准,如:中国国家标准。

(4) 部标准　由国家某一主管部门批准、颁布的其管辖专业范围的标准,如卫生部部标准(WS)。

(5) 专业标准　由某一专业组织(学会、协会)批准、颁布的在本专业范围内统一使用的标准,如:美国材料与试验协会标准(ASTM)。

(6) 企业标准　由公司企业自行制定,适用于本公司的专业技术标准。

(二) 按成熟程度划分

(1) 法定标准　具有法律效力,必须遵守的标准。

(2) 推荐标准　建议实施,尚未正式批准的标准。

(3) 试用标准或标准草案　不够完善,需要进一步试用、验证的标准。

二、标准文献特点

(1) 针对性强　一件标准只适用于某一特定领域和事物,文字简练。

(2) 内容详尽、可靠　标准文献所包含的技术信息,都经过严格的科学验证、精确计算而取得,内容完整,数据严密。

(3) 格式统一　世界各国对标准文献的格式、体裁、语言运用等都有严格的要求,这就使标准文献有了统一的格式、编号和体例,使查阅和检索更为方便。如标准号构成形式是:标准代号+序号+制(修)订年份,例如:ISO 2355—1975。

(4) 具有法律效力　标准有一定的约束力，在不同的范围内必须贯彻执行。

(5) 定期更新　标准一般每隔一定时间(3～5年)复审一次，予以确认、修订或废除。

三、国际标准介绍

(一) 国际标准化组织与ISO标准

国际标准化组织(International Organization for Standardization，ISO)成立于1947年，目前是世界上最大、最有权威性的国际标准化机构，其工作范围涉及除电工电子外的所有标准化领域。ISO除制定国际标准外，还负责协调世界范围内的标准化工作，以及有关标准化方面的研究和信息收集、整理、发布。ISO发布的国际标准均冠以"ISO"字样，所以习惯上称其为ISO标准。ISO标准一般每5年修订一次。我国于1957年加入该组织。

(二) 国际电工委员会与IEC标准

国际电工委员会(International Electrotechnical Commission，IEC)，成立于1906年，是世界上最早建立的国际性电工、电子标准化专门机构。1947年ISO成立后，IEC并入ISO，但继续独立负责国际电工、电子领域的标准化活动。1976年，ISO与IEC达成新的协议，自此两国际组织均各自为法律上独立的国际标准化机构，有关电工、电子领域标准化工作全部由IEC负责。国际电工委员会制定的标准均冠以"IEC"代号，故称IEC标准，标准号的构成与ISO标准相同。我国于1978年加入该组织。

四、中医药行业相关标准介绍

(一)《中医病证诊断疗效标准》(中华人民共和国中医药行业标准ZY/T001.1－001.9－94)

1983年开始制定，1994年6月由国家中医药管理局正式颁布，1995年1月1日起在全国实施。

该标准由中医内、外、妇、儿、眼、耳鼻喉、肛肠、皮肤、骨伤等9科标准组成。所列病证，按《中医病证分类编码》(国家中医药管理局编制)的分类编码原则进行编码。每种标准著录项目有：病证名、诊断依据、证候分类、疗效评定4部分。

该标准所有病证名均加注英文。中医病证名凡与西医疾病名称完全对应者，按目前通用的世界卫生组织编制的第9版国际疾病分类(ICD－9)英译；如仅部分对应，则另行英译，并附简短注解。无辅助索引，检索可利用分类目次，按照各科标准依次查阅。

(二)《中医病证分类与代码》(中华人民共和国国家标准GB/T 15657—1995)

疾病分类是疾病、损伤和死亡原因统计分析的工具。我国于1981年在全国卫生部门统一使用《国际疾病分类》(ICD－9)。但由于中医学在长期的医疗实践中，形成了具有自身特点的理论体系和辨证论治规律，不能完全沿用《国际疾病分类》。为此，在国家中医药管理局指导下，由全国中医医院信息管理中心组织专门人员，参照《中医病证诊断疗效标准》等文献，经过反复分析、研究，提出以病、证并列的方式，制定了该标准。国家技术监督局于1995年7月25日批准，并于1996年1月1日在全国实施。

该标准适用于中医医疗、卫生统计、中医病案管理、科研、教学、出版及国内外学术交流，编排时先按内、外、妇、儿、眼、耳鼻喉与骨伤科归类，每类之中再按疾病排列，查检时既可直接从分类途径入手，也可利用附录的"中医病证名汉语拼音索引"检索。

（三）《中医临床诊疗术语》（中华人民共和国国家标准 GB/T 16751.1-3—1997）

该标准对中医药学的临床诊疗术语进行了规范，提出了统一和科学的术语名称及其概念，作为国家推荐性标准由国家技术监督局颁布。1997 年 3 月发布，1997 年 10 月 1 日开始执行。

该标准分疾病、证候、治法 3 个部分。疾病部分规定了中医内、外、妇、儿、眼、耳鼻喉、皮肤、肛肠等科 930 种疾病的名称及其定义，并按中医认识疾病的规律分类；证候部分规定了中医八纲辨证、病因、气血津液辨证、六经辨证、卫气营血辨证与三焦辨证等 800 种临床常见证候的名称及其定义。证的定义以列举具有代表性的症状为主，部分专科的特异性症状一般未予描述；治法部分规定了中医临床常用治则与治法 1 050 个名称及其定义，包括药物疗法、针灸疗法、推拿疗法、外治疗法、意疗法与饮食疗法等。

各部分均由前言、适用范围、引用标准与标准文本 4 部分组成，并附有名称的拼音索引与笔画索引。著录内容有序号、名称与定义，如有同义词，列于定义之后。凡名称中用方括号括起的词，表示可替代使用。如“痰气互[郁]结证”，也可用“痰气郁结证”。

该标准可从 3 个方面进行检索：①目次，先将各术语名称按学科类别集中，再按中医规律排列，检索时先判断类别再逐条查阅；②汉语拼音索引；③笔画索引。若无法判断疾病名称的学科类别，则可按汉语拼音或笔画顺序检索。

（四）《经穴部位》（中华人民共和国国家标准 GB 12346—90）

该标准由国家中医药管理局于 1989 年委托中国中医研究院针灸研究所组织国内针灸专家研究制定，经国家技术监督局审批发布。该标准是在继承我国古代针灸穴位定位的基础上，综合现代穴位定位的研究成果，对穴位进行了全面准确的定位，代表了这个领域的最高水平。于 1990 年 6 月 7 日发布，1991 年 1 月 1 日开始实施。

该标准规定了人体腧穴定位的方法和 361 个经穴、48 个经外奇穴的标准定位，穴位名称的著录方式参照了世界卫生组织总部针灸穴名国际标准化科学组会议审定通过的《标准针灸穴名》。本标准适用于针灸教学、科研、医疗、出版及国内外针灸学术交流。

检索可利用目次或附录 A 的经穴名索引与经外穴名索引。与本标准配套可供参考的还有：

《标准针灸经穴部位图谱》中国中医研究院针灸研究所主编，1990 年中国标准出版社出版。

《针灸临床研究规范》，世界卫生组织编写，1995 年出版。

（五）《中华人民共和国药典》（简称《中国药典》），中华人民共和国国家药典委员会编

《中国药典》是国家制定的药品质量标准，也是我国药品生产、使用、供应、检验和管理的法律依据。2010 年版药典分为一部、二部和三部，并有附录，共收载药品 4 567 种，其中新增 1 386 种。

一部收录药材和饮片、植物油脂和提取物、成方制剂和单味制剂等，共计 2 165 种，其中新增 1 019 种（包括 439 个饮片标准）、修订 634 种；二部收录化学药品、抗生素、生化药品、放射性药品以及药用辅料等共计 2 271 种，其中新增 330 种，修订 1 500 种；三部收录生物制品共计 131 种，新增 37 种，修订 94 种。

(六)《中华人民共和国卫生部药品标准》(中药成方制剂),中华人民共和国药典委员会编

国家卫生部于1986年开始组织各地卫生主管部门对当地中药成方制剂进行全面调查,初步筛选出中药成方制剂8 000余种,由各地药检所起草标准初稿,经卫生部药典委员会审核,分批以国家卫生部部颁标准颁布,作为生产、供应、使用与监督部门检验质量的法定依据。原地方标准一律停止使用。

各分册编排体例一致,均由前言、说明、品名目次与标准文本组成。对每种中药成方制剂标准的著录内容有处方名称、性状、鉴别、检查、功能与主治、用法与用量、规格、注意与贮藏。

该标准无辅助索引,检索时使用各分册的品名目次,按中药成方制剂名称首字的笔画顺序查找。

(七)《中医药学语言系统语义网络框架》

规定了中医药学语言系统的语义类型、语义概念及语义关系,并对其进行了详细定义。该标准的提出不仅规范和支持了中医药学语言系统的建设,还为中医药学术语言系统和本体创建提供了语义标准,为中医药学语言系统和统一的医学语言系统映射提供了支持,对中医药学术语信息的交换具有重要意义。

(八)《中医药文献元数据标准》

规定了中医药文献元数据标准化的基本原则和方法,覆盖中医药学领域具有共性的全部元数据内容,为中医药学的文献资源提供了一套通用的描述元素。它能规范、科学、合理地描述中医药学文献,提供有关中医学科学文献的标识、内容、分发、质量、限制和维护信息,以支持中医药文献的收集、存储、检索和使用,促进中医药文献资源的交流与共享,对中医药文献资源的系统保护和深度利用具有重要意义。

五、标准文献检索

(一) 国际标准化组织(ISO)网站(http://www.iso.org)

ISO是世界上最大的非政府性标准化专门机构,是国际标准化领域中一个十分重要的组织。其主要任务是制定国际标准,协调世界范围内的标准化工作。拥有超过19 500项国际标准,几乎包含技术及商业各个方面。

网站提供浏览和检索两种方式查询标准文献。提供的浏览方式包括:ICS(International Classification for Standards)和TC(Technical Committees)。ICS是一种国际标准分类号,共有40个一级类目,可以直接点击类目号浏览相应标准信息,可浏览该标准的标准号、英文题名、版本、TC信息。可选择检索范围:Published standards(颁布标准)、Standards under development(即将实施标准)、Withdrawn standards(撤销标准)、Projects deleted(last 12 months)(废除标准)。标准的文摘可以免费获取,全文获取需要付费;TC是技术委员会的分类标准,ISO共有242个技术委员会,浏览方法同ICS。

检索方式包括简单检索和高级检索两种途径。简单检索通过输入标准号或关键词检索所需标准文献,关键词默认的检索字段是标题题名和文摘;高级检索,检索字段包括:key word or phrase(关键词或短语)、ISO number(ISO标准号)、ISO part number(ISO部分类号)、Document type(文献类型)、Language(语种)、Supplement type(补充型)、Stage code(阶段代码)、Date(日期)、Committee(委员会)等(见图5-3-1)。

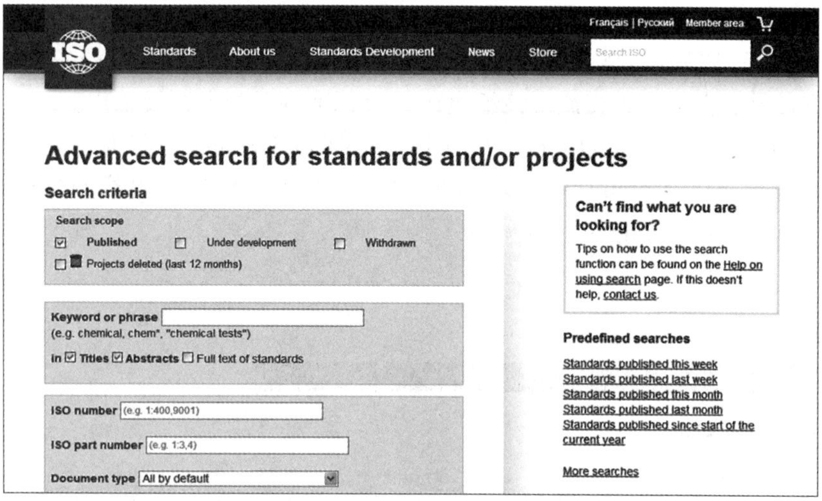

图 5－3－1　ISO 高级检索界面

(二) 美国国家标准学会网站(http://www.ansi.org)

美国国家标准学会(American National Standards Institute, ANSI)成立于 1918 年,是非盈利性质的民间标准化组织,是美国国家标准化活动的中心。学会本身极少制定标准,标准由相应的标准化团体、技术团体、行业协会等组织来制定,经美国国家标准学会各专业委员审核后提升为国家标准。ANSI 的标准绝大多数来自各专业标准。ANSI 指导和协调全国标准化活动,起到联邦政府和民间标准系统之间的桥梁作用。

ANSI 的网站提供美国国家标准查询、标准活动、新闻及出版物、会议事件、教育培训等链接。在 ANSI 主页点击"Access Standards",进入标准检索界面,可通过浏览和检索两种方式查询标准文献。在"Browse Standards"下拉菜单中选择某一标准发布者,可浏览该机构发布的所有标准信息;输入 Document Number(标准号)、Keyword(关键词)检索所需标准文献。标准文献全文需付费获取(见图 5－3－2)。

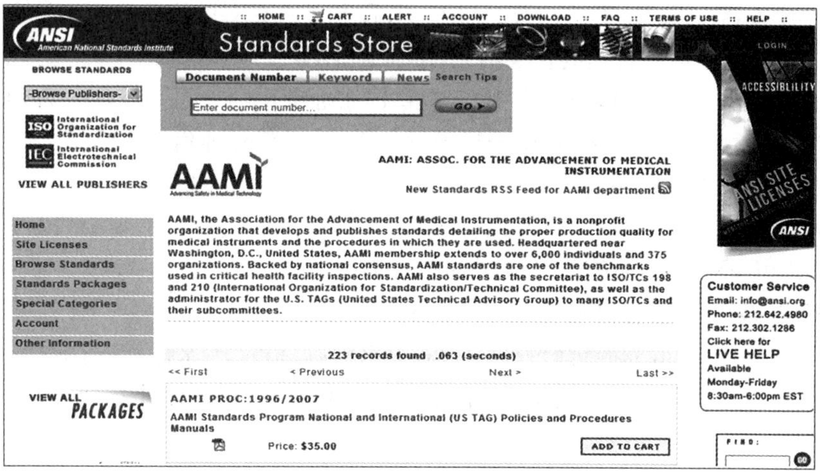

图 5－3－2　美国国家标准学会网站检索主界面

(三) 欧洲标准化委员会网站(http://www.cen.eu/)

该组织成立于 1957 年，其目的是向欧共体(EEC)成员国推荐标准，统一各成员国的标准，以便增进贸易和促进业务交流。该组织在 ISO 标准的基础上开展工作。

在网站主页点击“SEARCH STANDARDS”，即可进入标准检索界面。提供的检索字段包括：Text(文本词)、Committee(委员会)、Deliverable(可交付内容)、Status(状态)、Standards Classification(标准分类)(见图 5-3-3)。

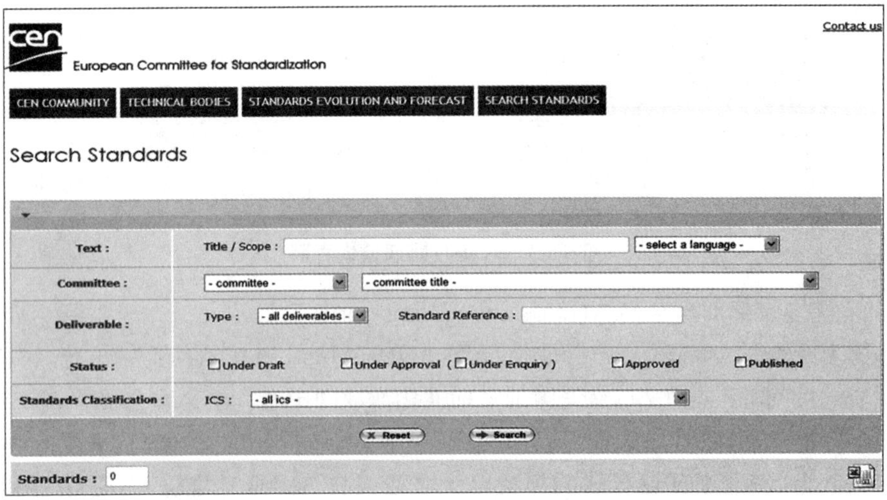

图 5-3-3 欧洲标准化委员会网站检索主界面

(四)《中国国家标准汇编》

大型综合性检索工具书，收入全部现行国家标准的全文，按标准号顺序排列。

(五)《中华人民共和国国家标准目录》

由国家标准化管理委员会编辑，发布所有国家标准信息，包括编号、名称、分类、采用标准、发布日期、修订日期、实施日期、代替标准等信息，按《中国标准文献分类法》的专业分类顺序编排，其中 C 类为医药、卫生、劳动保护。书后附有中英文目录标准顺序号索引。

(六) 中国国家标准化管理委员会网站(http://www.sac.gov.cn)

该网站由国家标准化管理委员会主办，提供国家标准化的一系列信息公告，并提供中欧标准信息平台、中德标准信息平台、中美标准信息平台、中英标准信息平台、中澳新标准信息平台、中韩标准信息平台资源。

提供分类浏览检索和输词(标准号、标准名称等)检索。阅读全文需要安装用于标准阅读的浏览器 ActiveX 控件，可查看“阅读帮助”安装程序。

(七) 标准专利网(http://www.standards.cn)

标准专利网由宁波市标准化研究院主办，提供国际标准、国家标准、行业标准及地方标准的查询及标准专利信息、标准确认、标准专利查新的服务，馆藏标准专利资料数量居全国前列。

该网站提供 3 种途径：快速查询、高级查询、分类目录浏览(见图 5-3-4)。

图 5-3-4 标准专利网标准文献检索界面

(八) 万方中外标准数据库(http://www.wanfangdata.com.cn)

万方中外标准数据库收录了中国国家标准、国际标准化组织标准、欧洲标准、美国国家标准学会标准等 14 个标准数据库。其中,中国标准收录 1964 年以来发布的全部标准、行业标准;国际标准收录了国际标准化组织(ISO)发布的标准、美英德等的国家标准、国际电工标准,还收录了某些国家的行业标准,如美国保险商实验所数据库、美国专业协会标准数据库、美国材料实验协会数据库、日本工业标准数据库等。检索界面如下(见图 5-3-5):

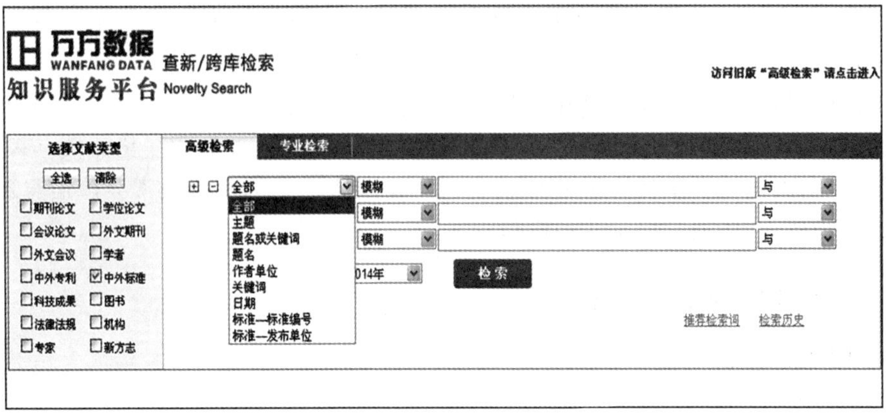

图 5-3-5 万方中外标准数据库检索界面

数据库只免费提供简要信息,包括标准编号、分类号、关键词等,查看全文需付费。

(九) CNKI 国家标准全文数据库(http://epub.cnki.net/KNS/brief/result.aspx?dbPrefix=SCSF)

CNKI 国家标准全文数据库是国内数据量最大、收录最完整的标准数据库,分为《中国标准题录数据库》(SCSD)、《国外标准题录数据库》(SOSD)、《国家标准全文数据库》和《中国行业标准全文数据库》。

(1)《中国标准题录数据库》(SCSD)收录了所有的中国标准(GB)、国家建设标准(GBJ)、中国行业标准的题录摘要数据,共计标准约13万条。标准的内容来源于中国标准化研究院国家标准馆。

(2)《国外标准题录数据库》(SOSD)收录了1919年至今世界范围内重要标准,如:国际标准(ISO)、国际电工标准(IEC)、欧洲标准(EN)、德国标准(DIN)等标准的题录摘要信息,共计标准约31万条。标准的内容来源于中国标准化研究院国家标准馆。

(3)《国家标准全文数据库》收录了1950年至今由中国标准出版社出版的,国家标准化管理委员会发布的所有国家标准,占国家标准总量的90%以上;标准的内容来源于中国标准出版社。

(4)《中国行业标准全文数据库》收录了1950年至今现行、废止、被代替以及即将实施的行业标准,全部标准均获得权利人的合法授权。

提供的检索途径包括:基本检索、高级检索、专业检索。用户可根据各级分类导航进行浏览或检索,免费下载题录和摘要,相关的文献、专利、成果等信息来源于CNKI各大数据库。

第四节　会议信息检索

会议信息是一个重要的情报源,传递新近产生的一些科研信息,对学科领域中最新发现、新成果等重大事件的首次报道率最高,是人们及时了解有关学科领域发展状况的重要渠道。据不完全统计,每年在世界范围内召开的生物医学及其相关领域的各种学术会议有数千个,参加学术会议已成为医学专业人员进行信息交流和获取最新信息的一种重要方式。会议论文内容新颖,及时性强,最能反映各个学科领域现阶段研究的最新水平、最新进展,许多创新的想法、概念和理论大多是在各种学术会议上首次出现的。会议消息预告学术会议召开的时间、地点等,是撰写会议论文和参加学术会议的指南。因此,尽早阅读会议论文,了解会议消息,有助于把握学科发展的最新动态。在因特网上可免费检索会议信息和会议文献的题录及摘要,一般通过以下几种途径。

一、数据库查询会议文献

(一) 国外数据库

1. ISI Proceedings

ISI Proceedings是Index to Scientific & Technical Proceedings(科技会议录索引,ISTP)和Social Science & Humanities Proceedings(社会科学与人类学,SSHP)的Web版。它汇集了世界上最新出版的科技领域会议录资料,包括专著、丛书、预印本以及来源于期刊的会议论文,内容涉及农业、环境科学、生物化学与分子生物学、生物技术、医学、工程、计算机、化学和物理学等,通过ISI Web of Knowledge平台进行检索。通过该数据库可以查找某一新的研究方向或概念的初始文献,未在期刊上发表的论文以及在别处无法查到的会议文献,还可以进行作者、研究所和研究机构以及主题词的回溯检索,以及根据会议的部分信息检索会议录文献。

2. OCLC FirstSearch 中的会议论文数据库

OCLC FirstSearch 包含 2 个重要的会议论文数据库。一个是 PapersFirst(国际学术会议论文索引数据库),包含在“大英图书馆资料提供中心”的会议录中所收集的自 1993 年 10 月以来在世界各地的学术会议(代表大会、专题讨论会、博览会、座谈会以及其他会议)上发表的论文,可通过馆际互借获取全文,每半月更新一次;另一个是 Proceedings(国际学术会议录索引数据库),是 PapersFirst 的关联库,包括在世界各地举行的学术会议上发表的论文目录表,每周更新两次。

(二) 国内数据库

1. CNKI 的国内外重要会议论文全文数据库

该数据库重点收录 1999 年以来中国科协提供的国家二级以上学会、协会,高校、科研院所,政府机关举办的重要会议以及在国内召开的国际会议上发表的文献。截止到 2014 年 9 月,累计会议论文总量约为 220 万篇。其中,国际会议文献占全部文献的 20%以上,全国性会议文献超过总量的 70%,部分重点会议文献回溯至 1953 年。该库按学科分为基础科学、医药卫生科技、信息科技等 10 大专辑 168 个专题,其中医药卫生科技专辑收录会议论文约 68 万篇。

该数据库提供了初级检索、高级检索、专业检索、作者发文检索、科研基金检索、句子检索和来源会议检索等 7 种检索途径。还可以按学科分类目录、会议导航、论文集导航、主办单位导航等浏览检索。

2. 万方数据知识服务平台的中国学术会议论文数据库

该数据库主要收录 1983 年以来国家级学会、协会、科研机构、高等院校等组织召开的全国性学术会议论文,数据范围覆盖自然科学、工程技术、农林、医学等领域,截止到 2014 年 9 月,收录会议论文文摘为 260 万余条。由中文全文数据库和西文全文数据库两部分构成。“中文版”收录中文会议论文内容;“英文版”主要收录在中国召开的国际会议论文,论文内容多为英文。该库收录会议级别高,全国重点会议(会议名称包含“国际”“中国”“多边”“双边”“全国”等)数量占收录会议总量 90%以上;收录年代久远,有些机构、专业的会议已形成系列。

提供的检索途径包括:基本检索、高级检索、专业检索,也可按学科分类或会议主办单位浏览会议内容。提供的检索字段包括:题名、主题、会议名称、主办单位、会议 ID、作者单位、关键词、摘要等。

3. 国家科技图书文献中心会议论文检索(http://www.nstl.gov.cn→文献检索与全文提供→会议文献)

该中心收录的会议论文数据库包括中文会议论文数据库和外文会议论文数据库。其中,中文会议论文数据库,主要收录 1980 年以来我国国家级学会、协会、研究会以及各省、部委等组织召开的全国性学术会议论文。数据库的收藏重点为自然科学各专业领域,年增加论文 4 万余篇,每月更新;外文会议论文数据库,主要收录 1985 年以来世界各地出版的学术会议论文,年增论文 20 余万篇,每月更新。截止到 2014 年 9 月,该数据库收录的中文会议论文文摘 181 万余条,外文会议论文文摘 656 万余条。

可通过关键词、作者、题名、文摘、会议时间、会议名称、ISBN 等字段获取论文内容。检索结果为会议论文题录,部分可查看文摘。成为该网站的注册用户后可申请获取会议原文,但需支付一定的费用。

4. 上海图书馆的会议论文检索(http://www.library.sh.cn/→书刊检索→特种文献→馆藏专业会议论文题录库)

1995年与上海图书馆合并的上海科技情报所自1958年起征集入藏各种科技会议文献，形成了独具特色的专业收藏。目前已建立从1986年至今约50万条记录的馆藏中国专业会议题录数据库，年新增数据3万余条。可通过题名、作者、分类、会议名称、平片号和索取号等途径进行检索。检索结果为会议论文题录，包括会议论文题名、会议名、会议地点、作者、分类号，点击题名，可查看详细信息。如需原文，可向上海图书馆申请复制，将需复制的会议文献的索取号和平片号发送给有关部门，电子邮件地址为 service@libnet.sh.cn。

(三) 收录有会议文献的其他数据库

可以到CA、BIOSIS Previews等收录有会议文献的数据库中进行会议文献的检索。

二、医学信息网站查询会议信息

随着网络技术的发展，因特网上陆续出现了一些能够检索医学会议论文的网站。通过这些网站，既可以快速获取会议论文消息，又可以及时发布会议信息。下面介绍几个常用的会议信息网站：

(一) theconferencewebsite.com(http://www.medical.theconferencewebsite.com/)

该网站是一个独立的个人网站，以预告与发布全球范围内即将召开的医学会议与继续医学教育(CME)信息为目的。系统设有三种检索途径：Search(简单检索)、Advanced search(高级检索)、Browse by specialty(按专业浏览)。高级检索界面提供的检索字段包括：Your Specialty(专业)、Title/Abbreviation/Keyword(题名/缩写词/关键词)、Location(会议地点)、Start date/End date(会议召开/结束日期)(见图5-4-1)。

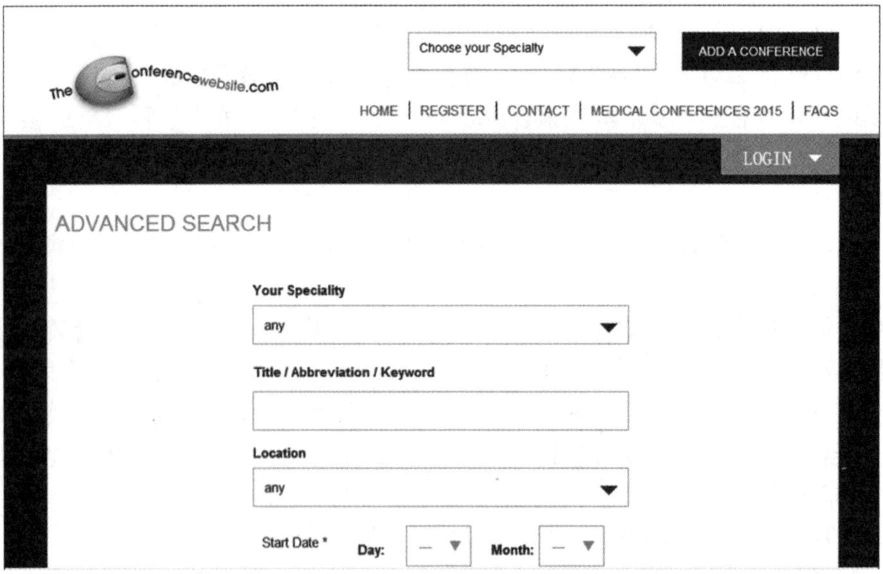

图5-4-1　theconferencewebsite高级检索界面

（二）Medscape(http://www.medscape.com)

Medscape 由美国 Medscape 公司于 1994 年研制，1995 年 6 月投入使用。可以通过 3 种途径浏览会议信息：①点击主界面的 latest conference，可浏览最近召开的医学会议信息；②点击专业名，浏览某个专业的会议信息；③在检索框中输入检索词，在结果显示界面选择“Conference Coverage”，浏览该方面的会议信息。系统默认按会议召开时间排序，最新召开的会议排在前面。每条记录包括会议名、会议召开的时间和地点。点击会议名，可以浏览到相关会议新闻、相关主题文献及历届会议信息（见图 5－4－2）。用户首次使用，需要免费注册，才能浏览详细信息。

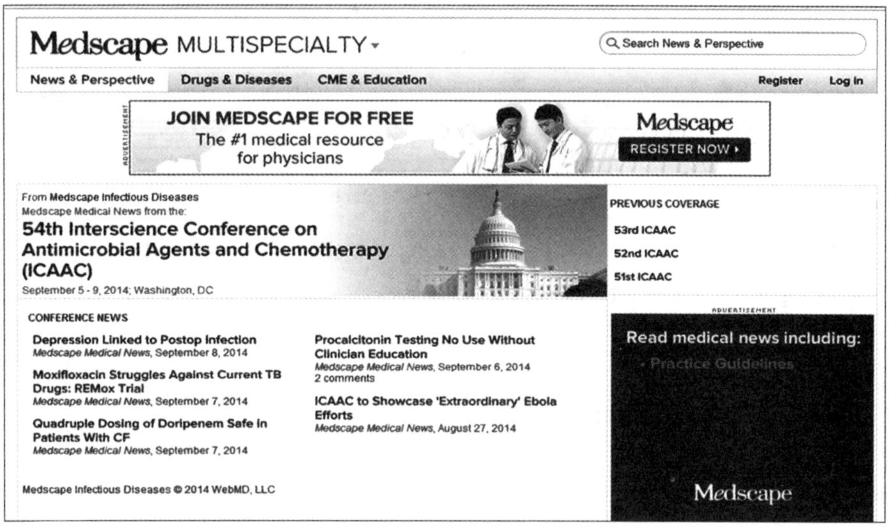

图 5－4－2　Medscape 会议信息结果显示界面

（三）MDLinx(http://www.mdlinx.com/)

MDLinx 主要为医生及医务人员提供最新的医学新闻和信息，所有资源免费。在主页点击“Medical Conferences”进入会议专栏，该网站提供超过 32 个专业的医学会议信息，可通过 Specialty（专业）、Date Range（日期）、City Search（城市）、State Search（地区）、Country Search（国家）查找。得到的检索结果包括：会议名称、会议召开的时间、地点、会议描述及会议准备工作。

（四）hum-molgen news alert(http://hum-molgen.org/)

该网站给出了未来一年半内召开的生物科学与医学方面的国际会议预告。在网站主页点击“events”，选择“meetings and conferences”即可浏览会议信息，默认按时间排序。显示的信息包括：学科、会议简介、会议名称、会议召开的时间和地点、会议召开的方式。点击会议名称会得到详细的会议信息。也可通过限定 Subject（学科）、Continent（大陆），输入 Keyword（关键词）查找具体某一学科方面的会议信息（见图 5－4－3）。

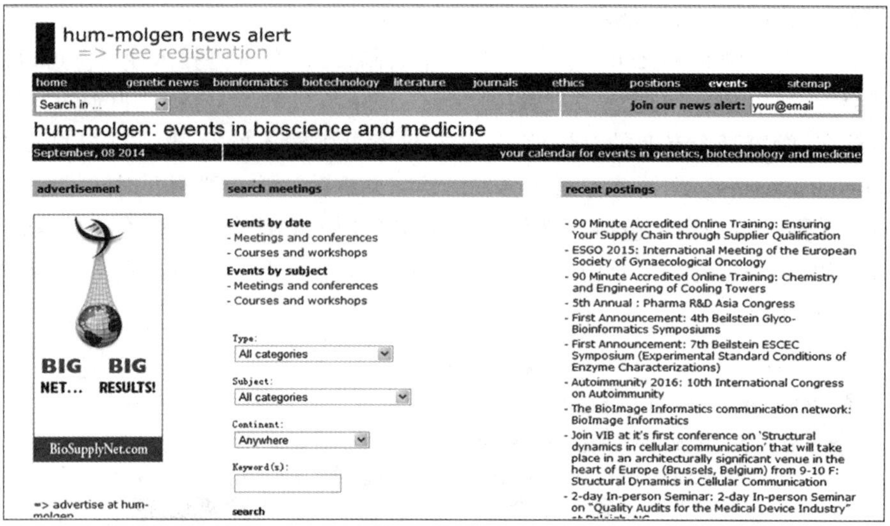

图 5-4-3 Hum-molgen news alert 会议检索界面

(五) Conal conference alerts(http://www.conferencealerts.com/)

该网站提供的检索途径包括：Search(基本检索)、Advanced search(高级检索)、Conferences by topic(按主题浏览)、Conferences by country/cities(按国家/城市浏览)。结果显示有会议召开的名称、地点，点开可查看详细的会议信息，包括会议的网址、会议简介等。可以定制自己关注的学科领域，系统会自动推送相关会议信息。

(六) PharmWeb(http://www.pharmweb.net)

在 PharmWeb 的主页点击"Conferences/Meetings"，即可浏览药学及与健康相关的会议信息。结果显示有会议召开的时间、会议名称、召开的地点、E-mail、网址等。

(七) MedSci 会议频道(http://www.medsci.cn/meeting/)

MedSci 是专业临床研究与学术服务平台，主要提供临床研究学术服务、科研教育和会议信息等。会议频道提供按会议名称、学科、地域、会议日历等途径进行检索。会议名称可以输入中文或英文关键词进行检索，得到的信息包括：会议名称、地点、召开时间，点击会议名称，可查看详细的会议信息。

(八) 医学会议在线(http://www.medig.com.cn/)

该网站汇集了大量的国内外医学会议信息，数据每日更新。主页设有会议搜索、最新会议、近期会议等栏目，提供按科室、会议规模、地点、类型、日期、主办单位及会议名称分类浏览会议信息。注册会员可查看详细的会议信息，注册是免费的。

(九) 中国学术会议在线(http://www.meeting.edu.cn/meeting/)

中国学术会议在线由教育部科技发展中心主办，是公益性的学术会议信息发布平台。为用户提供学术会议信息预报、会议分类搜索、会议在线报名、会议论文征集、会议资料发布、会议视频点播、会议同步直播等服务。可通过学科分类浏览相应会议信息，或从会议预告、会议回顾、会议通知 3 个栏目获取相关信息。系统设有：模糊检索、会议检索、视频检索、会议论文摘要检索四种方式。显示的信息包括：会议所属学科、会议名称、会议时间、会议地点、论文摘要截止时间、往届会议。

三、网络检索工具查询会议信息

目前,网络检索工具按内容主要分为两种：综合性检索工具和医学专用检索工具。常用的综合性检索工具主要有 Google、Yahoo!、搜狐等;医学专用检索工具包括 Medical Matrix(医源)、Medscape(医景)、Achoo 等。

使用网络检索工具查询会议信息,可通过以下两种途径：

(一) 按分类目录浏览

一般检索工具都设有分类目录,只需找到医学主题,在下级类目中点击会议主题,即可浏览关于医学方面的会议信息。

例如：通过 Yahoo! 的分类途径来检索有关医学会议信息。检索步骤：http:// www. yahoo. com→More Yahoo Sites→All products→Directory→Health→Medicine→Conference→即可查看有关医学方面的会议信息。也可选择一个具体的医学专业类别,浏览某一医学专业相关方面的会议信息。

(二) 输入关键词检索

在检索输入框中输入专题词汇和会议词汇进行检索。若使用外文检索工具,可输入的表示学术会议的词汇有：Meeting, Conference, Congress, Seminar, Workshop, Symposium, Convention 等。例如,检索有关高血压方面的会议,应输入检索词“高血压”(high blood pressure 或 hypertension)和“会议”(meeting, conference, congress 等)进行检索,就可以得出相关会议信息。

通过会议信息网站和搜索引擎检索到的一般都是一些会议消息,介绍会议召开的时间、地点等相关情况。如要检索会议文献,应该到一些专门收录会议论文的数据库去查找。

除了上面提供的这三种途径,我们也可以到一些医学机构网站、医学期刊网站、医学院校网站去获取相关信息。一般这些网站都会报道与其相关的会议信息,虽然报道的数量比较少,范围比较窄,但也不失为获取医学会议信息的一个有效途径。

实习题

1. 检索药物尼莫地平的使用说明。
2. 通过药物数据库查询和胃溃宁同类成分、规格的药物。
3. 通过 Medscape DrugInfo 数据库检索关节炎用药海尔根的药物相互作用信息。
4. 通过国家中药品种保护数据库查询参苓白术颗粒的保护情况。
5. 检索专利文献常用的资源有哪些？常用的检索字段有哪些？
6. 使用专利检索系统检索有关人工髋关节置换术方面的专利信息,并选择一件查看法律状态,并浏览说明书全文。
7. 请查出最新有关针灸技术操作规范的国家标准。
8. 请查询国内外即将召开的以颈椎病为主题的会议信息和已经召开的此类会议的会议文献。

(殷桂香)

第六章　网络资源利用

第一节　网络搜索引擎

一、搜索引擎概况

(一) 搜索引擎定义

搜索引擎来自英文“Search Engine”，其定义有广义和狭义之分。广义的搜索引擎泛指网络上提供检索服务的一切工具和系统，即网络检索工具的统称。狭义的搜索引擎专指利用自动搜索技术软件，如 Robot、Spiders 等，对因特网资源进行搜索、组织并提供检索的信息服务系统，即全文搜索引擎。

(二) 搜索引擎工作原理

搜索引擎一般由四部分组成，即数据采集系统、数据标引和索引系统、用户界面以及数据检索系统。具体工作原理见图 6－1－1。

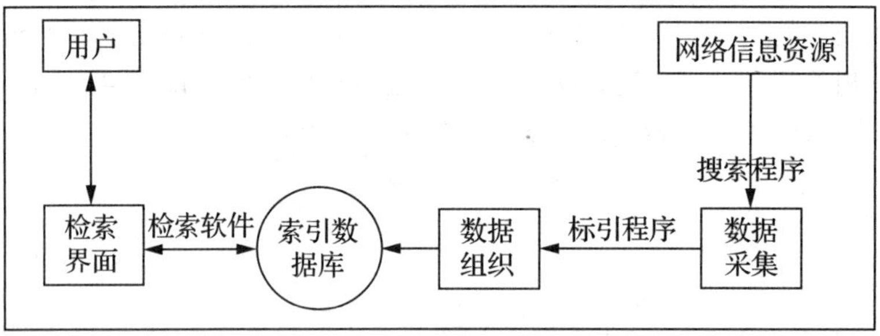

图 6－1－1　搜索引擎原理图

(三) 搜索引擎分类

1. *按检索原理划分*

可分为全文搜索引擎、目录式搜索引擎和元搜索引擎。

(1) 全文搜索引擎　也称关键词搜索引擎，主要采用 Robot、Spiders、Crawlers、Worm 等搜索程序自动搜索和标引各个网站的信息来建立和维护其数据库，用户在检索界面直接输入关键词，经匹配，系统将与用户提问相关的记录按一定的顺序返回给用户。如 Google、必应、百度等。

(2) 目录式搜索引擎　也称网络资源目录，由人工采集网页并按学科分类原理进行分类，建成树状等级目录，用户利用检索工具的分类目录，按学科逐级查找。如：ODP(Open Directory Project)、搜狐、早期的 Yahoo! 等。不过目前纯目录式搜索引擎已不多见。

(3) 元搜索引擎　也称集合型搜索引擎，此类搜索引擎自身不进行 Web 的搜索和索引，一般也没有自己的索引数据库，只是向用户提供一个查询界面，将用户的检索请求传送给多个独立搜索引擎去检索，然后将反馈结果经筛选和组织后再返回给用户，如 Dogpile、Clusty、Mamma 和万纬搜索等。

2. 按检索内容划分

可分为通用搜索引擎、专业搜索引擎和专题搜索引擎。

(1) 通用搜索引擎　该类搜索引擎收录信息涉及面广，包罗万象，故也称综合性搜索引擎。如 Google、Yahoo、百度、必应等。

(2) 专业搜索引擎　专门查找某一学科专业信息的搜索引擎，专业针对性强。有关医学专业搜索引擎有 Medical Matrix、Medscape 等。

(3) 专题搜索引擎　指收录范围更窄、专指性更强的一类搜索引擎。例如美国宾夕法尼亚大学癌症中心开发的癌症信息检索系统 Oncolink，可以利用该引擎迅速、准确而全面地获取肿瘤方面的各种信息，但它不收集医学其他方面的信息。

3. 按检索范围划分

可分为独立型搜索引擎和元搜索引擎。

(1) 独立型搜索引擎　拥有自己的索引数据库，可向用户提供基于自身数据库的查询服务，目录式搜索引擎和全文搜索引擎都属于独立型搜索引擎。

(2) 元搜索引擎　此类搜索引擎主要通过调用多个独立搜索引擎来实现互联网资源的查询。

二、主要综合性搜索引擎介绍

(一) Google(谷歌，http://www.google.com)

由斯坦福大学两个博士生 Larry Page 和 Sergey Brin 于 1998 年 9 月首次推出试用版，一年后晋升为商业网站。Google 被公认为全球最大的搜索引擎，收录了 80 多亿个网址，支持 144 种语言，包括简体中文和繁体中文。

Google 检索功能强大，提供网页、地图、新闻、图片等多个检索入口，支持布尔逻辑运算(逻辑与用“AND”或符号“+”表示，检索词间用空格默认为逻辑与；逻辑或用“OR”表示；逻辑非用“-”表示)、词组精确检索(用半角双引号表示)，支持命令搜索(比如 filetype、intitle 等)，对大小写不敏感(系统对字母均作小写处理)，可进行网域、文献类型等多种限定检索，具有高级检索功能(见图 6-1-2)。高级检索主要能实现以下功能。

(1) 限定检索词的逻辑运算关系或精确检索　包含全部字词(with all of the words)，即逻辑与；包含完整字句(with the exact phrase)，即词组精确检索；包含至少一个字词(with at least one of the words)，即逻辑或；不包括字词(without the words)，即逻辑非。

(2) 限定语言　限定搜索网页的语言，如中文简体、中文繁体、英文等。

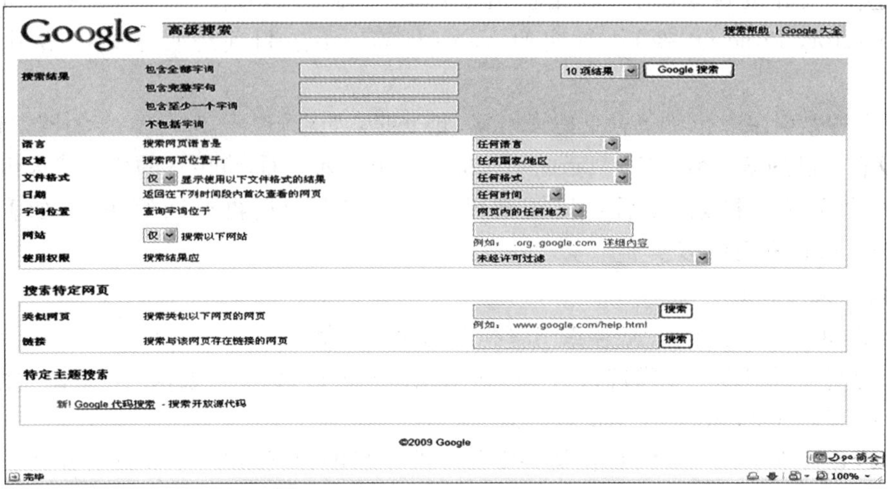

图 6-1-2　谷歌高级搜索界面

(3) 限定搜索或者排除特定的文件格式　有 PDF、PPT、XLS(Excel 文档)、DOC(Word 文档)等文件格式。

(4) 限定网页的更新日期　有过去 3 个月、6 个月、1 年等时间限定。

(5) 限定查询字词的位置　默认是在网页的任何地方，也可以选择网页标题、内容、网址或链接中。

(6) 限定搜索的网域或网站　如. com(限定在. com 为后缀的网站中检索)或者 google. com(只在 Google 网站中检索)等。

(7) 其他功能　还可设定使用权限、搜索类似网页、网页链接等。

检索示例

用谷歌高级检索查找小儿捏脊的课件。

1. 分析

关键词有“捏脊”“小儿”(还应考虑儿童、幼儿)，课件文献格式一般为 PPT。

2. 检索步骤

在第二个检索框输入“捏脊”，第三个检索框输入“小儿 儿童 幼儿”，文件格式仅限定为 PPT，点击右上侧的“Google 检索按钮”，即得到检索结果。

2004 年谷歌推出了学术搜索，用户可以检索各种学术论文、图书、文摘信息。内容涉及多种学科，可检索到中文数据库 CNKI、VIP 和万方中的题录和文摘信息，有不少外文文献可直接链接全文信息。具有基本检索和高级搜索功能，学术高级检索(见图 6-1-3)可进行逻辑运算、精确检索，限定字词位置、作者、刊物、出版时间等。

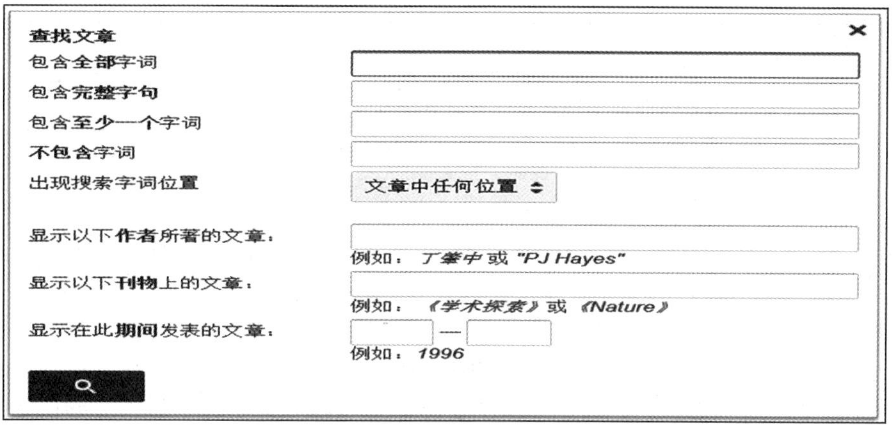

图 6-1-3　谷歌学术高级搜索界面

检索示例

用谷歌学术搜索查找施杞教授发表的有关颈椎病手法治疗的文献。

1. 分析

作者“施杞”，关键词“颈椎病”“手法”。

2. 检索步骤

第一个检索框输入“颈椎病 手法”，作者栏输入“施杞”，点击检索按钮，即得到检索结果。

（二）Bing（必应，http://www.bing.com/）

Bing 由微软公司于 2009 年推出，是北美地区第二大搜索引擎，中文名称为必应，网址为 http://cn.bing.com/，必应首页每天会推出一张美图。检索入口有网页搜索、图片、视频、词典、资讯、地图等。

Bing 支持布尔逻辑运算及精确检索，运算符规则同 Google。支持以下命令搜索（见表 6-1-1）。

表 6-1-1　Bing 支持的命令检索

命　令	定　　义
contains:	只搜索包含指定文件类型的网站
filetype:	仅返回以指定文件类型创建的网页
inanchor:	指令返回的结果是导入链接锚文本文字/定位标记中包含搜索词的页面
inbody:	搜索正文中含有检索词的网页
intitle:	返回网页标题中含有检索词的网页
ip:	查找特定 ip 地址的网站
language:	返回指定语言的网页
loc: 或 location:	返回特定国家或地区的网页

（续表）

命　令	定　　义
prefer:	着重强调某个搜索条件或运算符，以限定搜索结果
site:	返回指定网站的网页
feed:	查找包含检索词的 RSS 或 Atom 源
hasfeed:	一般与 site 命令联用，表示在某网站上查找包含检索词的 RSS 或 Atom 源
url:	检查列出的域或网址是否位于 Bing 索引中

（三）Yahoo!（雅虎，http://search.yahoo.com）

Yahoo! 搜索引擎是最早的目录式搜索引擎之一，1994 年由斯坦福大学的博士生 Jerry Yang（杨致远）和 David Filo 创建。雅虎除了搜索引擎功能，还有门户网站 www.yahoo.com，该页面也可进行检索，通过 search.yahoo.com 的网址则直接进入检索界面，提供多种检索入口，如新闻、体育、财经、游戏、天气等，检索结果界面可进行分类浏览和时间限定。如果使用网页目录，可直接通过网址 dir.yahoo.com 进入（见图 6－1－4）。

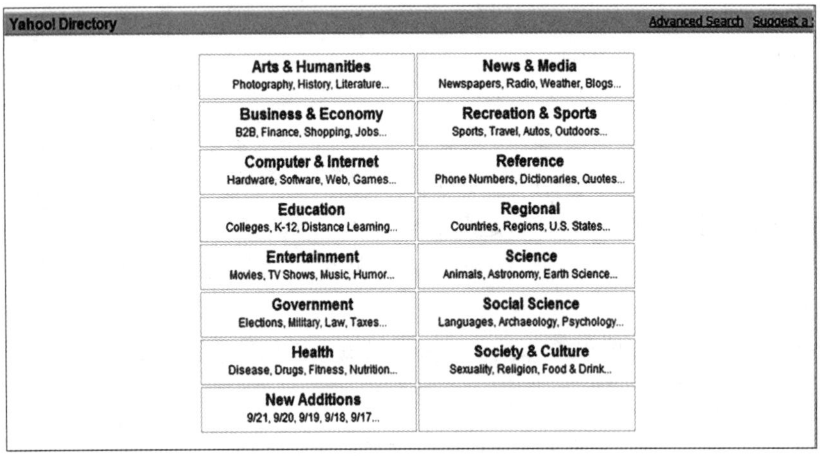

图 6－1－4　雅虎网页目录

Yahoo! 通过人工分类建立其分类体系，有 14 个基本大类，包括 Arts&Humanities（艺术与人文）、Business&Economy（商业与经济）、Computer&Internet（计算机与网络）、Education（教育）、Entertainment（娱乐）、Government（政府）、Health（健康与医药）、News&Media（新闻与媒体）、Recreation&Sports（休闲与运动）、Reference（参考资料）、Regional（国家与地区）、Science（科学）、Social Science（社会科学）、Society&Culture（社会与文化），另有 New Additions 可以查看各类目新添加的网站资源。根据其拥有的信息或网站的数量及知识组织的需要程度，每一个基本类目下细分不同层次的下级类目，愈下级类目中的网站其主题愈专指。Yahoo! 的分类体系为许多搜索引擎所效仿。

在进行 Directory 基本检索时，可以按类目层层点击，比如选择 Health，即可见其下级类目有：Alternative Medicine（558）NEW、Disabilities@、Health Care（297）……，其中

括号里的数字表示此类目相关的网站数，标识 NEW 的，表示是近 3 天收入的内容，@表示交叉类目。下方 Site Listings 可按照 By Popularity 或者 Alphabetical 浏览，即按知名度或字顺列出了当前类目下相关网站的标题和简介，标题用粗体的表明该网站还有下级相关站点，并标明了下级站点数，比如：Centers for Disease Control and Prevention (CDC)(24)，网站后标识表示该网站在内容和版面设计上都优于其他项。同时在主题检索页面也可通过 Advanced Search 进行关键词检索，可检出 Yahoo! 目录中人工采集的相关网站。

（四）百度(http://www.baidu.com)

百度于 2000 年 1 月由李彦宏、徐勇创立于北京中关村，是全球最大的中文搜索引擎，主要提供中文(简/繁体)网页搜索服务，目前有超过 10 亿的中文网页数据库。默认以关键词精确匹配方式搜索。支持"－""．""|""link：""《》"等特殊搜索命令。在搜索结果页面，设置了关联搜索功能，方便访问者查询与关键词有关的其他方面的信息。百度提供百度快照功能，百度快照功能在服务器上保存了几乎所有网站的大部分页面，若打开网站时，网站提示错误代码、文章已删除等问题可利用百度快照正常地浏览网页中的文本信息。

百度具有高级搜索功能，其高级搜索界面(见图 6－1－5)有 4 个检索框，分别表示逻辑与、精确检索、逻辑或、逻辑非，还可限定时间、语言、文档格式、网站和每页显示的检索结果数。

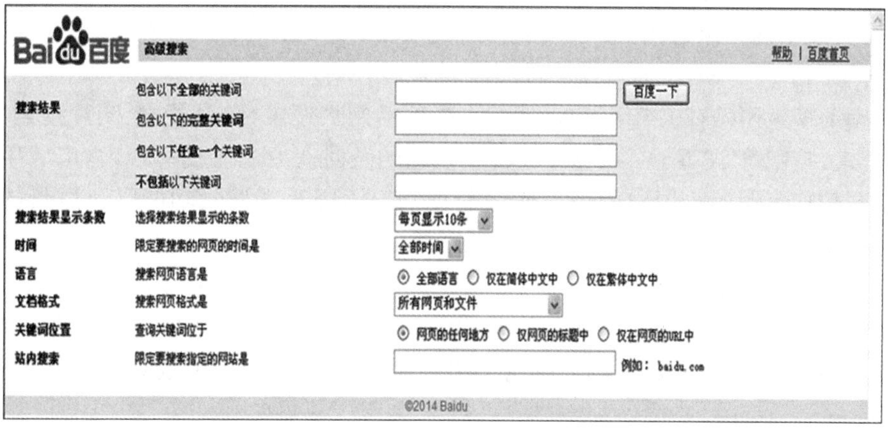

图 6－1－5　百度高级搜索界面

百度于 2014 年 6 月 13 日推出学术搜索(见图 6－1－6)。收录国内外学术站点超过 70 万家，涵盖中国知网、万方、维普以及 IEEE、Springer 等，共计收录中外文学术资源总量逾 2 亿，中文超 1.5 亿，外文超 1 亿，有部分免费的学术文献，检索结果可以实现时间筛选功能，可以按照"相关性""被引频次""发表时间"进行排序。

图 6-1-6　百度学术搜索界面

(五) 其他

1. 搜狗：http://www.sogou.com/

由搜狐公司于2004年推出，既可进行网页目录搜索也可进行全文搜索。其全文搜索的检索入口有网页、新闻、音乐、微信、问问、图片、购物、地图搜索等，提供网页高级检索功能，可限定字词位置、逻辑运算和文献类型。还开展一些特色服务功能，如：查询IP、查询股票、查询天气、英文单词翻译、查询汉字、查询成语等功能。

2. 搜搜：http://www.soso.com/

腾讯旗下搜索网站，2006年发布，搜搜主要包括网页搜索、综合搜索、图片搜索、音乐搜索、论坛搜索、搜吧等16项产品，通过互联网信息的及时获取和主动呈现，为广大用户提供实用和便利的搜索服务。用户既可以使用网页、音乐、图片等搜索功能寻找海量的内容信息，也可以通过搜吧、论坛等产品表达和交流思想。

3. 综合搜索：http://www.so.com/

由奇虎360于2012年推出，属于元搜索引擎，整合了百度和谷歌的搜索内容，主要包括新闻搜索、网页搜索、微博搜索、视频搜索、MP3搜索、图片搜索、地图搜索、问答搜索、购物搜索。

4. 有道：http://www.youdao.com/

网易旗下搜索引擎，主要提供网页、图片、热闻、视频等传统搜索服务，同时推出海量词典、阅读、购物等在线服务。

5. 爱问：http://iask.sina.com.cn/

新浪研发，在保留了传统算法技术在常规网页搜索的强大功能外，以一个独有的互动问答平台弥补了传统算法技术在搜索界面上智慧性和互动性的先天不足，通过调动网民参与提问与回答，让用户彼此分享知识与经验。

三、医学专业搜索引擎

医学专业搜索引擎是专门收集医学和健康信息的检索工具，一般由医学领域的专家编辑，能免费检索到许多电子期刊的全文。因此，医学专业搜索引擎不仅弥补了通用搜索引擎专业信息量少的缺陷，也弥补了医学数据库需一定费用和地域的限制，是进行医学学习、研究的重要工具，常见的医学搜索引擎有 Medscape，Medical Matrix 等。

（一）Medscape（医景，http://www.medscape.com/）

Medscape 是美国 Medscape 公司 1994 年研制，1995 年 6 月投入使用，是网络上最大的免费提供临床医学全文文献和医学继续教育资源的网站，可免费检索到 Medline 数据库的文摘和丰富的药物信息，能查询 20 多万种药物的实用剂量、毒性、注意事项等。网站设有专家网页、专门针对病人的病人教育网页，以及 125 种医学期刊的检索和医学新闻。并出版发行期刊《Medscape General Medicine》，报道内容多、更新快、质量高。

非注册用户通过 Medscape 只能查看文章题录信息和少量介绍，注册用户可免费查看全文，免费注册后还可根据个人需要定制个性化的界面以及免费定购关于用户所从事专业的新闻。

1. *主页（见图 6-1-7）*

新用户点击主页上的 Register 免费注册，已经注册的用户点击 Log In 输入用户名和密码即可登陆到自己个性化的界面进行检索。注册用户也可先直接在主页上进行检索，需要查看全文时再登陆。主页左侧有 36 个 Specialties（专题）链接。点击某一专题可查看该专题的新闻、专家观点、会议、讨论、报道、期刊文章、教科书和参考工具。

图 6-1-7　Medscape 主页界面

网络导航有：News & Perspective（新闻 & 观点）、Drugs & Diseases（药物和疾病）、CME & Education（Continuing Medical Education，医学继续教育资源，每两周更新一次）。

2. *检索方法*

在检索框输入检索词，空格默认为逻辑与，支持词组精确检索。系统将用户输入的关键词在作者、文章标题、文摘、期刊缩称和文章正文中进行匹配，然后返回结果。结果界面显示了在不同资源类型中命中的记录数，资源类型有期刊文献、新闻、专家和观点、会议、临床病例、文摘、临床综述、实践指南、自我评估等，可以选择检索结果排序方式（有相关度排序和出版日期排序两种排序方式）和筛选时间范围（有近3个月、近6个月、近1年、近5年以及自定义时间段）。也可将检索词限定在“Drugs & Disease”“CME & Education”或MEDLINE中检索。

（二）Medical Matrix（医源 http://www.medmatrix.org）

创建于1994年，由美国Healthel公司建立，收录了4 600多个医学网址。以临床医学为主，适合临床医师使用。但必须付费注册才能进行检索服务。

特点：分类目录浏览是它的主要特色，有疾病种类、临床应用、文献、教育、健康和职业、医学计算机等8大类，每类下又根据内容形式分为新闻、全文、摘要、参考书、操作手册、多媒体、实用指南、病例、影像学和病理切片、患者教育、教育资源等若干子类。还提供了关键词搜索，检索结果按相关性排列，五星最佳。

（三）Healthlinks（http://www.healthlinks.net）

由专家人工编辑的医学网络资源目录，目前收录5.8万多个链接。

提供分类浏览与关键词检索两种检索途径。其关键词检索支持逻辑运算，默认为or；支持词组精确检索；支持截词符 *，截词符可用于单词任意位置，但至少输入3个字母。

特点：Healthlinks提供专题检索，比如多媒体资源、招聘信息、临床试验、电子图书馆等。

思考题

1. 搜索引擎如何分类？
2. 你比较喜欢用哪一个或几个搜索引擎，为什么？你觉得它有什么优点？

实习题

1. 通过通用搜索引擎查找：
   1）氨苄西林钠进行静脉滴注的最高剂量。
   2）查找期刊PNAS的刊名全称、中文名和主页网址分别是什么。
   3）查找哈佛大学（Harvard University）的主页，并通过主页找出该校现任校长是谁。
   4）查找阿司匹林（Aspirin）的化学结构式图片。
   5）查找有关艾灸的课件。
   6）查找冬虫夏草的功能主治。
   7）查找从我校到松江大学城的交通路线，选出用时最短的一条方案。
   8）翻译“脂氧素抑制子宫内膜异位症的分子机制”。
   9）查找《上海中医药大学学报》中发表的中医药抗癌方面的学术文献。
   10）查找2010年以来有关三七药理作用的学术文献。
2. 通过医学专业搜索引擎Medscape查找。
   1）查找HIV疫苗（HIV vaccine）的期刊文章。
   2）查找近5年有关心衰（Heart failure）治疗的临床病例报告文献。

第二节　医学网站资源

一、世界卫生组织

世界卫生组织(World Health Organization,WHO)于 1948 年 4 月 7 日建立,是联合国下属的一个专门卫生机构,协调国际卫生工作和发布世界卫生统计信息,宗旨是“使世界各民族拥有最佳的健康水平”。目前有 193 个会员国,总部设在瑞士的日内瓦,另设非洲、美洲、东地中海、欧洲、东南亚和西太平洋 6 个地区办公室。

世界卫生组织网址为 http://www. who. int,主页见图 6－2－1。有阿拉伯文、中文、英文、法文、俄文、西班牙文 6 种语言版本,可从主页上方直接转换,其中文网页也可直接由网址 http://www. who. int/zh/进入。

图 6－2－1　WHO 主页界面

主页有世界各地有关卫生情况的最新新闻、焦点、疾病暴发、紧急情况等。主要导航有:Health topics(健康主题)、Data(数据和统计数字)、Media centre(媒体中心)、Publications(出版物)、Countries(国家)、Programmes(规划和项目)。

(一) Health topics(健康主题)

按照字顺列出了 200 多个健康主题,例如查找有关肥胖(Obesity)的信息,只要点击字母 O,即可链接到所有以 O 开头的健康主题。通过主题的链接,可获得关于该主题的相关网站、实况报告、重要文件、相关链接和特写等信息。

(二) Data(数据和统计数字)

世界卫生组织提供的世界各地数据和统计数字,比如自杀率、基本药物的数据和分析、健康人力资源的数据和分析、非传染性疾病的死亡率/发病率的数据和分析、风险因素、卫生系统的反应,传染性疾病如霍乱的数据和分析、流行性脑脊髓膜炎的数据和分析等,还有家庭暴力、道路安全、环境卫生、精神病、酗酒、抽烟、儿童健康、艾滋病等的流行病学数据与分析。另有世界卫生统计报告等统计数据的页面链接。

(三) Media centre(媒体中心)

提供世界卫生组织相关的新闻、报道,可查看近期要闻以及所有的新闻稿和声明,还能看相关的视频和图片。比如发布埃博拉病毒传播和疫情情况,世界防治结核病日活动前呼吁世界“加紧终止结核病”。实况报道可以按健康主题如感染性疾病、食品安全、辐射、药物、妇女儿童卫生、疫苗和免疫等进行浏览。

(四) Publications(出版物)

提供近期重要出版物的简介和下载链接,比如:Bulletin of the World Health Organization(世界卫生组织简报)、Weekly Epidemiological Record(疫情周报)、Eastern Mediterranean Health Journal(地中海卫生杂志)、Pan American Journal of Public Health(泛美公共卫生杂志)、World Health Report(世界卫生报告)、WHO South-East Asia Journal of Public Health(WHO 东南亚公共卫生杂志)、Western Pacific Surveillance and Response(西太平洋区域监测与反应)、WHO Drug Information(WHO 药物信息)等。点击链接后,可以查看最新一期的文献,若要查看以前的文献可以通过左侧导航中的“Past issues”链接查看。

界面右上侧有 Iris(Institutional Repository for Information Sharing)链接,该数据库为世界卫生组织信息共享机构库,可以检索 WHO 所有的出版物,数据库提供基本检索、高级检索和浏览法,提供作者、主题、时间、题名的筛选和浏览功能(见图 6-2-2)。检索出的文献可以按照相关度、时间、题名字顺等排序,可直接查看和下载全文。

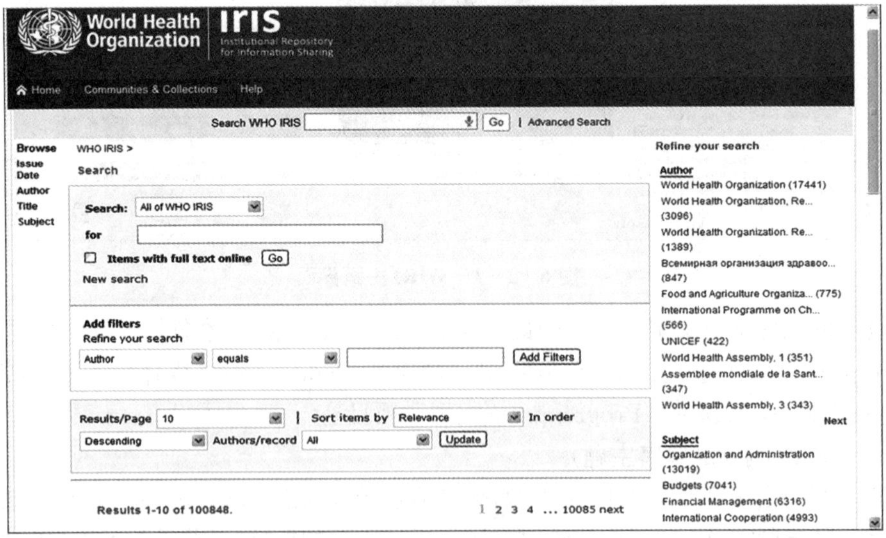

图 6-2-2 Iris 检索界面

(五) Countries(国家)

按照字顺列出了 193 个 WHO 的成员国,通过国名链接,可以获得各成员国的国情、卫生支出、疫苗接种覆盖面、卫生系统的组织和管理比如卫生立法等以及寿命表、特定疾病的发病率、卫生人力资源、人口数等统计资料。

（六）Programmes（规划和项目）

按照字顺列出了世卫组织规划、伙伴关系以及其他项目主题。具体点击某一主题，比如"cancer"，有预防、筛查、治疗、数据以及关于癌症控制规划。

二、美国国立卫生研究院

美国国立卫生研究院（National Institutes of Health，NIH）创始于1887年。隶属于美国卫生部，是国际著名的生物医学科研机构，下属27个研究所及研究中心。

NIH主要支持生物医学领域的基础性研究和临床研究，比如分子生物学、基因研究、预防、诊断和治疗各种疾病和残障等。NIH除了大力开展院内科研外，还支持国内外各大学、医学院校、医院、研究机构和企业的科研活动，为研究人员提供培训服务和基金。NIH的研究课题是由学者和科学家根据科学的发展提出申请和立项，由NIH组织评审来确定的，各国的学者和科学家均可申请，申请成功的课题即可获得NIH的资金支持。

NIH的网址为：http://www.nih.gov，主页见图6-2-3。

图6-2-3 NIH主页界面

NIH网上资源丰富，主页的链接有：卫生信息、科研资助、新闻与事件、科研培训和科学资源、NIH下属机构网页的链接、NIH介绍等。主页右上侧有一关键词检索框，由Google提供技术支持，可实现NIH站内检索，点击检索框下的Advanced Search即进入高级检索界面，可进行逻辑匹配，以及限定语言、位置、网域、排序和每页显示的结果数。

（一）Health Information（卫生信息）

提供NIH各种卫生信息资源，可浏览最近健康热点信息，也可检索具体某种疾病和健康主题，获得相关的新闻、资源、联邦卫生机构链接等，左侧还有卫生服务部门、出版物、社区资源、教育资源、临床试验资源、MedlinePlus健康资源等的链接。

（二）Grants and Funding（科研资助）

NIH每年投入大量的资金用于NIH院内研究项目（Intramural Research Programs），

以及资助国内外两千多个研究机构的研究项目，即院外研究项目（Extramural Research Programs）。院外科研基金主要由 OER（The Office of Extramural Research，院外研究项目办公室）负责管理，点击 Grants & Funding 即进入 OER 的主页，可看到如何申请、政策、资助机会以及申请书下载等信息，还可检索 NIH 资助指南、资助机会等信息。

（三）Research & Training（研究和培训）

该栏目可查看 NIH 实验室和临床方面的研究项目，内部培训（Intramural）、对外培训（Extramural）、临床研究和医学教育培训机会，还提供图书馆资源及各类研究资源的链接，这些资源有数据库资源、项目资源、研究所资源等。

（四）Institutes at NIH（研究所）

提供 NIH 院长办公室及 NIH 下属 27 个研究所和研究中心的主页链接。有 NCI（National Cancer Institute，国立癌症研究所）、NEI（National Eye Institute，国立眼科研究所）、NHLBI（National Heart，Lung，and Blood Institute，国立心、肺、血液研究所）等，每个下属机构的网页上有丰富的信息，比如相关专业的数据库、最新研究成果新闻、专业研究项目、本专业基础知识、统计数据、学术会议、临床试验信息、出版物以及相关链接等。

以 NCI 为例，有独立网址 http://www.cancer.gov。NCI 创建于 1937 年，是联邦政府下属癌症研究培训和癌症信息传播的最主要机构，其主页见图 6-2-4。

图 6-2-4　NCI 主页界面

主页上的信息有：癌症类型介绍、癌症主题、临床试验、统计数据、研究经费申请、新闻、反映各种癌症最新研究成果和癌症临床试验信息的数据库 PDQ（Physician Data Query），左侧有杰出贡献奖申请、大众资源比如癌症名词、药物字典、出版物等信息链接。

每种癌症都有两种版本信息，分别针对病人和卫生专家，前者是用通俗易懂的语言描述癌症的相关信息，后者则较多用专业术语，提供癌症治疗、预防、遗传、病因、普查、辅助疗法、临床试验、文献信息、研究信息、统计数据等。

PDQ（Physician Data Query）为医师咨询数据库，是一个癌症事实性数据库，主要由以下 3 个部分组成：

1. Cancer Information Summaries(癌症信息摘要)

原始材料来源于 70 多种生物医学期刊。内容涉及 7 个方面：Adult Treatment(成人治疗)、Pediatric Treatment(小儿治疗)、Supportive Care(支持疗法)、Screening/Detection(普查检测)、Prevention(预防)、Genetics(遗传学)、Complementary and Alternative Medicine(替代疗法)。检索时，先选择某一方面，再按字顺找到特定的癌症。

2. Clinical Trials(临床试验)

收集美国国内外的有关癌症的临床试验信息，目前可检索到 37 000 多条，内容涉及癌症的诊断、治疗、支持疗法、遗传学、普查、预防等信息。可以选择癌症类型/状态、试验阶段、试验类型(可选择治疗、支持疗法、普查、预防、遗传、诊断、教育/咨询/培训、行为研究、流行病学研究、标记和试验分析、组织存储、方法进展)、试验地点(美国国内试验可依据邮政编码、医院或机构、NIH、城市和地区进行选择，若检索其他国家，只能选择“In City/State/Country”，然后选择国家，输入城市名)，还可输入关键词或短语，选择临床试验状态、阶段、临床试验编号、发起者。

3. Cancer Genetics Services(癌症遗传学)

主要收集研究癌症遗传危险评估、临床试验以及做咨询服务的专家信息，可以通过 3 种方式查询：①癌症类型或综合病症；②地点，可以输入城市名、选择州(限于美国)或者国家，国家现在可供检索的有 United States(美国)、Canada(加拿大)、Ireland(爱尔兰)、Oman(阿曼)、Sweden(瑞典)、United Kingdom(英国)或者 all countries；③若知道专家姓名也可以输入专家的姓氏来进行查询。通过检索结果的专家姓名链接可以查看该专家地址、电话、邮箱等联系信息，还有该专家研究方向所涉及的癌症类型和症状。

三、美国国立医学图书馆

美国国立医学图书馆(NLM, National Library of Medicine)隶属于美国国立卫生研究院，是世界上最著名最大的医学图书馆。馆藏文献 700 多万册，网上信息资源丰富多样，其网址是：http://www. nlm. nih. gov/，其主页见图 6－2－5，主页有最新的卫生新闻、NLM 的新闻、站内检索、部分数据库的快速链接、NLM 所做的研究等。

主页右侧的“Find, Read, Learn”导航提供特定目的查询的快速入口，有 Search biomedical literature(查找生物医学文献，点击则直接链接到 PubMed 数据库)、Find medical terminologies(查找医学术语，点击则可看到 MeSH、UMLS 医学术语的简介和链接)、Search NLM collections(检索 NLM 馆藏，链接到 NLM 的馆藏查询)，Read about diseases(了解疾病，点击则链接到 MedlinePlus 的 Health Topics 专题)、Learn about drugs(了解药物，点击则可看到 Drug Information Portal、DailyMed 等数据库的链接)、Explore history(浏览历史，点击可查看 NLM 的历史介绍页面)、Find a clinical trial(查找临床试验，点击可链接到 ClinicalTrials. gov 数据库)、Use a medical dictionary(使用医学字典，点击则链接至 MedlinePlus 的 Medical Dictionary 专题)、Find free full-text articles(查找免费全文，点击则直接链接到 PubMed Central)。

主页左侧的 Databases 提供了各类数据库资源，不少是 NLM 或 NIH 开发的数据库，比

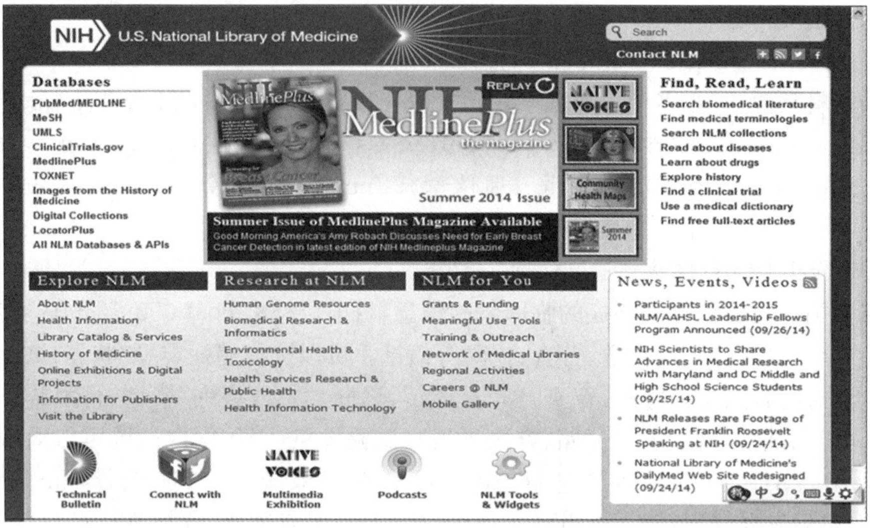

图 6-2-5　NLM 主页界面

如 PubMed、MesH、UMLS(Unified Medical Language System 一体化医学语言系统)等，通过 All NLM Databases & APIs 可查看所有的数据库资源。以下是部分数据库的介绍：

(一) MedlinePlus

由 NLM 的参考咨询部于 1998 年开发研制成功，向医务人员特别是公众提供医药卫生知识的事实型数据库。包含几百个医学主题、医学百科全书、药物信息、医院及医生名录等信息。有独立网址：http://medlineplus.gov/，其主页见图 6-2-6。

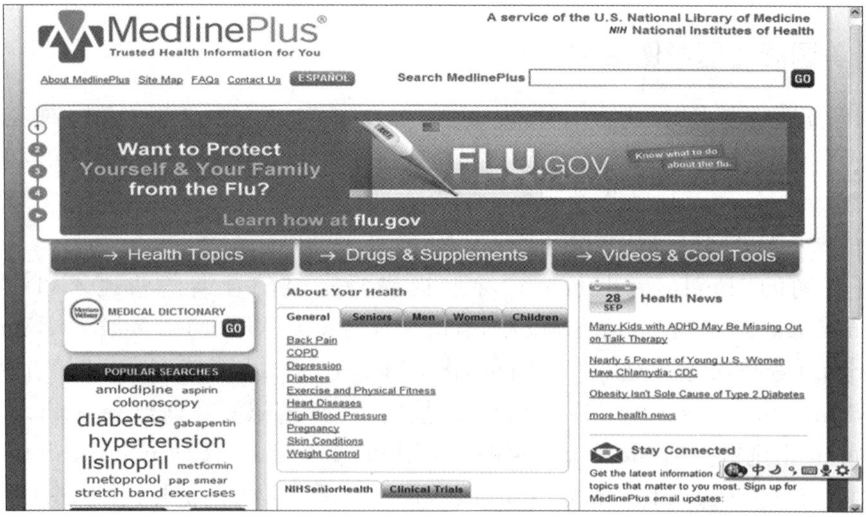

图 6-2-6　MedlinePlus 主页界面

1. Health Topics(健康主题)

是 MedlinePlus 的核心，包含 900 多个生物医学主题，其资料都取自权威机构如 NLM、NIH 及其他政府机构和卫生相关组织，可信度高。其信息包括疾病的症状、病因、治疗等方面。可按照字顺、身体部位、疾病类型、年龄、性别等进行分类浏览。

2. Drugs & Supplements(药物信息)

提供 9 000 多种处方药与非处方药的信息,可通过药物通用名及商品名的首字母顺序来浏览药物信息,包括药物服用方法、注意事项、副作用、储存条件等信息。还有 Herbal Information(中草药信息),也按首字母查询,其查询结果的信息有:具体草药的介绍、同义词、治疗疾病的证据、传统理论的支持、用量、用药安全问题、与其他药物的交叉作用、参考文献等。

3. Videos & Cool Tools(视频和酷工具)

提供健康视频比如人体解剖视频、外科手术视频和健康新闻视频,提供一些交互教程和游戏工具来考核个人的医学知识,提供计算器和测验工具来测试健康状况。

4. 其他

Medical Dictionary 提供检索医学相关字词的拼写和定义的医学专业词典检索;Medical Encyclopedia(医学百科全书)收集了 4 000 多篇关于疾病、试验、症状方面的文章,文章内包含大量的医学图片和图解,按照文章主题字顺进行浏览。提供当地卫生服务信息、图书馆、机构信息和一些数据库的链接。

(二) NIH Senior Health(老年卫生)

为满足老年人需要而开发的一个网站,由美国国立衰老研究所(NIA,National Institute of Aging)和 NLM 合作开发,用通俗的语言描述有关老年人的健康主题。目前收录的健康主题有:老年痴呆症、关节炎、平衡问题、乳腺癌、肠癌、失聪、老年人运动、肺癌、前列腺癌、中风等。每个主题提供的信息有:疾病定义、病因、危险因素、症状与诊断、治疗与研究、FAQ 以及 MedlinePlus 与本专题有关的信息。为了方便老年读者,此网页有朗读功能(Speech)、字体放大(Text Size+)以及调节对比度(Contrast)的功能。

(三) Tox Town(毒物城)

介绍化学毒性及环境与健康的问题,用图像、文字、声音、动画等多种形式来描述。该系统将环境中会影响人体健康的有毒物质按照地理划分来阐述,分 Town(城镇)、City(城市)、Farm(农村)、US-Mexico Border(美国-墨西哥边界)、Port(港口)5 类不同的环境。具体内容有:日常生活场所在哪里会接触到有毒化学物质,环境如何对健康产生影响,对人体经常会接触到的化学物质的通俗描述,因特网上相关化学物质信息和环境卫生专题信息的连接。本栏目只适用于大众阅读,若是专业研究有毒化学物质,应检索 TOXNET 数据库。

(四) Genetics Home Reference(GHR,遗传参考)

是面向大众提供遗传病学知识和基因知识的网站。GHR 的主要内容有:各种遗传病的介绍;各种基因介绍;各种染色体介绍;遗传学知识,包括基因检测、基因治疗、人类基因组工程等;还可查询遗传学和医学术语定义的词汇表。

(五) MEDLINE/PubMed

NLM 开发的最著名的医学专业文摘型数据库,具体介绍见第四章第一节。

(六) AIDSinfo(艾滋病信息网)

是美国卫生部(DHHS)的一个项目,提供艾滋病的临床研究信息,为艾滋病人提供治疗、预防和医学指导。

（七）Visible Human Project（可视人计划）

通过CT、MR和冰冻切片记录下正常男女三维解剖图谱的数据库，为人体解剖学、放射医学、外科手术学和测试医学图像算法研究提供了数据。使用可视人数据需要获取NLM的许可协议。

（八）TOXNET（Toxicology Data Network）检索系统

是一个可供检索13个数据库的检索平台。该平台也可以直接通过网址http://toxnet.nlm.nih.gov进入，包含的数据库如下：

1. TOXLINE（TOXicology information onLINE）

又称Toxicology Bibliographic Information，是报道药物和其他化学物质的生物医学、药理学、生理学、毒理学效应的数据库，分为TOXLINE Core和TOXLINE Special两部分，前者取材于PubMed收录的期刊，后者来源于几种专业期刊、技术报告和特定研究项目的档案资料。

2. HSDB（Hazardous Substances Data Bank）

提供潜在有害物质毒理学方面的信息，涉及人和动物跟有害物质的接触、劳动卫生、急救方法等。

3. DART（Developmental and Reproductive Toxicology）

提供畸形学、发育和生殖毒理学方面信息数据库。

4. CCRIS（Chemical Carcinogenesis Research Information System）

提供9 000多种化学物质对致癌、致突变、促进或抑制肿瘤生长的试验结果信息，是一个事实型数据库。

5. GENE-TOX（Genetic Toxicology）

提供3 000多种化学物质遗传毒理学试验数据以及综述文献。

6. ChemIDplus

此数据库收录有38万条化学物质记录，其中26万多条有化学结构图，可以通过名称、同义词、CAS登记号、分子式、分类编码、位置编码、结构、生物性质或者化学性质来检索。

7. IRIS（Integrated Risk Information System）

提供500多种化学物质的危害鉴定和剂量反应评估信息。

8. ITER（International Toxicity Estimates for Risk）

提供600多种化学物质的危害鉴定和剂量反应评估信息，数据来源于ATSDR（有毒物质和疾病注册机构）、RIVM（加拿大国家公共健康与环境研究所）、EPA（荷兰、美国环境保护机构）等等。

9. LactMed（Drugs and Lactation Database）

提供妇女哺乳期可能会接触的一些药物和化学物质信息，内容涉及这些物质在母乳和婴儿血液中的含量和可能的副作用。

10. TRI（TOXNET's Toxics Release Inventory）

该数据库的内容包含有毒化学物质每年估计的排放量，有毒物质排放于空气、水域、陆地和地下情况，废物处理方法和效率，资源回收信息等。

11. Household Products Database

家用产品数据库，供查询6 000多种家用产品对人体健康的影响，目的在于指导大众安全地使用这些产品，防止对健康造成伤害。

12. Haz-Map

供查询各种化学物质和生物制品对人体产生副作用的职业卫生数据库。检索入口有：化学物质、副作用、职业病、症状、工种。

13. TOXMAP(Environmental Health e-Maps)

用地图反映美国各地有毒化合物的排放情况。

四、国内常用医药信息网站

(一) 综合类网站

(1) 生物谷：http://www.bioon.com/　提供医药产业、制药、转化医学、生物产业、生物研究、医疗健康、医疗器械的资讯、进展、政策、人物、公司、会议等信息。

(2) 丁香园：http://www.dxy.cn/　丁香园成立于2000年7月23日，一直致力于医药及生命科学领域的互联网实践，是目前行业规模最大，并极具影响力的社会化媒体平台。丁香园用户超过400万，为用户提供多种形式的交流平台和工具，具有各医学学科最新资讯、指南、临床综述、经典病例，还有论文基金、医院招聘、会议、文档、调查、丁香学院、丁香医生、丁香论坛等版块，其中丁香论坛有医学各科讨论专区，还有实验技术、科研与学习、考试、检索知识与求助等模块。

(3) 好医生网：http://www.haoyisheng.com　由北京健康在线技术开发有限公司2000年创办。主要是提供业内专业信息及远程教育服务。有医学资讯、文献查询、药品信息、考试培训、好医生论坛等模块。

(4) 搜狐健康：http://health.sohu.com/　提供新闻、专家访谈、中医养生、预防、保健等信息，还提供疾病查询、药品查询功能。疾病查询提供常见疾病、身体部位查找疾病，以及分内外妇儿等科查询疾病，也可直接输词检索，每种疾病提供疾病病因、症状、检查、预防、并发症、治疗、专家团、推荐医生等信息。药品查询可以直接输词检索，也可以选择西药/中成药、药品作用类型、品牌、剂型，具体药品的信息有：是否处方药、性状、适应症、用法用量、不良反应、禁忌、注意事项等。

(5) 医药在线：http://www.cnm21.com/　由中国市场学会主管、中国健康产业市场发展委员会主办，济南先进网络有限公司承建，美国IBM公司参与战略合作的大型专业网站。该网面向所有医药单位和消费者(患者)，目前可查询3 000种中西药品、8 000家药品生产经营企业、7 000家医院、10 000家医药机关单位的基本信息。对于药品信息的查询可以按功效和拼音查找。

(6) 南方健康网：http://www.fm120.com　由广东省医药情报研究所于2000年主办，目前建设的大型频道有卫生新闻、健康影院、医学专题、健康指引、医疗中心、医院管理、医学学术、生活中医、南方健康网卫生论坛等，同时开办电子杂志《健康无价》。

(7) 39健康网：http://www.39.net/　设立有保健版块、生活版块、医药版块和互动版块，可搜索文章、药品、医院和医生信息。

(8) 放心医苑：http://www.fx120.net/　由北京图胜网络技术有限公司于2002年创办，有求医问药、健康生活、保健养生、有问必答和互动版块。

（二）中医药网站

（1）中医药在线：http://www.cintcm.com/ 由中国中医科学院中医药信息研究所创办的国内第一家提供中医药学信息服务的专业化信息网站。覆盖了同行业中政府、医疗、科研、教育等多方面的信息。自1984年开始进行中医药学大型数据库建设，目前数据库总数48个，数据总量120余万条，包括中医药期刊文献数据库、疾病诊疗数据库、各类中药数据库、方剂数据库、民族医药数据库、药品企业数据库、各类国家标准数据库等相关数据库。

（2）中国医药网：http://www.pharmnet.com.cn/tcm/ 由浙江网盛科技股份有限公司创建于1999年，与上海市中医文献馆联合推出中医药资源版块，资源丰富，质量较高。可以查找疾病的针灸治疗、中药图谱、中医药词典、疑难病治疗、常用方剂、常用药酒、中医文献、药膳食疗、中医学习、各科名医。提供浏览法和关键词检索。

（3）中华中医网：http://www.zhzyw.org/ 提供中医信息、中医常识、中医特色、中医保健、民族中医、疑难杂症、疾病大全、中医名词、中药词典、中药方剂等栏目，其中中药词典和方剂提供字顺检索，药物提供别名、来源、性味、功能主治、用法用量等信息，疾病大全提供疾病的预防、护理、特点、注意事项等信息。

（4）中医中药网：http://www.zhong-yao.net/ 2006年成立，提供中医、中药、健康、养生、疾病等信息资源。其中中药栏目提供了功能主治、图片、性味归经、真伪鉴别等信息；中医栏目提供了中医文化、中医针灸、民族中医等信息。

（5）中医五绝网：http://www.wujue.com/ 创建于2001年7月，设立了五绝医学、医药动态、中医中药、医药图库、古籍文献、医学常识、民族医学、诊疗技术、疾病大全、五绝医学论坛等栏目，其中医学常识栏目还可以查询几百种草药的图谱。

（三）其他专科医药网站

（1）口腔医学网：http://www.kq88.com/ 创建于2000年，包含口腔医学各方面的信息，有口腔新闻、口腔论坛、大众常识、口腔正畸、展会、口腔专家、口腔内科、口腔外科等等。

（2）全国艾滋病信息资源网络/红丝带网：http://www.chain.net.cn/ 2002年由中国疾病预防控制中心性病艾滋病预防控制中心、健康教育所和中国性病艾滋病防治协会共同筹建，收集有关艾滋病的各种信息，并创办了一份双月刊的免费简报，可直接在该网站上下载电子版。

（3）中国癌症网：http://www.tumor.cn/ 2003年3月成立，致力于为网民提供最专业、最权威、最贴近生活的癌症健康资讯，提供癌症常识、预防、护理、治疗、资讯等信息。

思考题

1. 世界卫生组织主要提供哪些方面的信息？
2. NIH有哪些研究所？通过哪个栏目可以申请基金资助？
3. NLM主页上提供的数据资源有哪些？其中适合老年人的数据库资源是什么？专门提供医学专业文献数据库的数据资源有什么？MedlinePlus的服务内容是什么？

实习题

1. 在 WHO 网站上：
   1) 在 Health topics 中查找抗药性(Drug resistance)的相关信息。
   2) 查找有关霍乱(Cholera)的数据和统计信息。
2. 在 NIH 网站上：
   1) 由 Health Information 查找有关心力衰竭(Heart Failure)的相关资源。
   2) 从 NCI 的 PDQ 中查找胃癌(Stomach Cancer)普查(Screening)方面的信息。
3. 在 NLM 网站上：
   1) 通过 MedlinePlus 查看慢性支气管炎(Chronic Bronchitis)的相关信息。
   2) 通过 MedlinePlus 的 Drugs & Supplements 查找药用植物颠茄(Belladonna)的相关信息。
   3) 通过 MedlinePlus 查看肾结石(Kidney Stones)的解剖视频资源。

第三节 网上免费开放获取资源

一、概述

(一) 开放获取定义及发展

开放获取译自英文"Open Access",又译作开放存取、开放共享、开放访问、开放阅览等。开放获取是把同行评议过的科学论文或学术文献放到互联网上,使用户可以免费获得和利用,不需考虑版权的限制。开放获取起源于 20 世纪 90 年代,国际学术界、出版界、图书情报界基于学术信息自由共享、打破学术研究的人为壁垒的理念,旨在推动科研成果的广泛利用,借助于互联网自由传播的优势而兴起的。其目的是促进科学及人文信息的广泛交流,促进利用互联网进行科学交流与出版,提升科学研究的公共利用程度,保障科学信息的长期保存,提高科学研究的效率。开放获取数字资源是网络上重要的共享学术信息资源,能提供期刊论文全文的免费阅读,是获取学术信息的一种新模式。国外的一些研究表明,在很多学科领域,开放获取的文章比非开放获取的文章具有更大的研究影响力。

截至 2014 年 8 月,全球 3 000 多个知识库存储的开放获取文献已经超过 6 300 万篇。我国开展开放获取运动始于 2004 年 5 月。当时,中国科学院院长路甬祥、中国国家自然科学基金委员会主任陈宜瑜代表中国科学院和中国国家自然科学基金委员会(国家自然科学基金委)签署了《柏林宣言》,表明中国科学界和科研资助机构支持开放获取的原则立场。2014 年 5 月,国家自然科学基金委正式发布开放获取政策,要求由其资助的所有项目所发表的学术论文必须把经过同行评议的最终审定稿存储到机构知识库并在发表后 12 个月开放获取。中国科研机构和高等学校的机构知识库已经近 200 个,存储文献已经接近百万篇,逐步成为我国学术知识交流体系的重要成员。

（二）开放获取的特征

开放获取主要特征有：①作者付费出版，读者免费使用；②通过网络获取；③读者可以获取全文，而不是文摘；④作者和版权所有者授予全世界所有的读者免费、永久地获取、复制传播、向公众展示作品、传播派生作品、以合理的目的将作品复制到任何形式的数字媒介上的权利，以及用户制作少数印本作为个人使用，版权协议允许文章被转载和再使用，只要注明出处即可；⑤开放获取期刊经由同行评议，学术质量较高。另外还具有作者拥有版权、遵循有关的OA版权协议、遵循OAI协议、开放获取不排斥同时出纸版，也不排斥盈利等特征。

（三）开放获取的主要实现途径

（1）开放获取期刊(Open Access Journals)　出版提供信息开放获取的杂志，或者将原有杂志改变为信息开放获取的杂志。

（2）开放获取仓储(Open Access Repository)　对于有版权，但是出版社允许进行自存储(self-archiving)的作品，作者可以放到信息开放获取仓库中，例如论文、专著等；对于没有版权的作品，作者可以直接放到信息开放获取仓储中，例如讲义、PPT等。

（3）个人网页　对于有版权，但是出版社允许进行自存储的作品，作者可以放到个人网页上；对于没有版权的作品，作者可以直接放到个人网页上。

（4）公共信息开放使用　比如专利或标准等提供开放获取。

二、开放获取期刊

开放获取期刊是一种论文经过同行评审、网络化的免费期刊，全世界的所有读者从此类期刊上获取学术信息将没有价格及权限的限制，编辑评审、出版及资源维护的费用不是由用户，而是由作者本人或其他机构承担。包括新创办的开放获取期刊和由原有期刊改造转变而来的开放获取期刊。

开放获取期刊按照期刊的开放程度分为完全开放获取期刊、延时开放获取期刊和部分开放获取期刊。完全开放获取期刊是指期刊在出版的同时即全部免费获取，也即全刊免费，如British Medical Journal(英国医学杂志，BMJ)；延时开放获取期刊是指期刊在出版一段时间后再通过互联网为用户提供免费服务，时滞短则1个月，长则2～3年，也即过刊免费，如Journal of Virology(病毒学杂志)；部分开放获取期刊是指在同一期期刊中，只有部分文章为用户提供免费服务，如Journal of the American Medical Association(美国医学会杂志，JAMA)。

开放获取期刊按照出版形式分为纯网络版电子期刊和平行出版两种。纯网络版电子期刊(Electronic-only)是指完全依托计算机、网络和通信技术编辑、出版和发行，不发行印刷本，内容新颖，表现形式丰富，例如BioMed Central在线出版的系列期刊。平行出版物是指在出版印刷版的同时，将期刊全部或部分卷期的全文发布于网上，供免费使用，其主要内容与印刷版相同，但利用网络和计算机技术增加了许多服务功能，例如检索结果和内容的超文本链接、读者交流、相关学科的网站或资料的介绍、利用电子邮件发送最新卷期目次的期刊目次推送服务(E-mail alert)等，例如Cancer Research(癌症研究)杂志。大部分开放获取免费电子期刊属于后者。

据ISI发布的相关报告显示，开放获取期刊的种数按学科领域分，最多的为医学、生命科学，其次是物理、工程技术与数学、化学，而社会科学和人文科学较少，增长也比较缓慢。与生物医学相关的开放获取平台主要有：

（一）HighWire Press(http://home.highwire.org 或 http://highwire.stanford.edu/)

HighWire Press1995年由斯坦福(Stanford)大学图书馆分支机构HighWire出版社创建，收录的文献以生物医学为主，还包括自然科学、人文科学、社会科学等学科。到2014年10月10日为止，共收录了1 700多种学术期刊和数千种学术书籍，提供234万多篇免费全文。除了免费全文，Highwire还收录了大量收费全文，达400多万篇。在Researchers界面下点击"Search HighWire-hosted journals now!"按钮进入检索界面(见图6-3-1)，默认为高级检索，还提供题名、出版商、主题3种浏览法。

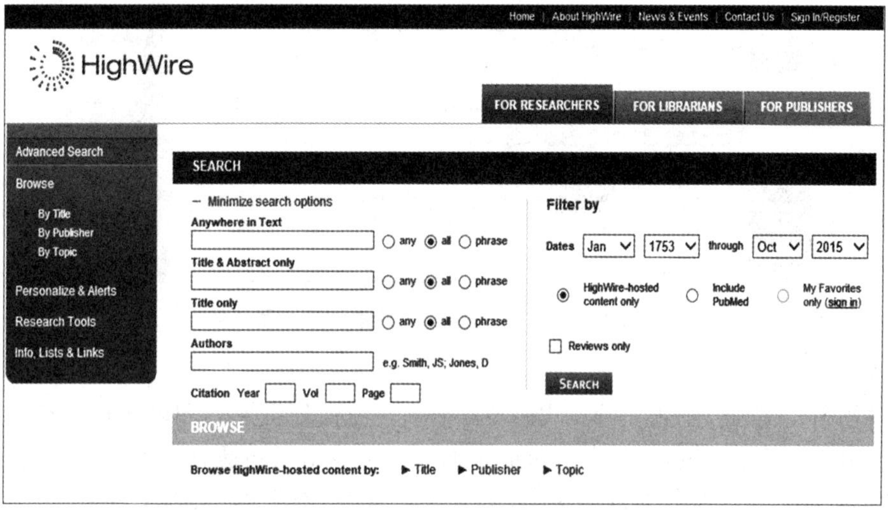

图6-3-1 HighWire检索界面

1. 高级检索

提供all(逻辑与)、any(逻辑或)、phrase(精确检索)三种匹配方式，在检索词间使用空格默认的是all的关系。若检索策略比较复杂，在检索式中也可使用布尔逻辑运算符AND、OR、NOT和""。检索入口有4个，即全文、题名或摘要、题名、作者。对于作者检索遵循姓在前用全称，名在后用缩写的规则，若是多著者检索，中间用分号隔开。Citation一栏可输入文章的年代、卷期和页码。检索范围有4种选择：①HighWire-hosted content only，只在HighWire中检索；②Include PubMed，检索包括PubMed在内的所有文献；③My Favorite only，限定在自己设定的期刊中检索，只针对注册用户；④Reviews only，只检索综述文献。另外还可以限定检索结果的年代范围，可回溯检索至1753年。

通过高级检索获得的检索结果示例见图6-3-2，每条记录的信息有文献类型、标题、作者、期刊名、卷期、页码等，左侧有来源期刊的封面，若为免费全文，在期刊封面下一般有this article is FREE的标志，例如第4条记录。右边的链接有Abstract(查看文摘的链接)、full text(链接到HTML文本格式全文)、PDF(链接到PDF格式全文)，文章是否免费还可通过

Full Text 和 PDF 后有没有标注价格来判断，例如图中第 2 条结果也可以免费获取全文，Find more like this 可链接到类似的文献。结果显示可选择 standard(标准)或 condensed(压缩)格式，默认为标准格式；结果排序方式有 best match(相关度)或 newest first(时间)排序，默认为相关度排序。点击页面的 Create Alert 按钮可以创建跟踪检索服务：系统将当前检索策略保存，当有新的检索结果时反馈给用户的邮箱，前提是免费注册用户才能享受这项服务。

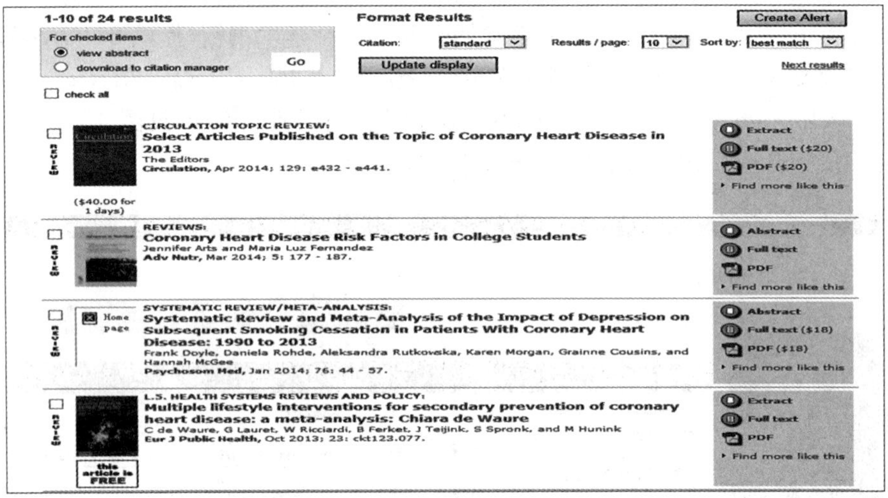

图 6-3-2　HighWire 检索结果界面

2. 浏览法

提供题名、出版商、主题 3 种方式浏览。题名浏览法依据期刊刊名字顺浏览；出版商浏览法依据出版商的字顺浏览，每个出版商下面列出了该出版商被收录进这个网站的电子期刊；主题浏览法依据主题分类进行浏览，共分为 5 大类，即生物学、人文科学、医学、自然科学、社会科学。5 大类下又划分相应的下位类，类目前有“＋”号的表示还有下级类目，在点击每一个子类目时，不仅能查看到这个子类目的下级类目，还可浏览与这个子类目相关的所有期刊刊名。点击具体期刊后的 info 可查看该期刊的出版社信息、联系方式、ISSN 号、影响因子等信息。刊名后还有“Free ISSUES”“Free TRIAL”或“Free SITE”标注，“Free SITE”表示全刊免费；“Free ISSUES”表示过刊免费；“Free TRIAL”表示免费试用；未标注的是收费期刊。HighWire Press 目前全刊免费的有 109 种，过刊免费的有 280 种，免费试用的期刊有 28 种。点击刊名链接便可进入该电子期刊的网站浏览期刊文献或者检索。

（二）PMC（PubMed Central，http://www.pubmedcentral.org/或 http://www.pubmedcentral.nih.gov/）

PMC 由美国国立医学图书馆(NLM)的国家生物技术信息中心(NCBI)于 2000 年创建，是一个提供生命科学期刊文献的全文数据库，并在全球范围内免费使用。所有文献的浏览、检索、下载均无需注册。PMC 是 PubMed 数据库中免费全文的重要来源。

PMC 现收录有 1 582 种全刊免费期刊、297 种 NIH 资助的期刊，以及 2 758 种部分免费期刊，共有文献 320 多万篇。提供关键词检索和期刊刊名浏览。注册用户能享受 E-mail Alert 服务，通过 E-mail 自动获取 PMC 新刊通报。

1. PMC 关键词检索

PMC 关键词检索方法与 PubMed 基本相同，有基本检索和高级检索，主页(见图 6-3-3)的检索框为基本检索，点击 Advanced 可进行高级检索。高级检索界面和方法也与 PubMed 相似。检出结果有文章标题、作者、刊名、卷期、页码以及 PMCID(PMC 的数字编号)，点击记录下的 Full text 链接可浏览以网页形式(HTML)显示的全文，PDF 链接可浏览 PDF 格式的全文，Abstract 可浏览摘要。检索结果的“Links”提供该文献在 NCBI 其他数据库中的链接，部分文献有 Referenced Articles(参考文献)链接和 Cited in PMC(在 PMC 中被引用情况)链接。

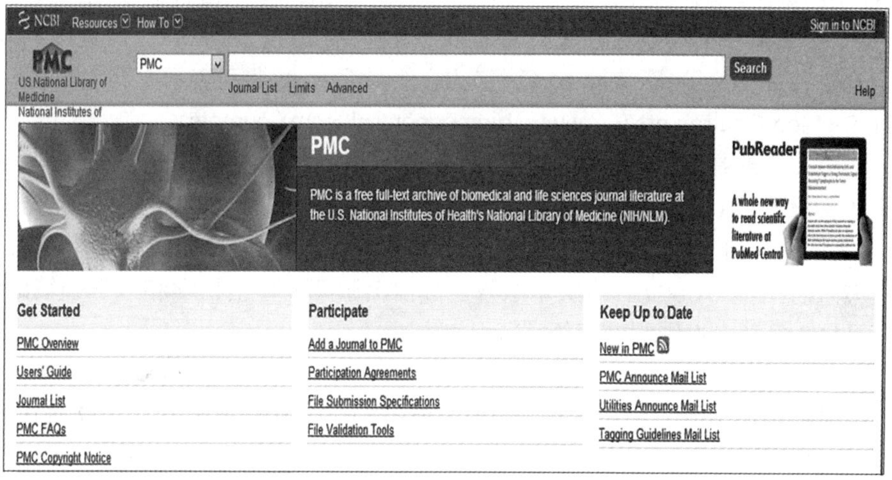

图 6-3-3 PMC 主页界面

2. PMC 期刊浏览法

Journal List 为 PMC 的期刊浏览途径(见图 6-3-4)，依据刊名字顺浏览或检索框输入部分或完整刊名查找某一具体期刊。通过期刊浏览可查看到的期刊信息有：ISSN 号、刊名

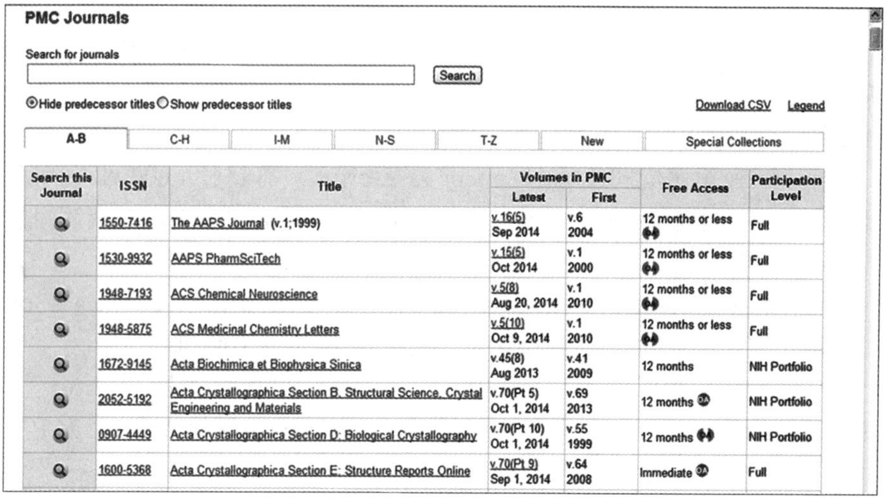

图 6-3-4 PMJ 期刊浏览法界面

(若刊名有变动,会标注新旧刊名)、被收入 PMC 的起始卷期、该刊出版多久后免费以及是否可以链接到其出版商的网站等信息。查找期刊文章可通过两种方式:①点击刊名,可浏览到这一期刊被收录的每一卷期,然后选择具体的卷期即可浏览到这一卷期的所有文章;②通过刊名前的 search 按钮来对某一具体期刊进行关键词检索。

(三) Free Medical Journals(http://www.freemedicaljournals.com/)

Free Medical Journals 是一个提供免费全文医学期刊目录服务的网站,通过链接到具体期刊网站进行检索,或者链接到 PubMed 收录的该刊所有文献。有 4 000 多种医学免费电子期刊,仅提供浏览法,浏览方式有主题、影响因子、免费获取时间、刊名字顺、语种。按照主题浏览时,每个主题标注了收录的所有期刊数和同时被 ISI 收录的期刊数,对具体期刊著录的信息有期刊语种、ISSN 号、影响因子、免费范围,注明 Free 的期刊表示全刊免费。

(四) BioMed Central(http://www.biomedcentral.com/journals)

BioMed Central 是以出版网络版期刊为主的出版商,BioMed Centra1(BMC)是出版商建立的电子文献站点,用于向网络用户免费提供经过同行评审的生物医学研究文献。在 BMC 上发表的所有研究文献都即时存档并进入 PubMed Central 的文献索引,该站点的资源全部免费,由作者本人独立拥有文章版权。目前出版 272 种生物学和医学领域的期刊,收录有文章 7 000 多篇,少量期刊同时出版印刷版。

(五) DOAJ(Directory of Open Access Journals,http://www.doaj.org)

DOAJ 是由瑞典 Lund 大学图书馆创建和维护的一个随时更新开放获取期刊列表的网站。于 2003 年 5 月正式发布,可提供刊名、国际刊号、主题、出版商、语种等信息。截至 2014 年 10 月 10 日,网站收录有 135 个国家的 10 028 种开放获取期刊,均为高质量的学术性期刊,涵盖农业和食物科学、生物和生命科学、化学、历史和考古学、法律和政治学、语言和文献等 16 学科主题,其中 5 878 种期刊提供全文检索,包括 1 747 296 篇文章。

(六) Socolar(http://www.socolar.com/)

Socolar 为中国教育图书进出口公司开发的资源整合平台,旨在为用户提供开放获取资源检索和全文链接服务,为非赢利性项目。收录开放获取期刊 11 000 多种,其中健康科学的开放获取期刊 2 382 种。提供的检索途径有期刊学科分类浏览、字顺浏览、文献基本检索和高级检索。

(七) 其他

(1) Open J-Gate 电子期刊(http://openj-gate.org/) 有超过 4 000 种的科研性 OA 期刊,其中超过 1500 种期刊是有同行评审的学术性期刊,可链接到全文百万余篇,且每年新增全文 30 万篇左右。

(2) American Chemical Society(美国化学学会/ACS,http://www.acs.org/) 是 ACS 建立的电子期刊全文资料库,提供该学会出版的 31 种电子期刊。

(3) 英国医学杂志(BMJ, British Medical Journal)出版集团期刊(http://journals.bmj.com/) 以编辑出版创刊于 1840 年的综合性医学杂志《英国医学杂志》为主体,同时编辑出版 40 多种医学杂志,对发展中国家免费提供期刊全文。

(4) Wiley Online Library(Wiley 在线图书馆,http://onlinelibrary.wiley.com/) 提供 1 500 种期刊的超 400 多万篇文献,以及 15 000 多在线书籍等,学科范围包括:农业、动物

学、经济学、金融学、数学、统计学、工程、计算机科学、保健学、人文学、法学、生命和自然科学、医学、社会科学及行为科学等。部分期刊提供免费全文。

(5) John Hopkins 大学韦尔奇医学图书馆电子期刊专栏(http://www. welch. jhu. edu/)　共有 5 000 多种电子期刊,还有 400 多种数据库和 1 300 多种电子书,提供了关键词检索、刊名字顺浏览,查询结果中有[free]的可免费获取全文。

(6) 发展中国家联合期刊库(http://www. bioline. org. br/)　非营利的电子出版物服务机构,提供来自发展中国家(如巴西、古巴、印度、印度尼西亚、肯尼亚、南非、乌干达、津巴布韦等)的开放获取期刊的全文。

三、开放获取仓储

开放获取仓储不仅存放学术论文,还存放其他各种学术研究资料,包括实验数据和技术报告等。主要分两种类型:一是由机构创建的机构资料库或者机构知识库(Institutional Repositories, IR);二是按照学科创建的学科资料库(Disciplinary Repositories, DR)。OA 仓储一般不实施内容方面的实质评审工作,只是要求作者提交的论文基于某一特定标准格式(如 Word 或 PDF),并符合一定的学术规范。典型的开放获取仓储如下:

(一) DigiNole Commons 仓储(http://dscholarship. lib. fsu. edu)

DigiNole Commons(主页见图 6 - 3 - 5)为佛罗里达州立大学的各个院系及其研究人员提供自我存档和自我管理研究成果和教学资料。从存储对象来看,不仅存储论文的预印本,而且也涉及其他几乎任何基于电子格式的学术文献,包括工作文档、技术报告、会议录、实验数据、电子演示文稿、多媒体文件和简单的网络文献,提供基本检索、高级检索、学科分类浏览、学院部门浏览、出版类型浏览等多种检索途径。

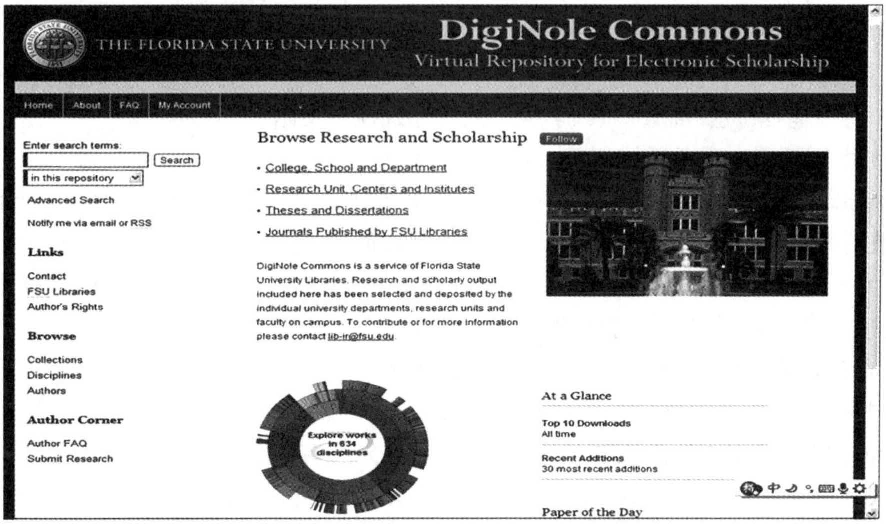

图 6 - 3 - 5　DigiNole Commons 主页界面

(二) arXiv. org(http://www. arXiv. org)

arXiv 是由美国国家科学基金会和美国能源部资助,在美国洛斯阿拉莫斯(Los Alamos)

国家实验室建立的电子预印本(Preprint)文献库,是一个专门收集物理学、数学、计算机科学和生物学学术论文电子预印本的开放访问典藏库。预印本是指科研工作者的研究成果还未在正式刊物发表,而出于和同行交流的目的自愿通过邮寄或网络等方式传播的科研论文、科技报告等文章。与刊物发表的论文相比,预印本具有交流速度快、利于学术争鸣、可靠性高的特点。arXiv 预印本文献库是基于学科的开放获取仓储,旨在促进科学研究成果的交流与共享。目前包含物理学、数学、非线性科学、计算机科学和量化生物等 5 个学科共计 17 万篇预印本文献。研究者按照一定的格式将论文进行排版后,通过 E-mail、FTP 等方式、按学科类别上传至相应的库中。arXiv 电子印本文档库没有评审程序,不过同行可以对文档库的论文发表评论,与作者进行双向交流。论文作者在将论文提交 e-print arXiv 的同时,也可以将论文提交学术期刊正式发表,论文一旦在某种期刊上发表,在 e-print arXiv 中的该论文记录中将会加入文献正式发表的期刊卷期信息。目前世界各地共有 arXiv 的镜像站点 17 个,方便世界各国研究人员随时调用其中的文献。在中国的站点位于中国科学院理论物理研究所(http://xxx.itp.ac.cn)。有基本检索、高级检索和分类浏览等途径。

(三) OpenDOAR(http://www.opendoar.org)

OpenDOAR 是由英国的诺丁汉(Nottingham)大学和瑞典的伦德(Lund)大学图书馆在 OSI、JISC、CURL、SPARC 欧洲部等机构的资助下,于 2005 年 2 月共同创建的开放获取机构资源库、学科资源库目录检索系统,用户可以通过机构名称、国别、学科主题、资料类型等途径检索和使用这些知识库,包含各种免费资源,有期刊论文、会议论文、学位论文、技术报告、专利、学习对象、多媒体、数据集、工作论文、预印本等。

(四) 中国科技论文在线(http://www.paper.edu.cn)

中国科技论文在线是经教育部批准,由教育部科技发展中心创建的科技论文网站,每日更新,可为在网站发表论文的作者提供该论文发表时间的证明,并允许作者同时向其他专业学术刊物投稿,以使科研人员新颖的学术观点、创新思想和技术成果能够尽快对外发布,并保护原创作者的知识产权。文献包含各种学科,目前已有纸本期刊出版,文献的来源从网站中选择。提供基本检索、高级检索、学科浏览等方式检索文献。

(五) 中国预印本服务系统(http://prep.istic.ac.cn/)

中国预印本服务系统于 2004 年 3 月 15 日正式开通,是由中国科学技术信息研究所与国家科技图书文献中心联合建设,以提供预印本文献资源服务为主要目的的实时学术交流系统,系统主要收藏的是国内科技工作者自由提交的预印本文章,提供分类浏览和关键词检索,能实现浏览全文、发表评论等功能。

(六) 中国学术会议在线(http://www.meeting.edu.cn)

中国学术会议在线是经教育部批准,由教育部科技发展中心主办,面向广大科技人员的科学研究与学术交流信息服务平台。中国学术会议在线利用现代信息技术手段,目标是分阶段实施学术会议网上预报及在线服务、学术会议交互式直播/多路广播和会议资料点播三大功能,为用户提供国内外学术会议信息预报、会议分类搜索、会议在线报名、会议论文征集、会议资料发布、会议视频点播、会议同步直播等服务。可以通过导航浏览会议新闻、会议评述、会议预告、会议回顾、报告视频等资源,也可以通过关键词检索会议和会议视频。

(七) 其他

(1) 剑桥大学机构库(http://www. dspace. cam. ac. uk/)　由剑桥大学图书馆(Cambridge University Library)维护,提供剑桥大学相关的期刊、学术论文、学位论文等电子资源。

(2) 密西根大学论文库(http://deepblue. lib. umich. edu/)　包含美国密西根大学论文库 2 万多篇期刊论文、技术报告、评论等文献全文。包含艺术学、生物学、社会科学、资源环境学等学科的相关论文,另还有博硕士论文。标识有 OPEN 的可以打开全文链接。

(3) 加利福尼亚大学机构库(http://repositories. cdlib. org/escholarship)　提供加利福尼亚大学研究成果,可按不同学院浏览和检索资源。

(4) 麻省理工大学机构库(http://dspace. mit. edu/)　存储了麻省理工大学的电子版资源,包括预印本、技术报告、工作论文、学位论文、会议文献、图像等。大部分可以免费下载全文。

(5) 厦门大学学术典藏库(http://dspace. xmu. edu. cn/dspace/)　主要用来存储厦门大学教学和科研人员的具有较高学术价值的学术著作、期刊论文、工作文稿、会议论文、科研数据资料,以及重要学术活动的演示文稿等。主要目的在于:长期保存厦门大学的学术成果;方便校内外同行学者之间的学术交流、评议、知识共享等;展示厦门大学学术成果,加快学术传播;促进电子出版和公开获取运动。提供关键词基本检索和高级检索,提供学院、研究所、专集、作者、题名、主题等浏览途径。

(6) 香港科技大学科研成果全文仓储(http://repository. ust. hk/dspace)　由香港科技大学图书馆用 Dspace 软件开发的一个数字化学术成果存储与交流知识库,收录由该校教学科研人员和博士生提交的论文(包括已发表和待发表)、会议论文、预印本、博士学位论文、研究与技术报告、工作论文和 PPT 演示稿全文。可通过全文、作者、题名、主题、ISSN/ISBN 等进行检索,检索结果可以依据格式、作者、主题、杂志等缩小结果范围。

(7) 香港大学学术库(http://hub. hku. hk/)　收录了 1941 年以来的 17 000 余篇港大授予的硕士和博士论文,包含艺术、人文、教育以及社会科学、医学和自然科学各学科。主要为英文论文,部分为中英双语或中文。

目前除了期刊、会议论文、学位论文等开放获取资源外,网络上还有不少开放获取课程等资源。由于网络资源是动态变化的,因此还可使用 Google、百度等搜索引擎了解最新资源站点,或者借助一些收集开放获取资源的网站比如 OA 图书馆(http://www. souoa. com/)来进行浏览和检索。

思考题

1. 何为开放获取?开放获取特征及实现途径有哪些?
2. 开放获取仓储如何分类?
3. 比较 PMC 与 PubMed,HighWire Press 与 Free Medical Journals 的不同和特点。

实习题

1. 在 HighWire Press 中查找：
   1）有关阿斯匹林(Aspirin)治疗心力衰竭(Heart failure)方面的文献；
   2）查找 Shou-Dong Lee 发表的关于乙型病毒性肝炎(Hepatitis B)的诊断方面的全文文献，并查找作者的工作单位；
   3）按照刊名途径查找期刊 Bone & Joint Research 中有关类风湿性关节炎(Rheumatoid Arthritis)的文献，并下载一篇文献的全文。
2. 在 Free Medical Journals 中查找：
   1）按照学科浏览途径查找有关营养方面的免费电子期刊共有多少种？其中多少种被 ISI 收录？
   2）查找 Journal of Cell Science 的免费范围。
3. 在 PMC 中查找：
   1）用基本检索查找关于腱鞘炎(Tenosynovitis)治疗方面的全文；
   2）利用刊名浏览途径查找期刊 International Journal of Health Geographics 的被收录的年限及免费开放情况，并浏览最新一期文献的一篇综述文献，并下载其 PDF 格式全文；
   3）查找有关肺癌免疫疗法(Immunotherapy)方面的全文文献，共有多少篇。

（周满英）

第七章　循证医学资源介绍

第一节　循证医学概述

一、循证医学定义

循证医学(Evidence-Based Medicine，EBM)即遵循证据的医学，又称实证医学或证据医学，是国际临床领域近年来迅速发展起来的一种新医学模式。它的经典定义由 David L. Sackett 提出，即循证医学是慎重、准确、明智地应用当前所能获得的最佳证据，同时结合临床医生的个人专业技能和多年临床经验，考虑患者的权利、价值和期望，将三者完美地结合以确定患者的治疗措施(见图 7-1-1)。循证医学的核心思想是：任何医疗决策的确定都应给予客观的、经得起评价的临床科学研究依据、医生的临床判断和患者的价值取向。三者缺一不可，相辅相成，共同构成循证思维的主体。

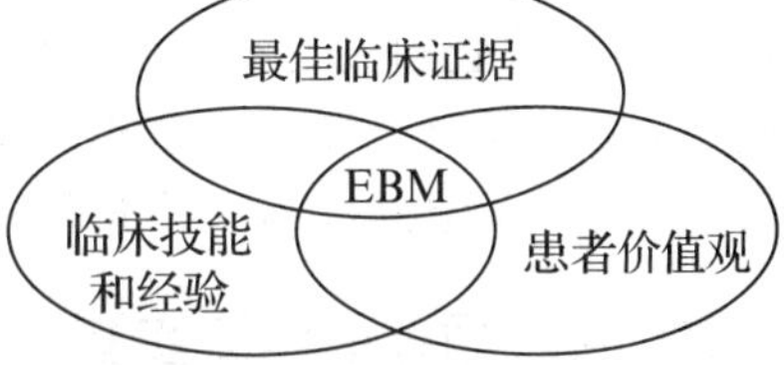

图 7-1-1　循证医学定义示意图

二、循证医学产生和发展

循证医学的产生与信息技术的发展、人类疾病谱发生变化、临床流行病学等方法学的发展、meta 分析引入临床研究、医疗模式的转变等密切相关。1992 年，以 GordonGuyatt 为首的循证医学工作组在 JAMA 杂志上发表了标志循证医学正式诞生的宣言文章《循证医学：医学实践教学的新模式》。1992 年，由英国国家卫生服务部支持成立了世界上第一个循证医学实践机构——英国 Cochrane 中心。以此为基础，1993 年由 I. Chalmers 博士等在英国成立了一个国际性、非营利性的循证医学学术团体——Cochrane 协作网，该协作网以循证医学先驱人物 Archie Cochrane(1909—1988)的名字命名。1995 年，由英国医学杂志出版集团和美国内科医师学会联合主办的"*Evidence-based Medicine*"杂志创刊，同年，David L. Sackett 教授受聘于英国牛津大学后，组建了英国循证医学中心(Evidence-based Medicine Center)，1997 年出版了由他主编的《循证医学》一书。《循证医学》专著以及杂志的出版是循证医学发展史上的又一里程碑。目前循证医学已经向整个医疗服务领域渗透，形成了循证内科、循证外科、循证护理、循证心理治疗等医学学科。我国循证医学于 1996 年由四川大学华西医学中心留学回国人员率先引入国内，创建了中国的循证医学 Cochrane 中心，随后循证医学得到迅速的推广和发展，同时，循证医学也开始走入中医视野。

三、循证医学与传统经验医学的区别

循证医学与传统经验医学的区别主要表现在证据来源、证据收集和评价、判效指标、诊治依据以及医疗模式等方面(见表7-1-1)。

表7-1-1 循证医学与传统经验医学的区别

	传统经验医学	循证医学
证据来源	动物实验、实验室研究	临床研究
收集证据	不系统、不全面	系统、全面
评价证据	不重视	重视,有严格的评价标准
判效指标	中间指标	终点指标
诊疗依据	基础研究	当前可得到的最佳研究证据
医疗模式	疾病/医生为中心	患者为中心

可见,循证医学在证据来源、收集和评价证据、诊疗依据等方面都优于传统经验医学。但是,循证医学不能否定和取代所有的传统经验医学,循证医学所获得的证据必须在仔细采集病史、体格检查和实验室检查基础上,根据医生的专业知识和临床经验及患者的意愿,慎重地决定临床策略。循证医学和传统经验医学并不矛盾,循证医学不是去取代原来的教科书,否定经验,而是对经验的补充和完善,使决策更科学、更合理、更完善。

四、实践循证医学五步骤

(1) 提出明确的问题　包括临床问题、卫生政策问题。从实际问题出发,将问题具体化为可以回答的科学问题,可以按照PICO要素将问题拆分为:P(population/patients/participants)即研究对象的类型、特征、所患疾病类型等;I(intervention/exposure)即干预措施或暴露因素;C(comparison)即对照措施或另一种可用于比较的干预措施;O(outcome)即结局/疗效指标。

(2) 系统检索相关文献,全面搜集证据　寻找可以回答上述问题的最好研究证据。

(3) 严格评价,找出最佳证据　参考证据分级标准,从证据的真实性、可靠性、临床重要性、相关性及适用性严格评价收集到的证据。

(4) 应用最佳证据,指导实践　经过严格评价文献,将从中获得的真实、可靠并有应用价值的最佳证据用于指导决策。

(5) 后效评价循证实践的结果　通过上述4个步骤,后效评价应用当前最佳证据指导解决问题的效果如何,若成功可用于指导进一步实践,反之应具体分析原因,找出问题,再针对问题进行新的循证研究和实践。

第二节　循证医学证据

循证医学证据主要指那些需要科学研究方能获得的知识和信息,循证医学证据及其质量是实践循证医学的决策依据。

一、循证医学证据分类

根据研究方法学分类，循证医学证据分为原始研究证据(Primary Research Evidence)和二次研究证据(Secondary Research Evidence)；根据研究问题的不同，又可分为诊断、病因、预防、治疗、预后、临床经济学等的研究证据；根据用户需要的不同，又分为系统评价、临床实践指南、临床决策分析、卫生技术评估、健康教育资料。

(一) 原始研究证据

原始研究证据是指直接以患者或健康人为研究对象，对相关问题进行研究所获得的第一手数据，经统计学处理、分析、总结而形成的研究报告。常用研究方法有观察性研究和实验性研究。

观察性研究是非随机化研究，又称非实验性研究或非随机化对比研究，是在自然状态下对研究对象的特征进行观察、记录，并对结果进行描述和对比分析。在研究中，不向研究对象施加任何实验因素(干预因素)，可以将观察对象按某种特征分组，但不需随机分组。主要包括队列研究、病例对照研究、现况研究(横断面研究)、病例分析、个案报告。

实验性研究是指研究者根据研究目的人为对研究对象设置干扰因素，按重复、对照、随机化原则控制非干预措施的影响，总结干扰因素的效果。实验性研究主要包括随机对照试验(Randomized Controlled Trial，RCT)、非随机同期对照试验、交叉试验、自身前后对照试验。随机对照试验是临床试验中公认的标准研究方法，是将一组随机抽取的研究对象随机分配到两种或多种处理组(实验组与对照组)，实验组人为地给予或控制某因素，而对照组不给予该因素或给予安慰剂或给予标准(经典)疗法，然后观察比较不同处理因素的效应(或结果)。

(二) 二次研究证据

二次研究证据是指在全面收集针对某一问题的所有原始研究证据的基础上，经严格评价、整合处理、分析总结而形成的研究报告，是对原始研究证据进行二次加工后得到的更高层次的研究证据。常见的二次研究证据有系统评价/Meta 分析、临床实践指南、临床决策分析、临床路径、临床证据手册、卫生技术评估、卫生经济学研究等。

(1) 系统评价/Meta 分析：系统评价(Systematic Review，SR)也译作系统综述，是指针对某一具体临床问题(如疾病的病因、诊断、治疗和预后)，系统、全面地收集符合纳入标准的所有相关临床研究证据，采用临床流行病学原理和方法进行逐一严格评价和分析，筛选出符合质量标准的文献，进行定性的或用统计学方法进行定量合成(Meta 分析)，去粗取精，去伪存真，最终得出可靠的综合结论。系统评价要随着新的临床研究结果的出现即时更新，随时为临床实践和卫生决策提供尽可能接近真实的科学证据，是循证医学临床实践中重要的决策依据，应用最为广泛的是临床随机对照试验所做的系统评价。

Meta 分析(meta-analysis)是汇总多个同类研究结果，并对研究结果用统计学的方法进行定量合并的分析研究过程，是一种定量的系统评价。

Meta 分析是系统评价的一种，但系统评价并不一定全都是 Meta 分析，还包括定性系统评价。

(2) 临床实践指南(Clinical Practice Guideline，CPG)　针对特定的临床问题，收集、综合和概括各种临床研究证据，由各级政府、医药卫生管理部门、专业学会、学术团体或专家组等制定的，帮助临床医生和病人做出恰当处理的指导意见。

(3) 临床决策分析(Clinical Decision Analysis，CDA)　指医务人员针对具体患者，遵循国内外最先进的证据，结合卫生经济学观点和患者意愿，比较分析 2 个或 2 个以上备选方案，从中选择最优者进行临床实践的决策过程，与传统临床决策的最主要区别在于循证确定并评价备选方案。

(4) 临床路径(Clinical Pathway, CP) 是指针对某一疾病建立一套标准化诊疗程序，是一个有关临床治疗的综合模式，以循证医学证据和指南为指导来促进治疗组织和疾病管理的方法，最终达到规范医疗行为、减少康复延迟及资源浪费、提高医疗质量的目的。路径的制定是综合多学科医学知识的过程，这些学科包括临床、护理、药剂、检验、麻醉、营养、康复、心理以及医院管理，甚至有时包括法律、伦理等。相对于指南来说，其内容更简洁、易读，适用于多学科多部门具体操作，是针对特定疾病的诊疗流程，注重治疗过程中各专科间的协同性，注重治疗的结果，注重时间性。

(5) 临床证据手册(Handbook of Clinical Evidence) 由专家对各种原始研究和二次研究进行严格评价后汇总撰写，供临床医生做临床决定时参考和使用。

(6) 卫生技术评估(Health Technology Assessment, HTA) 是指对卫生技术的技术特性、安全性、有效性(效能、效果和生存质量)、经济学特性(成本-效果、成本-效能、成本-效用)和社会适应性(社会、法律、伦理、政治)进行系统全面的评价，为各层次的决策者提供合理选择卫生技术的证据。

(7) 临床经济学研究(Health Economics) 是应用经济学原理和分析方法来解决卫生事业中的问题，希望用最小的投入得到最大产出的分支学科。

二、循证医学证据分级

循证医学证据的分级有多个标准，比如 AHCPR 标准、NEEBGDP 标准、SIGN 标准、牛津大学循证医学中心标准、GRADE 标准等。其中 GRADE(Grading of Recommendations Assessment, Development and Evaluation)是针对此前证据分级标准的不足，由 19 个国家和国际组织(包括 WHO)于 2000 年共同创建的工作组。该工作组由 67 名包括临床指南专家、循证医学专家、各个标准的主要制定者及证据研究人员构成，旨在通力协作，制定出国际统一的证据质量分级和推荐强度系统，于 2004 年正式推出。GRADE 标准认为证据质量是指在多大程度上能够确信疗效评估的正确性，将证据质量分为 4 级(见表 7-2-1)，并制定了影响证据质量的 8 个因素，其中 5 个可降低证据质量，3 个可升高证据质量(见表 7-2-2)，然后依据证据质量、利弊平衡、价值观和意愿、成本 4 个因素确定推荐强度。目前包括 WHO 和 Cochrane 协作网在内的 50 多个国际组织、协会已经采纳 GRADE 标准，成为证据发展史上的里程碑事件。

表 7-2-1 GRADE 证据质量分级

证据分级	说明
高质量	进一步研究也不可能改变该疗效评估结果的可信度
中等质量	进一步研究很可能影响该疗效评估结果的可信度，且可能改变该评估结果
低质量	进一步研究极有可能影响该疗效评估结果的可信度，且该评估结果很可能改变
极低质量	任何疗效评估结果都很不确定

表 7-2-2　影响证据质量的因素

	可能降低证据质量的因素及其解释
偏倚风险	包括隐藏分组缺失、盲法缺失、失访过多、未进行意向性治疗分析等
不一致性	不同研究间大相径庭的疗效评估意味着各种疗法的疗效确实存在差异，当存在结果异质性而研究者未能意识到并给出合理解释时，证据质量亦降低
间接性	有两类：第一类如欲比较两种活性药物的疗效时，尽管可能没有两药直接比较的 RCTs，但可能存在两药均与同一安慰剂比较的 RCTs，这样的试验便可进行两药疗效的间接比较，但提供的证据质量比两药直接比较的低；第二类间接证据包括人群、干预措施、对照措施、预期结局等要素
精确性	当研究纳入的患者和观察事件相对较少而致可信区间较宽时，将降低该研究的证据质量
发表偏倚	当研究者未能发表研究时（通常是阴性结果的研究）
	可能增加证据质量的因素及其解释
效应值很大	当方法学严谨的观察性研究显示疗效显著或非常显著且结果一致
可能的混杂因素会降低疗效	如营利性医院患者病死率高于非营利性医院，如果考虑可能的混杂因素，比如营利性医院卫生资源更多，就诊患者社会经济状况普遍较好、病情较轻的情况，非营利性医院疗效更好的证据强度将提高
剂量-效应关系	给药的药量和引起的效应之间有明显的关联

其他证据分级标准还有 2001 美国州立大学医学中心推出的证据金字塔（见图 7-2-1），其首次将动物研究和体外研究纳入证据分级系统，拓展了证据的范畴，加之简洁明了，形象直观，也得到了非常广泛的传播。

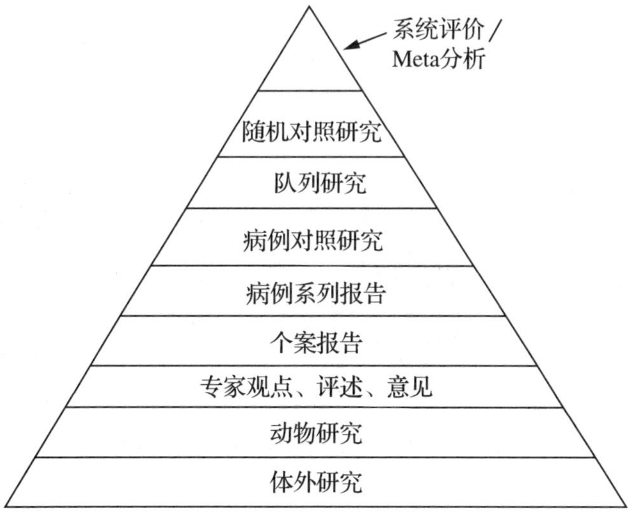

图 7-2-1　证据金字塔

第三节 循证医学证据主要来源及检索

循证医学证据主要检索来源有循证医学资源综合网站、临床实践指南网站、临床试验网站、循证医学电子期刊、常见数据库中循证医学子库、常见医学文献数据库中的循证医学文献。

一、循证医学资源综合网站

(一) Cochrane Library(http://www.thecochranelibrary.com)

1. 简介

Cochrane Library(考克兰/科克伦图书馆，其主页面见图 7-3-1)由循证医学国际组织 Cochrane 协作网(http://www.cochrane.org/)创建。Cochrane 协作网是 1993 年成立的以英国著名流行病学家 A. Cochrane 命名的非赢利性组织，该协作网旨在通过制作、保存、传播及更新医学各领域的系统评价，为临床治疗实践和医疗卫生决策提供可靠的科学依据。目前全球组建了 14 个 Cochrane 中心和 19 个分支机构，Cochrane 协作网下设 16 个方法学小组、53 个系统评价小组，每个小组专注于一个特定的主题，比如传染病、肺癌、代谢和内分泌紊乱、口腔健康、神经肌肉疾病、新生儿、麻醉、精神分裂症等。Cochrane Library 是被公认的循证医学最重要的资料库，是卫生保健疗效可靠证据最好的来源，资源丰富可靠。Cochrane Library 的系统评价免费向互联网用户提供文摘资源。

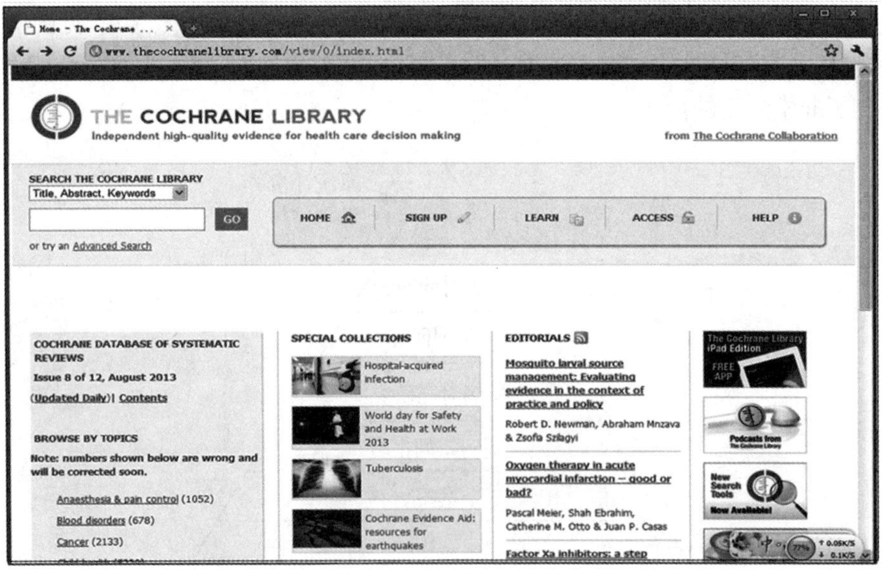

图 7-3-1 Cochrane Library 主页界面

2. 主要资源

Cochrane Library 主要包括 6 个子库：

(1) Cochrane 系统评价全文库(The Cochrane Database of Systematic Reviews,

CDSR）提供 Cochrane 协作网的系统评价全文（Completed Review）及研究方案（Protocols）两大类，目前共有信息 8 000 多条。

（2）疗效评价文摘库（Database of Abstracts of Reviews of Effectiveness，DARE）收录了世界各国非 Cochrane 协作网发表的高质量的系统评价的摘要，是 Cochrane 系统评价的重要补充。

（3）Cochrane 临床对照试验中心注册数据库（Cochrane Central Register of Controlled Trials，CENTRAL）该库收集的临床对照试验，来源于医学杂志、会议录及其他专业资料库，大多提供摘要。

（4）Cochrane 方法注册资料数据库（Cochrane Methodology Register，CMR）包括用于系统评价的所有方法学研究报告，以及与系统评价直接相关的临床试验方法学研究报告。

（5）卫生技术评估数据库（Health Technology Assessment Database，HTA）收录了国际卫生技术评估网络成员单位和其他技术评估机构提供的结构式摘要（包括目的、方法、结果与结论）。

（6）NHS 经济学评价数据库（NHS Economic Evaluation Database，EED）收录了 NHS（英国国家卫生服务部）卫生保健干预措施经济学评价研究的摘要。

3. *检索途径和方法*

提供 4 种检索途径，即基本检索、高级检索、主题词检索和浏览法。

（1）基本检索　基本检索是 Cochrane Library 主页默认的检索途径，支持词组精确检索，用半角双引号；支持布尔逻辑运算符，用 AND/OR/NOT，单词之间空格默认为逻辑“与”；支持截词检索，使用符号为用 * 和?；自动检索不同词性、动词时态变化、英美通用拼写变体（如 tumor，tumour）等；支持邻近运算，用 NEAR 限定词间间隔≤6 个单词，两词出现的顺序可颠倒，也可用 NEAR/X（数字）限定最多间隔的单词数，还可用 NEXT 限定两个单词紧邻，顺序不能颠倒。可选择的检索字段有：所有文本、题名、作者、摘要、关键词、表格、文献类型、出处、数字对象唯一标识符、获取号。检索结果可依据 6 个子库分别浏览。

（2）高级检索　点击 Advanced Search 进入高级检索界面（见图 7-3-2），其检索规则同基本检索，可以增加检索行和限定检索（见图 7-3-3），增加检索行的按钮最多可增加 5 个检索行，检索行之间可选择 AND/OR/NOT 运算；限定检索提供了限定子库、关闭自动字词变体功能、时间限定以及状态限定（有更新的条目）。

（3）主题词检索　在高级检索界面，点击 Medical Terms（MeSH）进入主题词检索界面，检索方法为：在检索框输入检索词（款目词或主题词），选择副主题词（也可不选），然后点击 Lookup 按钮，系统会查找对应的标准主题词及扩展检索选项，并显示各个子库中相应的信息数目，点击 View Results 查看结果。

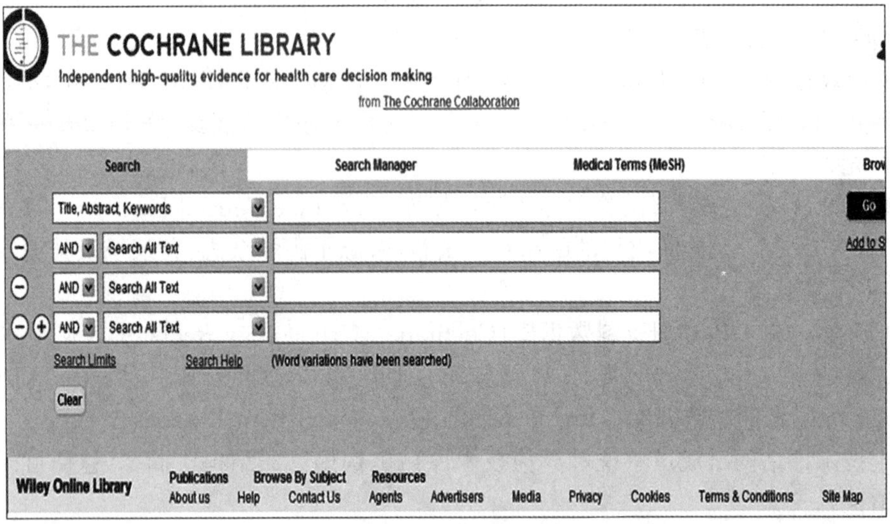

图 7-3-2 Cochrane library 高级检索界面

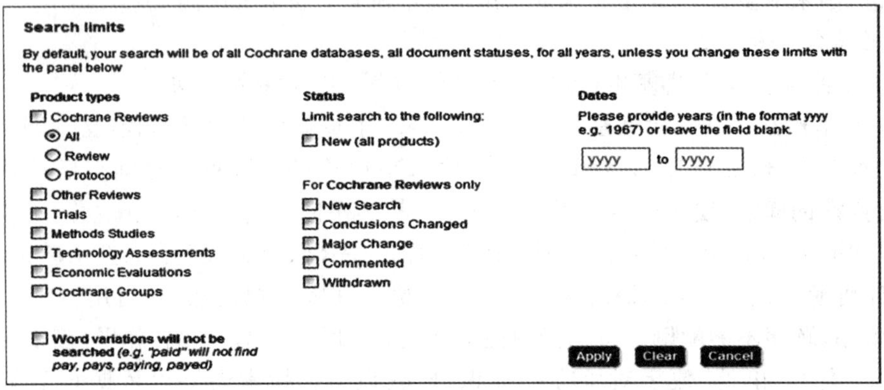

图 7-3-3 Cochrane library 限定检索界面

检索示例

查找药物治疗胃癌的系统评价。

1. 分析

查找“胃癌”对应的主题词，组配副主题词“药物疗法”(均用英文)。

2. 检索步骤

在检索框输入“gastric cancer”，副主题词选择“drug therapy”，然后点击“Lookup”按钮，得到的界面见图 7-3-4。系统将“gastric cancer”自动转换成其对应的主题词“stomach neoplasms”，并提供其他可能的匹配结果可供选择(见图 7-3-4 左侧一览)，中间一览为树状结构的扩展选项，默认为扩展全部树，右侧一览为检索结果数、检索条件的显示，并提供在各个子库中的结果数，Cochrane Reviews 和 Other Reviews 共命中 42 篇系统评价，点击 View Results 可查看详细的结果(见图 7-3-5)，可查看具体某一子库的命中文献，结果题录的右下角有类型和状态变化的标识。

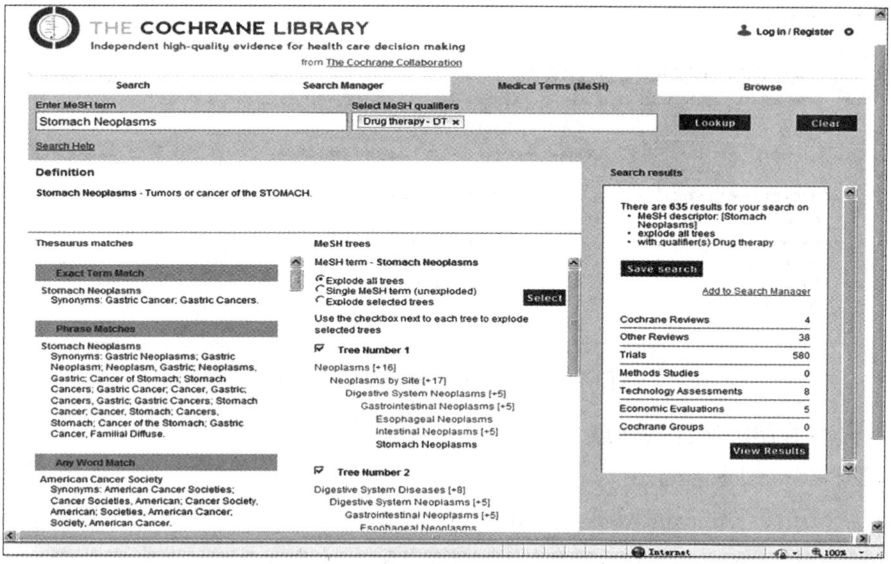

图 7－3－4　主题词检索界面

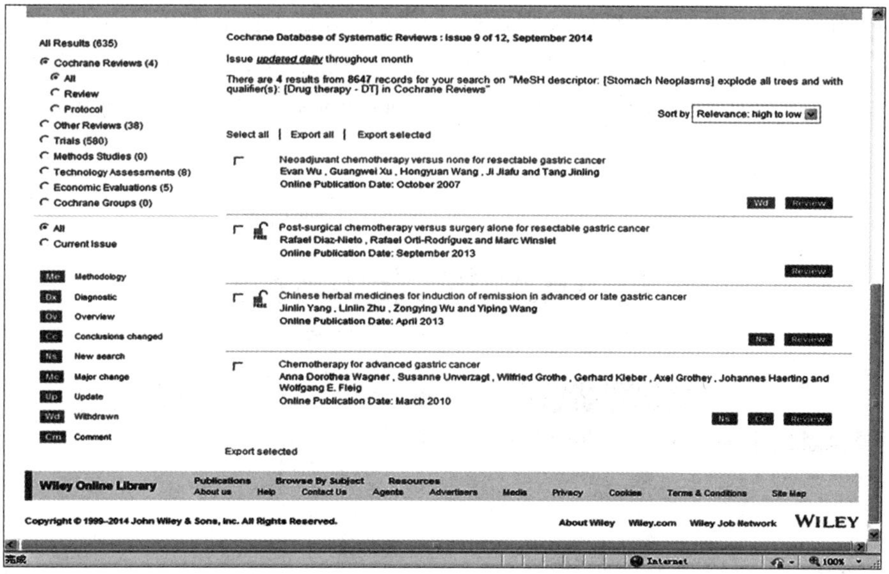

图 7－3－5　检索结果界面

（4）浏览法　通过 Browse 进入浏览法界面（见图 7－3－6），可供浏览 Cochrane 系统评价和其他子库资源，其中 Cochrane 系统评价提供 5 种浏览方式，即主题、新系统评价、有更新的系统评价、字顺浏览、系统评价小组浏览，其他子库提供字顺浏览方式（临床试验库除外，该库资源只能通过检索词进行检索）。

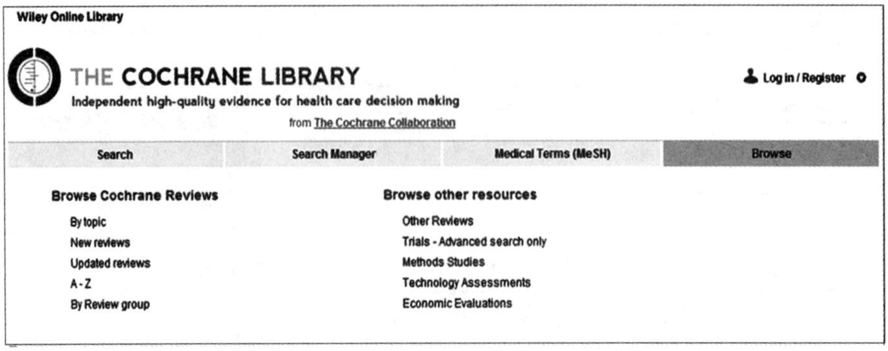

图 7-3-6 Cochrane 浏览法界面

(二) BMJ 集团的循证医学库

1. BMJ Clinical Evidence

网址为 http://clinicalevidence.bmj.com/,专门为临床医师设计,针对常见临床病症提供干预治疗方法。涵盖了临床治疗和护理中超过 80%的常见病症,将疾病分为 32 个大类,系统评价各种临床实际问题已有的证据及其级别、来源、实用性、可靠性等。该数据库针对每种疾病,以治疗为主,采用严格的过程评估每种治疗方法的疗效和安全性,告诉读者哪些治疗方法有益,哪些可能有益、那些利弊相当、哪些不可能有益、哪些可能无益或甚至有害和哪些疗效不确定。可以通过浏览法(点击 Show Conditions)或关键词检索相关系统评价(见图 7-3-7)。

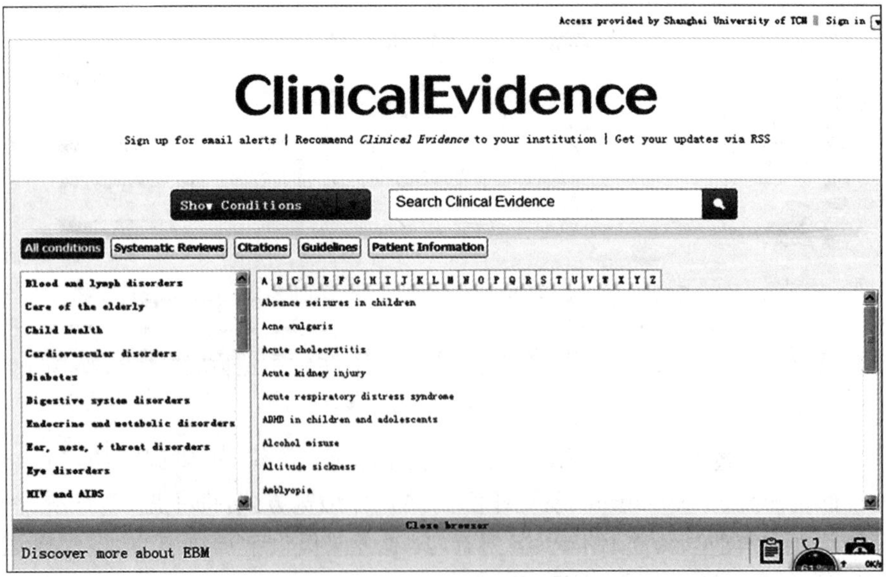

图 7-3-7 Clinical Evidence 检索界面

2. BMJ Best Practice

网址为 http://bestpractice.bmj.com 主页见图 7-3-8。BMJ Best Practice 源于循证

医学，专注临床实践，完全整合了 BMJ Clinical Evidence 中的治疗研究证据，同时汇集全球8 000种医学期刊，增添了由全球知名学者和临床专家执笔撰写的，以个体疾病为单位，涵盖基础、预防、诊断、治疗和随访等各个关键环节的内容，尤其像鉴别诊断、实验室检查、诊断和治疗的方法和步骤等。目前收录了上千种临床疾病和上万种诊断方法，有多达 4 000 部临床治疗指南和 3 000 张参考图片。此外还嵌入了国际权威的药物处方指南以及患者教育内容。提供题名关键词搜索和疾病分类浏览及疾病字顺浏览。

图 7-3-8　Best Practice 主页界面

（三）其他

（1）ACP Smart Medicine(http://smartmedicine.acponline.org/)　美国内科医师学会(American College of Physicians，ACP)杂志俱乐部(ACP Journal Club)出版，主要包括疾病诊治、筛查与预防、补充/替代医学、伦理和法律问题、流程、药物信息，提供关键词检索和主题浏览法。

（2）SUMSearch(http://sumsearch.org/)　由美国得克萨斯大学健康科学中心(University of North Texas Health Science Center)研制，可同时检索 DARE、NGC、Medline 等，可针对检索界面上提供的干预、诊断等选项进行检索。

（3）TRIP Database(http://www.tripdatabase.com/)　该网站 1997 年建立，目标是收集互联网上所有有价值的循证医学资源网站及电子刊物，可检索多个数据资源，既有 Cochrane 系统评价摘要，也有循证医学方面的杂志和相关网站上的系统评价、相关问题问答、在线高质量医学专业杂志的原始研究和评价性文章、指南、电子教科书等，提供基本检索、高级检索和 PICO 检索。

（4）CRD Database(http://www.crd.york.ac.uk/crdweb/)　可检索疗效评价文摘库(DARE)，英国国家保健服务(系统)经济评价数据库、卫生技术评估数据库，提供关键词检索和主题词检索。

（5）BETs(Best Evidence Topics，http://www.bestbets.org/)　英国曼彻斯特皇家医院提供的急诊医学服务的循证医学网站，提供结构式摘要。

（6）UpToDate(http://www.uptodate.com)：UpToDate是全球领先的基于循证医学原则的临床决策支持系统（Clinical Decision Support System，CDSS），汇集了全世界5 700余名知名医生作者、编辑和同行评议者的智慧，帮助全世界的医生在诊疗时做出正确的决策。

二、临床实践指南网站

（一）美国国家指南中心（http://www.guideline.gov）

美国国家指南中心（National Guideline Clearinghouse，NGC）（主页见图7-3-9），由美国卫生保健研究与质量局（AHRQ）、美国医学会（AMA）和美国卫生健康计划协会（AAHP）联合制作。免费提供结构式摘要，并能进行指南之间的比较，对指南内容进行分类，对指南的参考文献、指南制作方法、指南的评价、指南使用等提供链接、说明或注释，部分指南可链接全文。有基本检索、高级检索和浏览法，支持布尔逻辑运算、精确检索和词义扩展功能。高级检索可以限定年龄组、临床专科、出版年、指南类型、目标用户、评估证据的方法等。

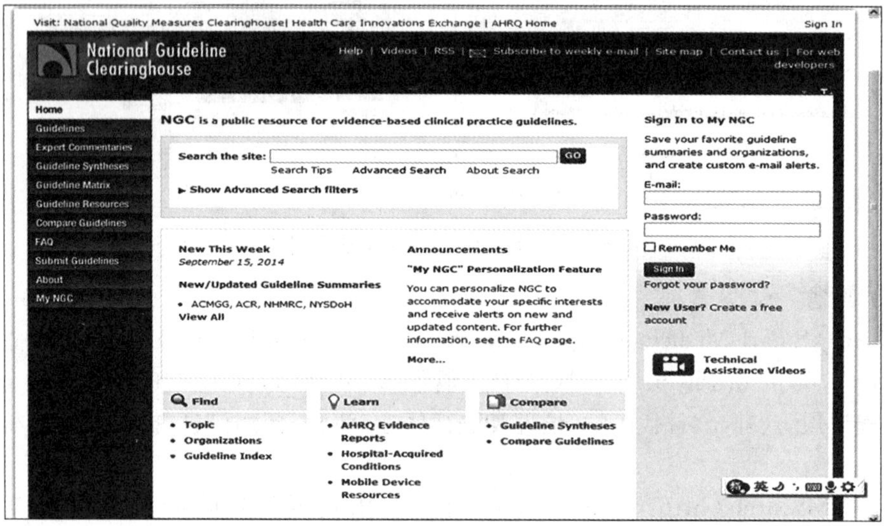

图7-3-9 National Guideline Clearinghouse主页界面

（二）其他临床实践指南

（1）英国国家临床最优化研究所（NICE，http://www.nice.org.uk） 1999年成立，提供国家指南，对健康和社会保健提供建议。

（2）加拿大医学会临床实践指南（CMA Infobase，http://www.cma.ca/） 1995年由加拿大国家、州或地区医学卫生组织、专业协会、政府机构和专家小组共同主办，收录来自加拿大各地和各机构团体提供的临床实践指南。

（3）新西兰临床实践指南研究组（NZGG，http://www.nzgg.org.nz） 1996年在新西兰卫生委员会领导下建立，主要目的是为了制定和实施循证临床实践指南。

（4）中国临床指南文库（http://www.cgc-chinaebm.org/） 由中国医师协会循证医学专业委员会和中华医学杂志社共同发起建设，旨在收录中国医学期刊近5年内发表的临床实践指南，为临床工作者、管理机构和社会大众提供查询临床指南的平台。北京大学循证医学中心承担具体的技术工作。

三、临床试验网站

(一) Clinical Trials(http://clinicaltrials.gov/)

Clinical Trials 是美国国立卫生研究院国立医学图书馆建立的提供临床试验信息的数据库(见图 7-3-10)。

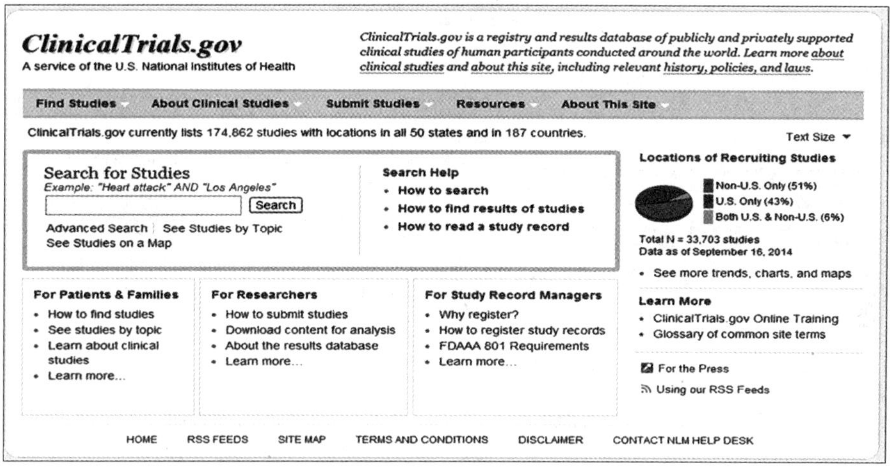

图 7-3-10　Clinical Trials 主页界面

收录了 187 个国家的 17 万多条临床试验研究信息，每条信息包括主办单位、目的、内容、志愿者标准、是否继续招收研究对象、地点等。提供 4 种检索途径，即 Basic Search(基本检索)、Advanced Search(高级检索)、See Studies by topic(主题浏览)、See Studies on map(地图浏览)。此数据库有自动检索同义词功能。基本检索的检索框可以输入检索词或检索式，支持逻辑运算符和精确检索，AND、OR、NOT 需大写，空格默认为逻辑“与”。高级检索有多个检索框，可直接将检索词限定在疾病状态、干预条件、题名、结果、试验发起者、试验国家和地区等字段，还可以对志愿者招募情况、研究类型、国家和地区、年龄组、试验阶段、性别、资助者、时间等进行限定。主题浏览可根据疾病状况、罕见病、药物干预、膳食补充、组织者、国家和地区进行浏览。地图浏览是依据地图浏览各洲、国家及地区进行的临床试验，点击数目即可查看这些临床试验信息。每条临床试验信息有是否还在招募志愿者或者完成等状态显示，还有题名、疾病状态、干预条件、目的、对志愿者的要求、联系方式等信息。

(二) WHO 国际临床试验注册平台(http://www.who.int/ictrp/)

2001 年，世界卫生组织(WHO)发起并成立 WHO 临床试验注册平台(World Health Organization International Clinical Trial Registration Platform, WHO ICTRP)，成为全球各地区临床注册中心分配全球统一注册号的中心，并于 2007 年 5 月正式运行。其任务是保证涉及卫生保健决策的所有人员均能完整地查看研究情况。这将提高研究透明度，并最终加强科学证据基础的有效性和价值。平台提供注册入口和一站式检索入口。可以检索澳大利亚-新西兰临床试验注册中心(Australian New Zealand Clinical Trials Registry)、Clinical Trials、欧洲临床试验注册中心(EU Clinical Trials Register, EU-CTR)、国际标准随机对照试验注册库(International Standard Randomized Controlled Trial Number, ISRCTN)等多个临床试验数据库资源。提供基本检索、高级检索、主题浏览和国家/地区浏览等检索方式(见图 7-3-11)。

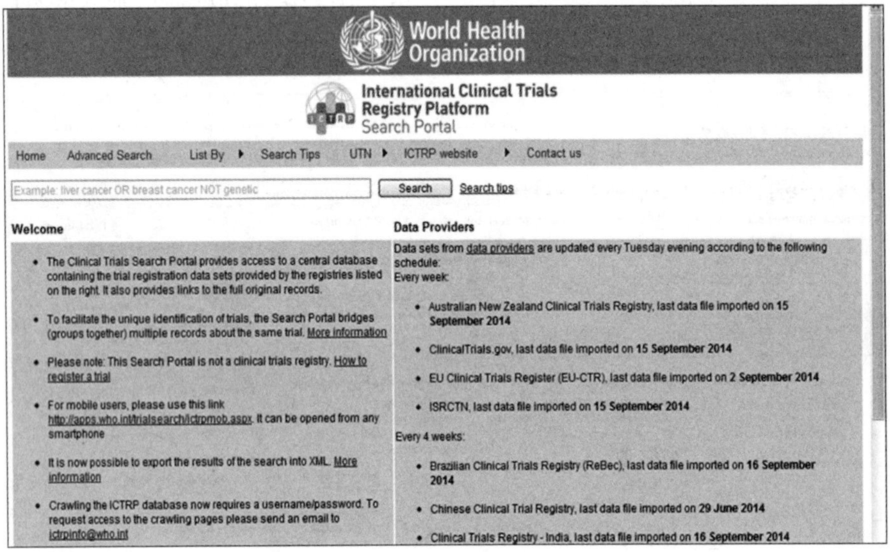

图 7-3-11 WHO 临床试验注册平台检索界面

(三) Current Controlled Trials

隶属于 Springer 公司,网址为 http://www.controlled-trials.com/,该网站的 mRCT 是一个重要的医学在研随机对照试验数据库,包含大量在研的随机对照试验,可免费访问并获得相关临床试验信息。

(四) 其他临床试验资源

主要是一些提供具体某国家或地区的临床试验数据的资源,比如:

(1) 澳大利亚-新西兰临床试验注册中心(http://www.anzctr.org.au)

(2) 英国制药工业协会临床试验数据中心(http://www.cmrinteract.com/clintrial)

(3) 中国临床试验注册中心(http://www.chictr.org)

(4) 印度临床试验注册中心(http://www.ctri.in)

(5) 香港临床试验注册中心(http://www.hkclinicaltrials.com)

四、循证医学电子期刊

(一) BMJ 集团出版的循证医学电子期刊

BMJ 集团主要出版以下 3 种循证医学电子期刊,网址为: http://journals.bmj.com/。

(1) EBM(*Evidence-based Medicine*,循证医学) 由 BMJ 和美国内科医生学院(American College of Physicians ACP)联合主办。

(2) EBN(*Evidence-based Nursing*,循证护理杂志) 由英国皇家护士学院和 BMJ 联合

主办。提供与护理相关的研究和最新证据的高质量国际性杂志。

(3) EBMH(*Evidence-based Mental Health*,循证精神健康杂志)　发表精神和心理保健方面的高质量研究和最新证据。

(二) ACP Journal Club

译为美国内科医师学会杂志,是由美国内科医师协会(American College of Physicians)和美国内科医学会(American Society of Internal Medicine)出版的循证医学刊物,网址为http://acpjc. acponline. org。该期刊定期筛选临床方面的主要期刊,查找最佳的原始与评论性文章,将挑选出的文献逐篇撰写更详细的摘要并摘录其中重要的临床实践证据,同时还评论该文献在临床应用上的价值。

(三) Evidence-Based Healthcare

英国循证卫生保健杂志,旨在为健康卫生管理者和决策者提供健康保健、组织和管理方面的最佳证据。由 Elsevier Science 出版社出版,可通过 ScienceDirect 数据库检索,网址为http://www. sciencedirect. com/science/journal/14629410。

(四) Bandolier

由英国 Oxford NHS R&D Directorate 于 1994 年创办,1995 年开通网络版,网址为http://www. medicine. ox. ac. uk/bandolier/,月刊,可免费获得全文。该期刊资料来源于英国 York 大学疗效分析公报、PubMed 或 Cochrane Library 收录的系统评价、Meta 分析、随机对照试验、高质量的病例对照研究、队列研究等。对原始试验文献的综述进行系统评价,特别是干预疗效方面的评价,为医学专业人员或患者提供有关疾病治疗方面的科学依据。

(五) 国内主要循证医学期刊

国内循证医学期刊主要有《中国循证医学杂志》(http://www. cjebm. org. cn/)、《中国循证儿科杂志》(http://www. cjebp. net/)、《循证医学》(http://www. jebm. cn/)、《中国循证心血管医学杂志》(http://www. ebcvm. org/)。其中《中国循证医学杂志》和《中国循证儿科杂志》可在线浏览摘要信息,《循证医学》和《中国循证心血管医学杂志》可在线免费阅读和下载全文。

(六) 其他循证医学期刊

(1) Evidence-based Child Health

http://onlinelibrary. wiley. com/journal/10. 1002/(ISSN)1557－6272

(2) Evidence-based Complementary and Alternative Medicine

http://www. hindawi. com/journals/ecam/

(3) Evidence-based Dentistry

http://www. nature. com/ebd/index. html

(4) Evidence-based Obstetrics & Gynecology

http://www. sciencedirect. com/science/journal/1361259X

(5) Evidence-based Cardiovascular Medicine

http://www. sciencedirect. com/science/journal/13612611

(6) Advanced Studies in Medicine

http://jhasim. com/

（7）Evidence-based Dental Practice

http://www.journals.elsevier.com/journal-of-evidence-based-dental-practice/

五、常见数据库中的循证医学子库

（一）OVID 平台循证医学子库

1. Ovid EBM Reviews，整合了 7 个循证医学相关数据库

（1）ACP Journal Club　由美国内科医师学会精选的生物医学领域富有创见的研究文章和系统评价。

（2）EBM Reviews-Cochrane Central Register of Controlled Trials（CCTR，临床试验中心登记库）　该库是在 Cochrane 等国际组织的协调下，收录和登记临床试验信息，并提供文献来源。

（3）EBM Reviews-Cochrane Database of Systematic Reviews（Cochrane DSR，系统评价资料库）　收录由 Cochrane 协作网系统评价专业组在统一工作手册指导下完成的系统评价，包括系统评价全文和研究方案。

（4）EBM Reviews-Cochrane Methodology Register（CMR，方法学评价数据库）

（5）EBM Reviews-Database of Abstracts of Reviews of Effects（DARE，疗效评价文摘库）　由英国 York 大学国家卫生服务系统（NHS）评价与传播中心建立的疗效评价文摘数据库。它提供结构式摘要，即对以往发表的高质量系统评价做概要性摘要，并提供系统评价参考文献的索引。

（6）EBM Reviews-Health Technology Assessment（HTA，卫生技术评估数据库）　Cochrane 图书馆卫生技术评估数据库收录国际卫生技术评估网络成员单位和其他卫生技术评价机构提供的结构式摘要，其中一些记录是正在进行研究的项目。

（7）EBM Reviews-NHS Economic Evaluation Database（NHS EED，英国国家卫生保健服务（系统）卫生经济评价数据库）　该库是按一定规范，系统收录各种相关数据库和杂志中卫生保健干预措施的经济学评价记录，记录有详有略，摘要为结构式摘要。

2. JBI 循证护理数据

JBI（Joanna Briggs Institute）循证护理中心 1997 年在澳大利亚成立，是目前全球最大的循证护理中心，进行证据转化（如系统评价管理，质性资料评价，专家报告评价，meta 分析，疗效和成本分析等），出版 *Best Practice Information Sheets*、*JBI Report*、*PACES*（*Practical Application of Clinical Evidence System*）等期刊。数据库提供：循证摘录、基于循证的实践建议、最佳实践资料和系统评价等内容。

（二）EBSCO 的循证医学库

EBSCO 公司出版的循证医学数据库有 DynaMed，该库紧贴临床医生循证临床决策的实际需求，信息每天更新，共分约 2 000 个主题，有 500 多种重要的医学期刊及其他 EBM 数据库中的系统评价信息，对每篇系统评价都从临床相关性及可靠性等方面进行评价，进一步产生适合临床医生实践循证医学的重要证据。

（三）Elsevier 的循证医学库

MD Consult 是 Elsevier 公司于 1997 年推出的临床医学数据库，该数据库最核心有 3 部

分内容，即循证医学、图书、期刊。MD Consult 提供了 1 000 多份临床实用指南、10 000 多份病患须知手册、大量综合性药物信息及美国 FDA 提供的信息等资源。其中的 First Consult 子库为专门的循证医学库。

六、常见医学文献数据库中的循证医学文献

（一）PubMed 中的循证医学文献检索

PubMed 数据库中主要提供 3 种方式进行循证医学文献的检索：一是利用 Clinical Queries 模块，二是利用检索结果 Filter 功能，三是利用手持终端应用提供的 askMEDLINE 或 PICO 功能检索。

（1）利用 Clinical Queries 模块进行循证医学文献检索　PubMed 数据库的 Clinical Queries 模块可检索 Clinical Study Categories（临床研究）以及 Systematic Reviews（系统评价）（见图 7－3－12）。其中 Clinical Study Categories 主要是临床的原始研究文献，Systematic Reviews 则是循证医学的二次研究证据。具体的检索方法参见第四章第一节。

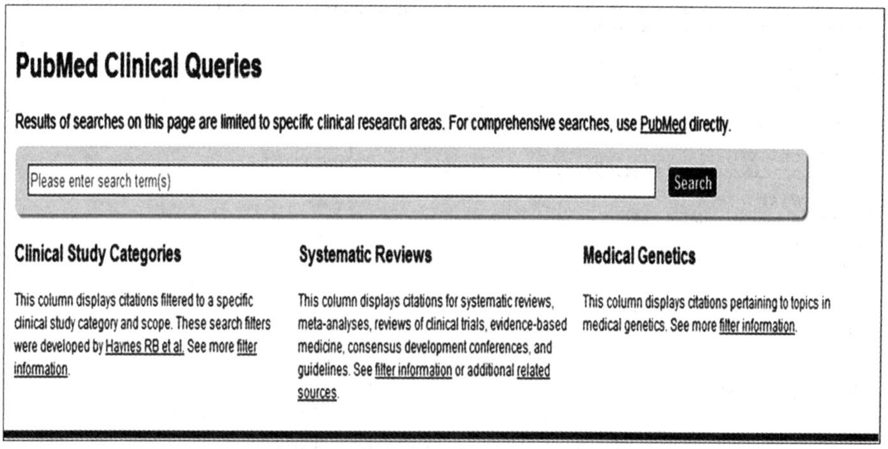

图 7－3－12　PubMed Clinical Queries 检索界面

（2）利用检索结果 Filter 功能进行循证医学文献检索　在 PubMed 检索结果界面可以对检索结果进行 Filter 限定，将文献类型限定为 Practice Guideline，Meta-analysis，Clinical Trial，Systematic Reviews，Controlled Clinical Trial，Case Reports 等，即可获得相关循证医学文献（见图 7－3－13）。

（3）利用 PubMed 手持终端应用提供的 askMEDLINE 或 PICO 检索　这两大功能也可直接在 PC 上操作，网址为 http://pubmedhh.nlm.nih.gov/，askMEDLINE 是直接输入临床问题，选择文献类型，点击提交即可，其中文献类型有临床试验、Meta 分析、随机对照试验、系统评价、实践指南。PICO 检索是将临床问题分解为 PICO 要素，依据 PICO 要素进行检索，检索界面见图 7－3－14。

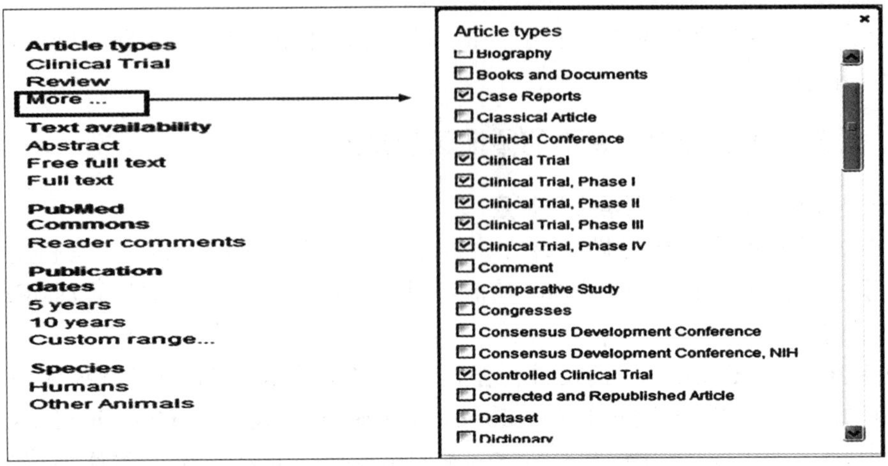

图 7-3-13 PubMed Filter 的文献类型限定

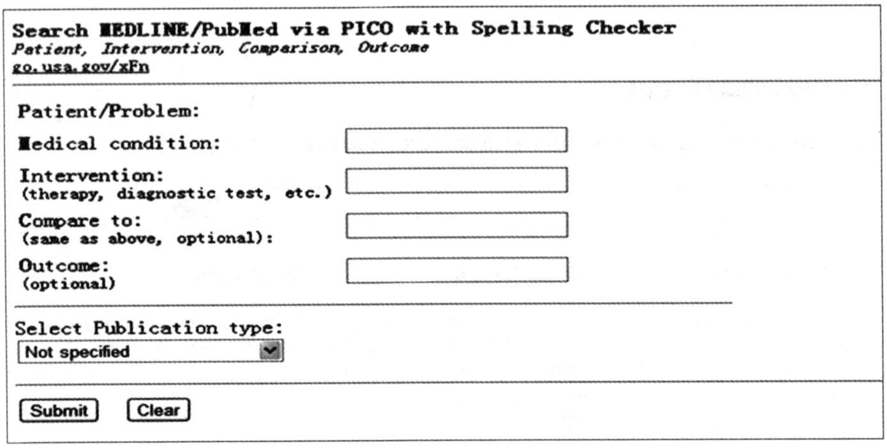

图 7-3-14 PubMed 的 PICO 检索界面

(二) 中国生物医学文献数据库中的循证医学文献检索

SinoMed 系统的中国生物医学文献数据库(CBM)目前提供有关循证医学文献检索的两种方式：一是检索结果能直接筛选出循证文献；二是在限定检索中限定文献类型。

(1) 检索结果筛选　中国生物医学文献数据库的检索结果除了显示全部结果之外，还筛选出了核心期刊文献、中华医学会期刊文献和循证文献，点击“循证文献”即可查看相关的属于循证医学范畴的文献。该数据库的具体检索方法参见第三章第一节。

(2) 限定检索中的循证医学文献检索　中国生物医学文献数据库的限定检索提供文献类型的限定，其中与循证医学相关的文献可以限定为病例报告、临床试验、随机对照试验、Meta 分析、多中心研究(见图 7-3-15)。

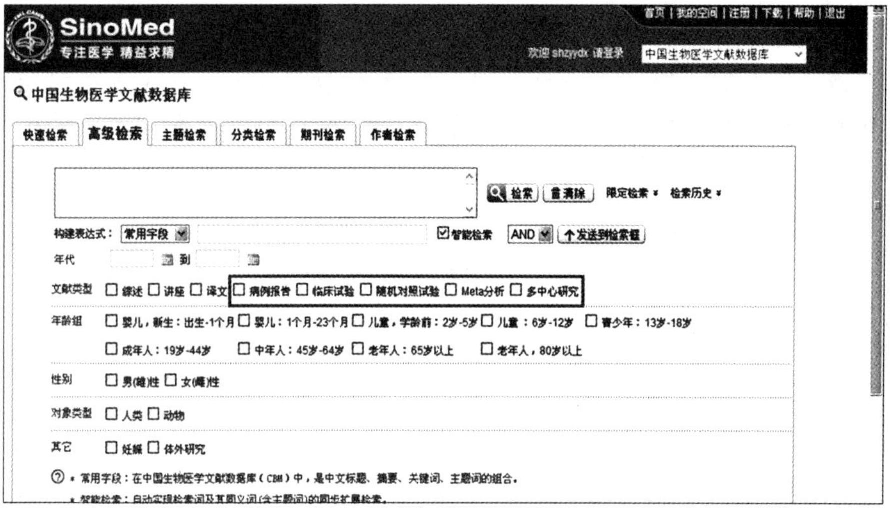

图 7-3-15　CBM 限定检索界面

其他文献数据库比如 OVID、Springer、EBSCO、Elsevier、中国知网、万方、维普等包含医学文献的综合性数据库也均包含大量的循证医学原始研究证据文献以及少量的二次研究证据，但只能通过输入与循证医学相关的关键词进行搜索，没有专门的循证医学检索功能。具体各个数据库的检索方法参见相关章节所述。

总体而言，外文循证医学数据库和资源非常丰富，国内专门的循证医学资源库几乎没有，只能通过少数几种循证医学期刊和各中文期刊文献数据库检索临床证据或系统评价等检索与循证医学相关的文献。

思考题

1. 循证医学的核心思想是什么，与传统经验医学主要有哪些区别？
2. 循证医学证据有哪些类别？如何进行质量分级？
3. 循证医学证据的主要来源有哪些？
4. 在 PubMed 和 CBM 数据库如何进行循证医学文献的检索？

实习题

1. 在 Cochrane Library 中查找：
   1) 通过基本检索查找慢性鼻窦炎(Chronic rhinosinusitis)方面的循证医学文献，在各个子库中分别有多少条记录？
   2) 通过高级检索查找细支气管炎(Bronchiolitis)吸入疗法(Inhalation therapy)方面的系统评价文献。
   3) 通过主题词途径查找大肠癌(Colorectal Cancer)药物治疗方面的循证医学文献。
   4) 通过浏览法查找 Cochrane 系统评价中痤疮(Acne)方面的文献。

2. 在 Clinical Trials 中查找：
   1）肾功能衰竭治疗方面的临床试验。
   2）在中国进行的胃癌方面的临床试验。
3. 在 PubMed 中，利用 3 种方式来检索风湿性关节炎(Rheumatoid Arthritis)患者伴发抑郁症(Depression)的系统评价。

（周满英）

第八章 图书馆信息资源共享和利用

第一节 电子图书检索

电子图书是相对于传统纸质图书而言的、数字化的、以电子形式存储在各种介质中，以数字形式发行、传播和阅读的图书。与传统的印刷图书相比，电子图书具有存储信息量大、检索功能强、下载传输方便等优点，常用的有超星数字图书馆、方正 Apabi 电子图书、Wiley Online Library Ebooks、Springer LINK 电子图书等。本节主要介绍常用中文电子图书数据库。

一、超星汇雅数字图书馆

(一) 资源简介

超星汇雅数字图书馆提供丰富的电子图书资源，收录年限从 1950 年至今。按照中图法分为医药卫生、生物科学、文学、政治法律、历史地理、数理科学和化学、天文学地球科学等 22 个大类，现已拥有数百万种数字图书，其中生物科学、医药及卫生类图书超过 7 万种。主站有大量免费电子图书、学术视频和学术课程，并推出慕课、名师视频等栏目。

超星数字图书馆收录文献类型包括图书、期刊、报纸、学位论文、会议论文、标准、专利和视频等，另有特色专题库产品，如文史资料、地方志、计算机、会议论文、艺术期刊、年画、院士文库等。

(二) 检索方法

超星汇雅数字图书馆提供快速检索和高级检索两种途径。

1. 快速检索

提供书名、目录、作者、全文检索等 4 个检索入口，在检索框中输入检索词后即可检索图书。

2. 高级检索

可在书名、作者、主题词 3 个字段中检索，可限定图书出版时间，检索结果可按照出版日期和书名降序或升序排列。

3. 分类浏览

按照中图法分为医药卫生、生物科学、文学、政治法律、历史地理、数理科学和化学、天文学地球科学等 22 个大类进行浏览，另有特色专题栏目，如文史资料、地方志、计算机、会议论文、艺术期刊、年画、院士文库等。

(三) 图书阅读

超星汇雅电子图书有超星主站和镜像站点两种访问平台，提供网页阅读、阅读器阅读、下载到本地阅读等3种阅读方式。随着信息技术发展,还有PC端阅读、IPAD客户端和安卓客户端,供移动终端用户随时随地获取图书资源。

主站图书阅读步骤为:进入读书频道,查找所需图书,点击"阅读器阅读"或"网页阅读"浏览图书。镜像站点用户需要先下载并安装超星阅读器后才能进行阅读,或将图书下载到本地计算机上进行离线阅读。超星阅读器可以在超星汇雅图书馆网站免费下载。

读者可通过"我的图书馆"栏目注册账号,收藏超星数字图书馆资源,根据阅读需求创建专题,整理归类,创建自己的个人数字图书馆,还能实现文件上传、资源共享、收藏等功能。

二、读秀学术搜索

(一) 资源介绍

读秀学术搜索集文献搜索、试读、文献传递、参考咨询等多种功能为一体,提供图书馆已购买图书在线阅读、部分文献的全文试读,读者可通过阅读文献的某个章节或通过文献传递来获取他们需要的文献资源。

目前,该平台能够为读者提供200万种图书、9亿页全文资料等海量学术资源的一站式检索及使用。读秀学术搜索读书搜索分为哲学、宗教、军事、经济、文学、生物医学、卫生等22个大类及古籍类。

(二) 检索方法

用户可以通过简单检索、高级检索、专业检索和分类导航等途径来检索图书,可检索字段包括书名、作者、主题词、出版社、ISBN、分类、中图分类号等,可进行年代、搜索结果显示条数限定。

1. 简单检索

可在全部字段、书名、作者、主题词、丛书名等字段中检索,提供精确、模糊两种匹配方式,在检索框内输入检索词后,点击"中文检索"按钮即可,方便快捷。

2. 高级检索

点击检索框右侧的"高级检索"进入高级检索界面,可检索字段包括书名、作者、主题词、出版社、ISBN、分类、中图分类号等,还可限定检索年限和结果显示条数。输入检索词后点击"高级检索"进行搜索。相比简单检索,高级检索结果更加精确。

3. 专业检索

点击检索框右侧的"专业检索"进入专业检索界面,根据界面下方的规则构建检索式即可。

4. 分类导航

点击检索框右侧"分类导航"进入分类导航界面,用户通过逐级分类列表选择相关类别图书进行阅读。

(三) 图书阅读

读秀学术搜索的文献获取分为本馆馆藏纸本、本馆电子全文、文献传递、随书光盘、文献互助平台等几种类型。

读秀检索系统不但能显示图书详细的书目信息,而且还能提供图书的原文阅读(已购买)以及文字摘录。在检索结果页图书标题后有"馆藏纸本"按钮,或在图书的详细信息界面中有“本馆馆藏纸书”链接的，可点击该链接直接进入本单位图书馆系统进行资源获取。若本馆没有收藏纸质或者电子全文，可以试读。试读包括封面页、版权页、前言页、目录页、正文前 10 页至 30 页等。如需要阅读更多内容，点击“图书馆文献传递”进行申请。

对于能获取全文的图书资源，可选择在线阅读或者下载，下载的图书需使用超星阅读器阅读。

三、方正 Apabi 电子图书

方正 Apabi 电子图书是由北大方正电子有限公司开发的数字图书馆系统，收录国内多个出版社的图书资源，涵盖文学艺术、语言、历史、经济法律、政治、哲学、计算机等多个学科，特色资源有方正工具书数据库、高校教参电子书库等，每年新出版图书超过 12 万种。提供分类检索、快速查询、高级检索、二次检索等检索途径。阅读图书需要下载安装 Apabi 阅读器。

四、书同文古籍数据库

北京书同文前身是成立于 1997 年的文源阁《四库全书》电子版工程中心。书同文典籍全文数字化资源包括《四部丛刊》《四部备要》《中国历代石刻史料汇编》《十通》《大清历朝实录》《大清五部会典》《军机处上谕档》《大明会典》《光绪新法令》《大明实录》《历代书画文集》等，使用现代化数字技术手段，实现古籍数字检索功能，方便读者查阅和检索。数据库可通过多种途径、采用多种方法进行快速检索，并提供原版图像与数字化文本，实现古籍浏览、校勘、标注、分类、编辑、下载、打印的全电子化过程，是研究古籍文献有力的支持工具。

第二节　馆际互借与远程文献传递

信息社会，文献数量飞速增长，任何一家独立的图书馆都无法完整采集某一学科的全部文献资料，单个图书馆无法完全满足读者科研和教学所需文献，需要通过某种渠道拓宽资源来源，由此便产生了馆际互借和文献传递等机构间的合作和联盟形式。

馆际互借与文献传递服务是图书馆间应对学术研究需求所提供的文献资源共享服务，是图书馆之间或图书馆与其他文献情报机构之间建立协作关系，相互利用对方的文献资源来满足读者需求的一种资源共享方式。馆际互借与文献传递服务为本馆用户提供从外馆获取图书文献资料的服务，同时也提供外馆或个人从本馆获取文献的服务，是图书馆文献资源的一种有效补充和进一步的保障。

一、馆际互借及文献传递服务概念

1. 馆际互借服务

馆际互借的服务方式有返还式和非返还式两种。返还式馆际互借服务是指读者所借的文献需要归还出借馆，文献类型一般是图书和期刊原件等。非返还式馆际互借服务是指读者所借阅的文献不需要归还出借馆，文献类型一般为复印本或扫描文件。随着数字化和网络技术的发展，原文传递服务已逐渐可以取代部分非返还式的馆际互借服务。

目前提供馆际互借服务的机构包括文献情报机构、文献资源共建共享组织和平台，如CALIS中国高等文献保障系统、CASHL中国高校人文社科文献中心，以及有相关服务协议的文献情报机构，如中国国家图书馆、上海图书馆、复旦大学、上海交通大学、华东理工大学、上海师范大学等都可以提供馆际互借服务。

2. 文献传递服务

文献传递服务是指把用户需求的文献从文献源中提取出来，通过一定的途径，如邮寄复印件、传递文本(图像、声音)、E-mail、网上下载、传真等方式传递给用户的一种服务，是网络环境图书情报机构和电子文献出版商为满足用户需求而采取的服务手段，也是资源共享的服务手段之一。

目前主要提供文献传递服务的机构包括CASHL中国高校人文社会科学文献信息中心、CALIS中国高等文献保障系统、NSTL国家科技图书文献中心、中科院系统的图书馆等，部分地区和图书馆联盟也有自己的文献传递服务。随着网络文献数据库技术和服务的不断提高，目前网络数据库检索系统也能为用户提供在线的文献传递服务。对于检索结果列表中无法在本地获取全文的文献，用户可以从数据库检索平台中申请从其他收藏该文献全文的机构进行文献传递，通过邮箱获取电子版全文。

二、馆际互借与远程文献传递的服务流程

用户在获取所需文献时，一般需要先查询本馆馆藏，若本馆尚未收录所需文献，则需使用馆际互借、文献传递、查询网络免费学术全文等途径获取，常规的服务流程见图8-2-1。

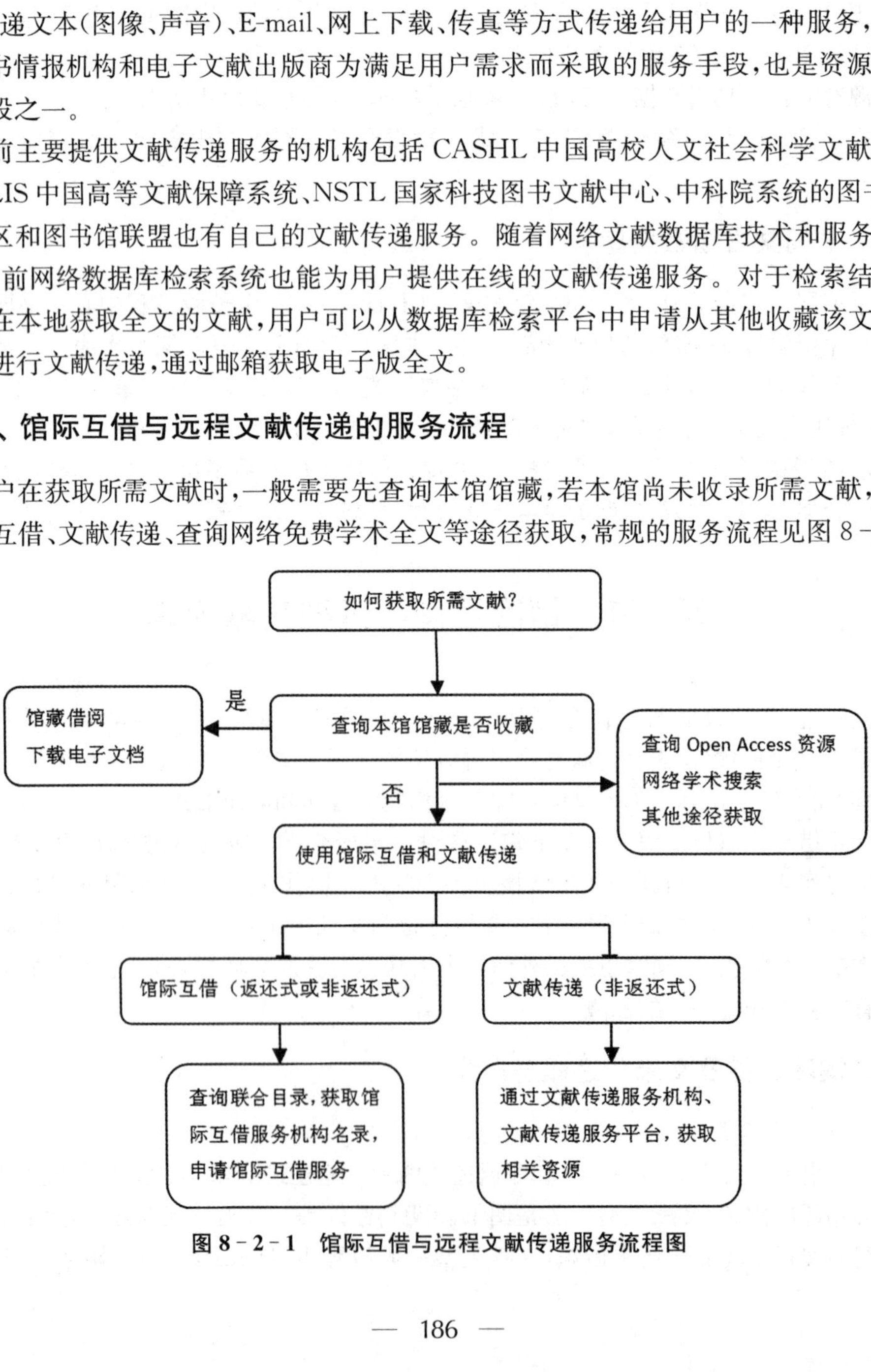

图8-2-1 馆际互借与远程文献传递服务流程图

三、联机公共书目查询系统

联机公共书目查询系统(Online Public Access Catalog, OPAC),是20世纪70年代末由美国一些大学图书馆和公共图书馆共同开发,供读者查询馆藏数据的联机书目检索系统。OPAC将不同载体、不同类型的本地资源与远程资源整合在同一个系统和平台上,通过互联网对图书馆馆藏资源、书目数据、数字资源等进行查询,能实现书目数据自动化,使馆藏资源得到共建共享。公共书目查询系统是获取原文、馆际互借、文献传递的前期保障。

部分图书馆除了能进行一般馆藏资源查询之外,还将包括文本、图片、音频、视频等各类资源,通过二次深度加工处理,整合到统一的资源检索查询平台,更加方便用户对馆藏资源进行深度检索和利用。

四、联合目录

联合目录指的是能够查询多家图书情报机构馆藏情况的目录,能够同时反映多个文献收藏单位的文献收藏情况。

按照地域可分为国际性、国家级、地区级别的联合目录;如OCLC WorldCat是由OCLC(Online Computer Library Center)组织全球上万家图书馆参与的全球联合编目系统,是目前世界上最大的书目数据库。

按照文献类型可分为图书联合目录、期刊联合目录等;按照收录文献的内容范围,可分为综合性的和专科性的联合目录。还有覆盖某类学术机构的联合目录平台,如国内最常用的中国高等教育文献保障体系(China Academic Library Information System,简称CALIS),主要反映国内高等院校图书馆的文献资料收藏情况。中国科学院文献情报中心的联合目录集成服务系统(UNICAT)可以检索中国科学院系统的资源。

五、国内常用文献传递和馆际互借平台

1. 中国高等教育文献保障系统(CALIS)及联合目录公共检索系统

(1) 机构简介　"中国高等教育文献保障体系"(China Academic Library & Information System 简称CALIS)(http://www.calis.edu.cn),1998年开始启动建设,总体目标是把国家的投资、现代图书馆理念、先进的技术手段、高校丰富的文献资源和人力资源整合起来,建设以中国高等教育数字图书馆为核心的教育文献联合保障体系,实现信息资源共建、共知、共享,为中国的高等教育服务。

CALIS采用基于国际标准的馆际互借协议,通过协议完成馆际互借的处理、跟踪至结算整个过程,并实现文献传递的自动化管理,其主流服务模式为分布式的文献传递运作模式,读者通过所在成员馆获取CALIS文献传递网成员馆丰富的文献收藏。

CALIS采取"全国中心—地区中心—高校图书馆"三级文献保障体系结构,在北京设有一个全国管理中心,下设了文理、工程、农学、医学4个全国文献信息服务中心,华东北、华东南、华中、华南、西北、西南、东北7个地区文献信息服务中心和1个东北地区国防文献信息服务中心。"十五"期间CALIS的服务从面向"211高校"扩展到面向所

有高校，它所发展的500多个高校成员馆以高校为主要服务对象，构成了第三级文献保障体系。

（2）资源简介　提供收藏馆的期刊论文、学位论文、会议论文、科技报告、专利文献、可利用的电子全文数据库，以及图书部分章节的复印等，还提供代查代检服务，接受用户馆的委托请求，帮助查询国内外文献信息机构的文献和代为索取一次文献。

CALIS系统的资源可以通过CALIS联合目录公共检索系统进行查询。CALIS联合目录公共检索系统采用WEB方式提供查询与浏览（见图8-2-2），其主要功能包括书目查询、馆际互借等。

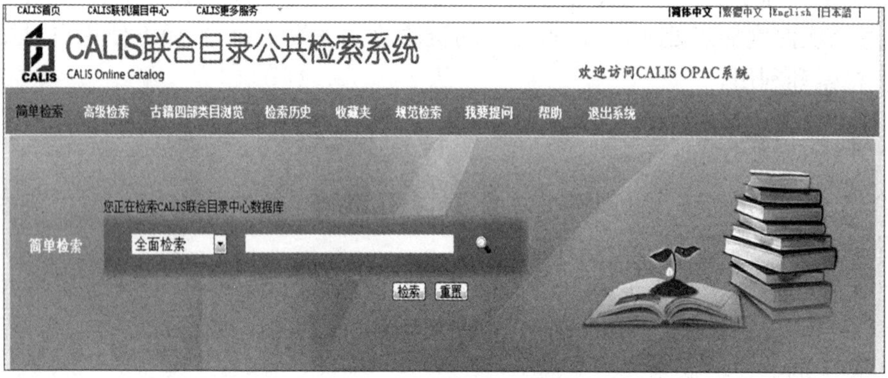

图8-2-2　CALIS联合目录公共检索系统

（3）馆际互借　已在CALIS馆际互借成员馆注册的用户操作流程如下：

（a）查询记录，对需要借阅的记录点击馆藏，在记录列表中点击“馆藏”列中的“Y”，在记录显示页面点击“馆藏信息”。

（b）查看本馆是否有馆藏，如果有馆藏，可以直接到本馆本地系统借阅有馆藏，在馆藏列表页面，“选择馆发送馆际互借请求”选中本馆的名称，点击“请求馆际互借”，进入注册馆的馆际互借网关；

（c）输入馆际互借的用户名与密码，直接进入提交页面，填写补充信息，发送馆际互借请求。

尚未在CALIS馆际互借成员馆注册的用户流程如下：

（a）查询记录，对需要借阅的记录点击馆藏，在记录列表中点击“馆藏”列中的“Y”，在记录显示页面点击“馆藏信息”。

（b）查看本馆是否有馆藏，如果有馆藏，可以直接到本馆本地系统借阅。如果没有馆藏，请在馆藏页面点击“发送E-mail”，填写自己的详细信息，然后再发送给本馆的馆际互借员，请求馆际互借。

检索示例

查询夏知平老师主编的《医学信息检索》(2009年)一书都有哪些图书馆可以提供馆际互借和文献传递服务。

1. 分析

作者——夏知平，题名——医学信息检索，年代——2009年。

2. 检索步骤

使用CALIS联合目录公共检索系统提供的高级检索功能，选择“题名”字段，输入检索词“医学信息检索”，再选择“责任者”字段，输入检索词“夏知平”，匹配方式选择“包含”，两个检索词逻辑关系选择“逻辑与”。“出版时间”选择“=”“2009”(见图8-2-3)。

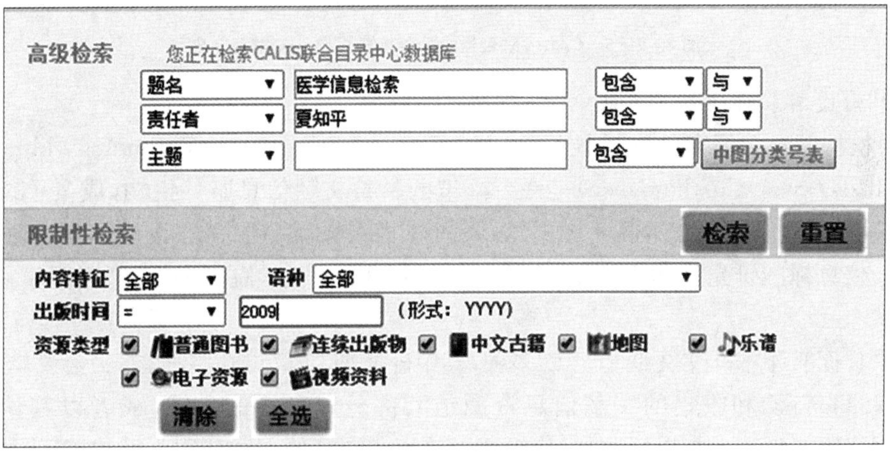

图8-2-3　CALIS联合目录公共检索系统——高级检索

执行检索之后，得到相关的图书信息。单击“馆藏”一栏中的“Y”，查看该图书在CALIS系统中的馆藏情况如(见图8-2-4)。

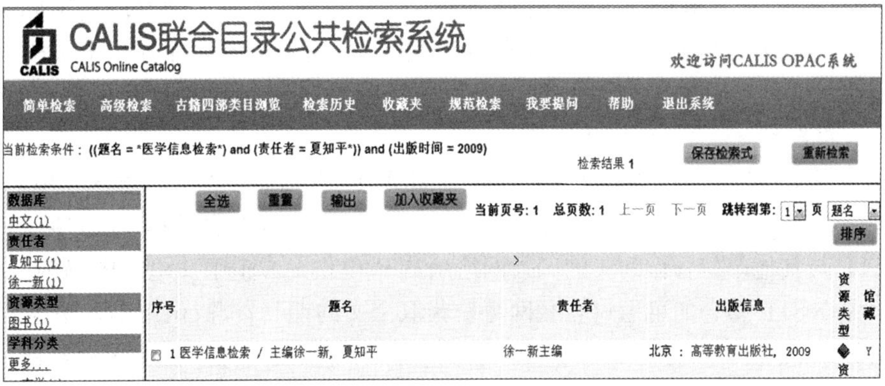

图8-2-4　CALIS联合目录公共检索系统——检索结果界面

从馆藏信息列表中看出(见图8-2-5)，该图书既可以申请文献传递，也可以进行返回式馆际互借。具体操作请参考本节上文中对CALIS馆际互借和文献传递服务的详细介绍。

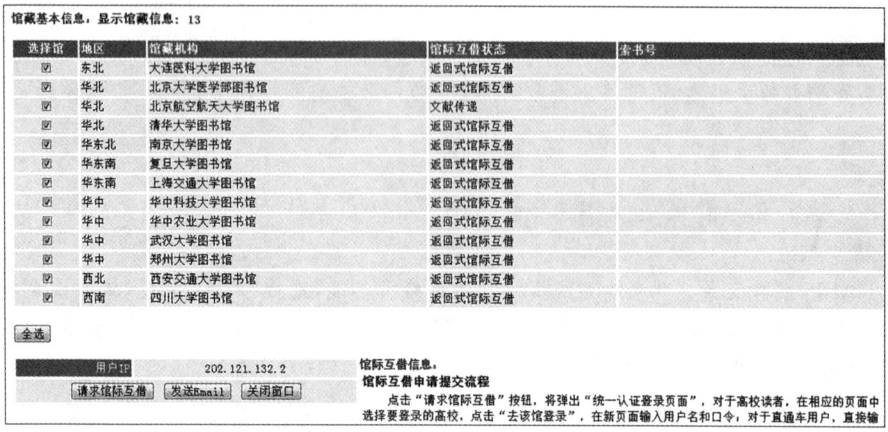

图 8－2－5　CALIS 联合目录公共检索系统——馆藏信息

2. NSTL 国家科技图书文献中心

（1）机构简介　国家科技图书文献中心（National Science and Technology library，简称NSTL，http://www.nstl.gov.cn）是一个虚拟的科技文献信息服务机构，成员单位包括中国科学院文献情报中心、工程技术图书馆（中国科学技术信息研究所、机械工业信息研究院、冶金工业信息标准研究院、中国化工信息中心）、中国农业科学院图书馆、中国医学科学院图书馆。

NSTL 拥有印本外文文献 25 000 多种，其中外文期刊 17 000 多种、外文会议录等 8 000 多种。NSTL 订购和收集的文献信息资源绝大部分以文摘的方式，或者以其他方式在 NSTL 网络服务系统上加以报道，供用户通过检索或浏览的方式获取文献线索，进而获取文献全文加以利用。

（2）资源介绍　NSTL 资源包括网络版全文文献资源、全国开通文献、部分单位开通文献、开放获取期刊、试用期刊、NSTL 研究报告。具体情况如下：

网络版全文文献资源包括 NSTL 订购、面向中国大陆学术界用户开放的国外网络版期刊；NSTL 与中国科学院及 CALIS 等单位联合购买、面向中国大陆部分学术机构用户开放的国外网络版期刊和中文电子图书；网上开放获取期刊；NSTL 拟订购网络版期刊的试用；NSTL 研究报告等。

全国开通文献是 NSTL 单独购买的国外网络版期刊，面向中国大陆学术界用户开放，用户可少量下载和临时保存这些网络版期刊文章的书目、文摘或全文数据；部分单位开通文献包括 NSTL 与其他单位合作购买的国外网络版期刊和北大方正中文电子图书两大类；开放获取期刊是 NSTL 整合的可通过互联网免费获取全文的期刊资源；试用期刊是 NSTL 拟订购的国外网络版期刊，面向中国大陆学术界用户开放；NSTL 研究报告是 NSTL 针对一些部门的需求，组织有关单位开展情报调研形成的研究报告。以上资源可供全国各界用户使用。

（3）文献传递服务　NSTL 的“文献传递”“代查代借”“我的图书馆”等服务只向注册用户提供服务，用户可根据自身情况，选择注册为个人用户和公益/教育类集团用户。

面向注册用户提供各类型文献全文的委托复制服务（需收取少量服务费），用户填写“代查代借请求订单表”后，NSTL 的工作人员将根据申请表提供的文献线索及用户所限定的地域、时间与费用，依次在 NSTL 成员单位、国内其他文献信息机构和国外文献信息机构查找用户所需文献。根据查得文献的来源不同，文献的复制费用有所不同。用户提交申请表后，工作人员将根据文献收藏情况及时反馈。

3. 国家图书馆

(1) 机构简介　为满足读者对国家图书馆馆藏文献的需求，实现国内范围的资源共享，国家图书馆现已与各地图书馆建立了业务联系，在国内范围建立馆际互借关系。具体操作需参考《国家图书馆馆际互借和文献传递的规则》及《国家图书馆馆际互借系统操作方法》。

馆际互借和文献传递的服务对象包括：中央与国家机关；各省（区）、市、区（县）公共图书馆；在京各大专院校及省级大专院校图书馆；中国科学院、中国工程院系统及省市级科研单位图书馆（区县以下科研单位由当地区县公共图书馆代办）；国家事业、企业单位图书馆、资料室或信息部门；解放军各总部、各大军区、各兵种、武警部队图书馆。馆际互借不办理个人用户申请。

提供代检、静电复印、胶片还原、扫描、打印、拍照、刻录、装订、普通邮寄、挂号、EMS、E-mail、网上传递（Ariel、E-mail、FTP、P2P 等）等服务。

用户可以通过网上申请、E-mail、电话、传真、到馆等多种途径递交查询申请，将在 2 个工作日内收到文献请求的反馈。文献传递服务需付费。

(2) 资源介绍　资源包括参考工具书、中国年鉴、中英俄等主要文种的社会及自然科学技术类文摘和索引、中文科技期刊篇名数据库、中国企业、公司及产品数据库、国际电子电气工程师学会出版物（IEEE/IEE PUBLICATION ONDISC）、国际组织和外国政府出版物、中国学位论文数据库、中国学位论文数据库、中国学术期刊全文数据库、SCI 科学引文索引（1994—）、Compendex 工程索引（1987—）、NTIS 美国政府报告（1983—）、Medline Express 美国医学索引（1966—）、Elsevier 学术期刊（1998—）、Dissertation Dissertations 博士论文数据库（1861—）以及各种载体的声像资料 7 万余件。

(3) 文献传递服务　文献传递服务可以分成如下形式：

原文提供：充分利用馆藏，根据所提供的文献出处，复制原文；

定题服务：每月提供最新相关学科期刊、图书的篇名目次信息，并通过电子邮件及时为用户发送，可以在最短的时间内了解相关学科国内外最新研究动态与进展；

专题检索：通过关键词等线索检索关键词限定领域的所有信息；

各类图片：利用中外文书刊查找所需的各个时期的各类图片；

补藏业务：根据用户需求，可提供长期或定期服务，并可装订成册；

专利原文：提供知识产权局收藏的各种中外专利原文；

集体借书：采用会员制办法，用户每年交纳一定费用，可借阅各类图书（仅限北京地区）；

电子邮件传输：中心的 Ariel 系统（即文献快速传递系统）利用互联网将资料传输到对方 IP 地址，整合扫描、传输、复印一体完成，提供快速、方便、高质量的文献。

4. 中国科学院联合目录集成服务系统（UNICAT）

(1) 资源简介　中国科学院国家科学数字图书馆读者网上服务系统（见图 8-2-6），即 UNICAT 联合目录集成服务系统（http://union.csdl.ac.cn）以联机联合编目数据库（包括全国中西日俄文期刊联合目录数据库、中国科学院中西文图书联合目录数据库）和电子资源知识库为底层支持，实现印本资源和电子资源的集成揭示。联合目录集成服务可以使用户方便地获取许可电子资源的全文，同时了解中国科学院所属图书馆关于该资源印本和电子的收藏情况，及国内400余家图书馆关于该资源印本的收藏情况。

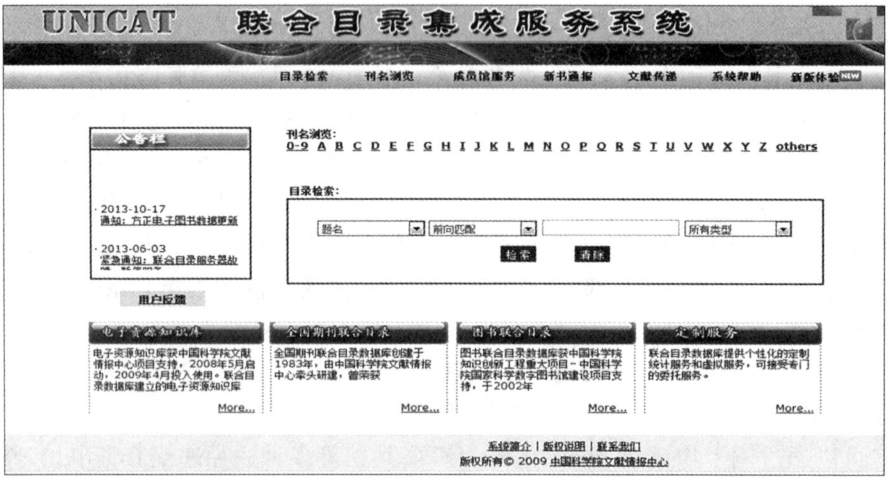

图 8-2-6 中国科学院联合目录集成服务系统检索界面

联合目录数据库中的全国中西日俄文期刊联合目录数据库创建于1983年，由中国科学院文献情报中心牵头研建，包括全国西文期刊联合目录数据库、全国日文期刊联合目录数据库、全国俄文期刊联合目录数据库、全国中文期刊联合目录数据库4个子库。学科范围覆盖数学、物理、化学、天文、地理、生命科学、农业、医药、信息科学、工业技术、社会科学等。

联合目录数据库中的中国科学院中西文图书联合目录数据库于2004年5月开始提供服务。收录资源包括西文印本图书、中文印本图书、中文电子图书等。2007年，中国科学院中西文图书联合目录数据库开发了图书目次服务功能，可以使读者能准确定位到所需图书的篇章，并将所需章节内容带入原文传递系统中进行原文请求。

2009年4月，基于联合目录的电子资源知识库开始投入使用，主要针对联盟图书馆和多分馆系统建立的知识库，目前该知识库存储着来自300余家出版社的9000余种电子期刊的描述信息和链接信息，近60万条电子期刊馆藏信息（包括年卷期）；150余个数据库（包括Elsevier、Springer、Wiley-Blackwell、IEL、ACS等重要的全文数据库和文摘数据库、工具型数据库、数值/事实/指标数据库、多媒体/数字音乐数据库等）的描述信息和链接信息；开放获取数据库和期刊的描述信息和链接信息。

（2）文献传递服务　中国科学院联合目录集成服务系统提供远程全文文献的快速查询、获取和传递服务（见图8-2-7）。用户可在中国科学院文献情报中心（国家科学图书馆）文献传递读者系统中注册，通过审核之后即可进行全文传递申请，文献传递需要付费使用。

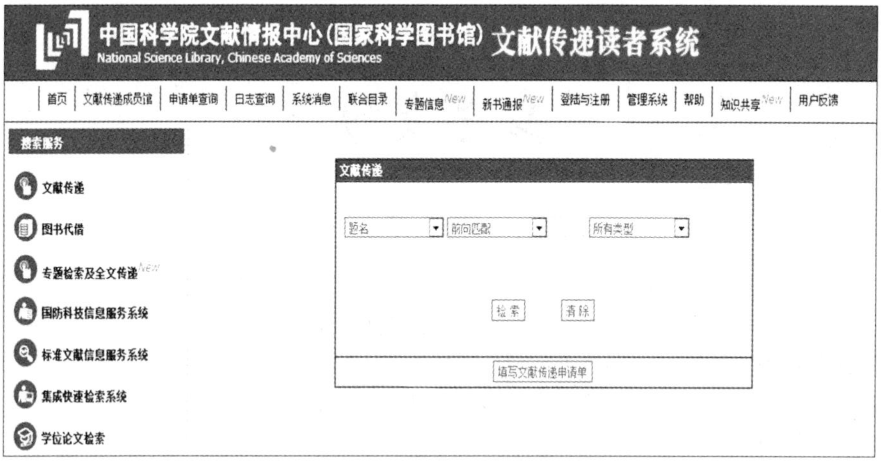

图 8-2-7　中国科学院文献情报中心文献传递读者系统

5. 全国高等院校医药图书馆期刊联合目录

在原华东地区西文生物医药期刊馆藏联合目录基础上整合而成。现由中国医学科学院协和医科大学图书馆(国家医学中心馆)牵头,组织北京大学医学部图书馆(华北)、中国医科大学图书馆(东北)、复旦大学医科图书馆(华东)、西安交通大学医学分馆(西北)、四川大学医学图书馆(西南)、湖南医科大学图书馆(中南)等六大地区中心馆,涉及全国 30 个省、市、自治区 201 个单位合作编制。

可以通过中国医学科学院、北京协和医科大学医学信息研究所图书馆、上海复旦大学医科图书馆网页上的"联合目录"进行查询,包括 1983—2000 年联合目录数据库和 1999—2014 年预定期刊联合目录。通过期刊名称、主题词、ISSN、中图刊号、分类号、馆代号等检索字段进行期刊馆藏信息检索。

6. 读秀学术搜索在线文献传递平台

(1) 资源介绍　"读秀"是由全文数据及资料基本信息组成的大型数据库,集成馆藏资源和网络资源,为用户提供深入到图书章节和内容的全文检索,部分文献的原文试读,以及高效查找、获取各种类型学术文献资料的一站式检索,并提供全文文献传递,搜索文献后直接下载或通过邮箱接收全文。图书馆购买读秀数据库后,用户无需注册,免费获取文献传递服务。

对于本馆未购买全文的文献,可通过读秀学术检索平台申请文献传递,索取全文,申请成功后,需要的全文将发送到用户 E-mail 中。

为了保护作者版权,读秀图书的咨询规则如下:每本图书单次咨询不超过 50 页,同一图书每周的咨询量不超过全书的 20%,所有咨询内容有效期为 20 天。

(2) 文献传递服务　用户执行检索,在检索结果列表中显示"邮箱接收全文",则表示此文章可以通过文献传递的方式获取。单击文章标题链接,到文献题录信息页面,可以查看"馆藏单位链接",获取该文献相关图书馆的收藏情况。单击"邮箱接收全文"链接,跳转到"全国图书馆参考咨询服务平台",填写用户的邮箱和验证码,即可提交申请。

(罗晓兰　梁国庆)

参考文献

1. 黄晓鹂.医学信息检索与利用[M].北京：科学出版社，2012.
2. 顾萍，谢志耘.医学文献检索[M].北京：北京大学医学出版社，2013.
3. 高巧林.医学文献检索[M].北京：人民卫生出版社，2012.
4. 张天嵩，钟文昭，李博.实用循证医学方法学[M].长沙：中南大学出版社，2014.
5. 杨克虎.循证医学[M].北京：人民卫生出版社，2013.
6. 李幼平.循证医学[M].北京：人民卫生出版社，2014.
7. 陆伟路.中医药文献信息检索[M]上海：上海中医药大学出版社，2007.
8. 吴小如.中国文史工具资料书举要[M].北京：中华书局，1982.
9. 徐国仟.目录学[M].北京：中国医药科技出版社，1994.
10. 刘奎臣.中医药文献检索与利用[M].北京：中国医药科技出版社，1998.
11. 严季澜.中医文献检索[M].北京：学苑出版社，1995.
12. 方平.医学文献信息检索[M].北京：人民卫生出版社，2005.